Wolfgang Promies · Reisen in Zellen und durch den Kopf

PROMENADE

7

Herausgegeben von Gert Ueding

REISEN IN ZELLEN
UND DURCH DEN KOPF

Ansichten
von der Aufklärung

von
Wolfgang Promies

Klöpfer & Meyer Verlag

INHALT

DAS VERLANGEN NACH DEM EBENMASS, IN DER KUNST WIE IM LEBEN

An Stelle eines Vorworts

1 ein
1 wort
1 neben
1 das

2 ein wort
2 neben das
2 ein zweites
2 wort tritt

3 ein wort neben
3 das ein zweites
3 neben das ein
3 drittes wort tritt

4 ein wort neben das
4 ein zweites neben das
4 ein drittes neben das
4 ein viertes wort tritt

5 ein wort neben das ein
5 zweites neben das ein drittes
5 neben das ein viertes neben
5 das ein fünftes wort tritt

6 ein wort neben das ein zweites
6 neben das ein drittes neben das
6 ein viertes neben das ein fünftes
6 neben das ein sechstes wort tritt

7 ein wort neben das ein zweites neben
7 das ein drittes neben das ein viertes
7 neben das ein fünftes neben das ein
7 sechstes neben das ein siebentes wort tritt

8 ein wort neben das ein zweites neben das
8 ein drittes neben das ein viertes neben
8 das ein fünftes neben das ein sechstes neben das
8 ein siebentes neben das ein achtes wort tritt

9 ein wort neben das ein zweites neben das ein
9 drittes neben das ein viertes neben das ein fünftes
9 neben das ein sechstes neben das ein siebentes neben
9 das ein achtes neben das ein neuntes wort tritt

10 ein wort neben das ein zweites neben das ein drittes
10 neben das ein viertes neben das ein fünftes neben das
10 ein sechstes neben das ein siebentes neben das ein achtes
10 neben das ein neuntes neben das ein zehntes wort tritt

11 ein wort neben das ein zweites neben das ein drittes neben
11 das ein viertes neben das ein fünftes neben das ein sechstes
11 neben das ein siebentes neben das ein achtes neben das ein
11 neuntes neben das ein zehntes neben das ein elftes wort tritt

12 ein wort neben das ein zweites neben das ein drittes neben das
12 ein viertes neben das ein fünftes neben das ein sechstes neben das
12 ein siebentes neben das ein achtes neben das ein neuntes neben das
12 ein zehntes neben das ein elftes neben das ein zwölftes wort tritt
etc.

Auf den ersten Blick wirkt dieser Text von Ernst Jandl, »darstellung eines poetischen problems« überschrieben, wie eine ungereimte Platitüde, immerhin in Vierzeiler gebracht. Aber wenn man sich die Mühe macht, genauer hinzusehen, fällt eine ganz bestimmte Ordnung, Anordnung von Silben und Wörtern, die Reihung, Wiederholung gleicher lettristischer Arrangements auf. Verblüffend genug ändert sich, auch wenn und gerade weil das Schema der vier Zeilen, die herkömmlicherweise eine Strophe machen, gewahrt wird, das Bild mit jeder Strophe. Jede trägt zu einem Gebilde bei, das, ins Unendliche fortgeführt, doch immer nur das gleiche Phänomen mitteilte, das eines Dreiecks, welches im Gegensatz zur geometrischen Figur nichts Abschließendes aufweist, sondern ein dynamischer Prozeß ist – Abbild einer sprachlich sich vollziehenden Symmetrie, die darum keine Monotonie aufkommen läßt, weil sie in dem völlig Gleichen einen steten Fortschritt macht.

Jandl hat seine Darstellung eines, des poetischen Problems bewußt aller philosophischen Tiefe entkleidet. Er liefert das Problem der ›richtigen‹ Aneinanderreihung von Wörtern und Sätzen, das Symmetrie-Problem nackt. Und er läßt damit den Leser, der an Inhalte gewöhnt ist, daran, daß der Dichter etwas sagen wolle, boshaft in Stich, ihm bedeutend: ein Gedicht besteht nicht aus Gefühlen und Inhalten, es wird gemacht, aus sprachlichen Teilen zusammengesetzt. Daß daraus so etwas wie ein poetisches Gebilde entsteht, hängt mit seiner individuellen Formgebung zusammen. Jandl sagt einmal: »Jedes Gedicht bedarf einer neuen, anderen Pointe.« Das ist wichtig zu wissen. Jandls Darstellung eines poetischen Problems wäre mißverstanden, wollte man daraus ableiten, jedes Gedicht wird Gedicht in dem Maße, wie es die vollendete Symmetrie des sich ins Unendliche dynamisierenden Dreiecks zu suggerieren scheint. Seine Wiederholung würde aus der für dieses

Mal geglückten Findung bloß Spannungslosigkeit, akademische Langeweile hervorrufen – die gehören auch zur Geschichte der Kunst, nicht zuletzt der poetischen, solange sie auf Symmetrie schwor, als wäre die ein Naturgesetz und den Menschen ein eingeborenes Bedürfnis. Das ist im folgenden zu besprechen; und das andere: Die gelungene symmetrische Anordnung von Buchstaben – sie braucht gar keinen Sinn zu ergeben, wenn sie nur eine Gestalt annimmt – birgt bis zum heutigen Tag etwas Suggestives. Sie scheint etwas sagen zu wollen, zu bedeuten, aber entzieht sich in dem gleichen Maße jeder vernünftigen Deutung. Um so faszinierender: die gelungene symmetrische Sprachfigur hat immer etwas von Magie gehabt und bewahrt diese Magie noch in den Sprachgestalt-Pointen Jandls. Insofern ist zwischen dem frühen Beispiel solcher Symmetrie-Hexerei und dem Dichter des späteren zwanzigsten Jahrhunderts nicht einmal ein so großer geistiger wie zeitlicher Abstand. Ich denke an die ominöse Sator-Arepo-Formel.

Das ist eine erstmals aus dem 79 nach Christus zerstörten Pompeji überlieferte, jedoch weit ältere Zauberformal aus 25 Buchstaben. Sie fehlt in keinem der gängigen Zauberbücher. Die Buchstaben werden als magisches Quadrat (abacus) zu fünf mal fünf Wörtern angeordnet und bilden darin ein Palindrom, das heißt, die Formel ist von allen Seiten gleichlautend lesbar. Ob man sie vorwärts oder rückwärts, von oben nach unten und von unten nach oben liest, immer ergibt sie den gleichen Text:

```
S   A   T   O   R
A   R   E   P   O
T   E   N   E   T
O   P   E   R   A
R   O   T   A   S
```

9

Da sich »Arepo« als Hapax legomenon – als nur einmal literarisch nachgewiesenes Wort – jeder historischen Etymologie entzieht, ist es als Eigenname aufgefaßt worden. Danach könnte übersetzt werden: »Sämann Arepo hält mit Mühe die Räder.«

Man hat die Formel immer wieder zu deuten, sie auf ihren außerchristlichen, jüdischen und einen christlichen Ursprung hin zu ergründen gesucht. So viel ist sicher: erst im Christentum erfährt die ehrwürdige Formel jene vielseitige Entfaltung als Kryptogramm, die sie überall im Abendland überliefert und volkstümlich sein läßt, weil sie Abwehr bezwecken, Unheil abwehren, zumal gegen Tollwut und Brandgefahr bewahren soll.

Jüdisch-christlich ist der im Wortmaterial zweimal enthaltene Paternoster-Anruf:

```
                    P
                    A
        A           T           O
                    E
                    R
    P   A   T   E   R   N   O   S   T   E   R
                    O
                    S
        A           T           O
                    E
                    R
```

Um das einzige N geordnet, läßt sich in Kreuzesform zweimal Paternoster bilden, dazu zweimal A und O, Alpha und Omega, der erste und der letzte Buchstabe des griechischen Alphabets, ein frühchristliches Gottessymbol. Sie kämen jeweils in Höhe des T zu stehen, so wie A und O diesen Buchstaben T (das griechische Tau), ein Kreuz bildend, auch im Quadrat der Formel jeweils einrahmen, wie in der Sator-Arepo-Fassung die

10

beiden Tenet mit T-Enden wiederum ein Kreuz um das N bilden. Nach christlicher Entschlüsselungstechnik ließe sich auch Arepo zum Pfluge deuten, so daß in nun einleuchtender Symbolik die Formel zu lesen wäre:

»Christus der Sämann hält mit dem Pfluge des Kreuzes das Rad des Schicksals auf.«

Zauberkunststücke zumindest, aber noch heute beunruhigend genug diese verteufelt heidnische oder christliche Beherrschung von Lettern und Sinn und – menschlichem Bewußtsein. Die frühen Kulturen bieten dafür Beispiele genug, auch die der alten Germanen. Die Brüder Grimm haben einiges davon in ihrer Märchen-Sammlung überliefert, etwa die Beschwörung:

Weh, weh Windchen
Nimm Kürtchen sein Hütchen.

Oder man denke an diese Zeilen aus dem zweiten Merseburger Zauberspruch, einem der ältesten Sprachdenkmäler in deutscher Sprache:

bên zi bêna, bluot zi bluoda
lid zi geliden, sôse gelimida sîn!

Wollte man diesen Zauberspruch übersetzen, wäre die magische Kraft am Ende: Bein zu Beine, Blut zu Blute, Glied zu Gliedern, als ob sie geleimt, zusammengefügt seien. So sind sie es nicht mehr.

Das poetische Problem des modernen Schriftstellers neben die antikische Zauberformel gesetzt, erweckt den Anschein, als sei Symmetrie von jeher und über alle Zeiten und Gesellschaften hinweg ein durchgängiges Motiv künstlerischen Schaffens gewesen, für all jene, die mit der Sprache auf eine zauberische Weise umzugehen verstehen. Aber der Anschein

11

trügt. Wir haben es eher mit einem abendländischen Phänomen zu tun, das zwar langlebig, aber nichtsdestoweniger sterblich war.

Das Wort Symmetrie ist griechischen Ursprungs, und damit haben wir bereits einen historischen Grund. Dem Wörterbuch ist zu entnehmen, daß es soviel wie richtiges Verhältnis, Ebenmaß, Maß besagte, das dazugehörige Verb auf deutsch soviel wie abmessen, ausmessen, berechnen; zusammen stimmen, entsprechen hieße. Die »Brockhaus Enzyklopädie« von 1973 gibt diesem Wort bereits eine Interpretation, nennt es »die harmonische Zuordnung mehrerer Teile, besonders in der bildenden Kunst, in der Antike (Galen) aber auch als Seelenzustand verstanden.« Das Lexikon erwähnt unter diesem Stichwort sechs verschiedene Anwendungen des Begriffs: neben Biologie, Kristallographie, Logik, Mathematik, Musik auch die Ästhetik, von der gesagt wird:

Kunst »Für die objektive Ästhetik ist Symmetrie die Grundlage der Ordnung und Vollkommenheit.«

Die angeführten Beispiele sind fast ausschließlich der Bildenden Kunst und Architektur entnommen; nimmt man den Lexikon-Artikel zum Maßstab für die Erscheinung und Wirkung der Symmetrie in der Dichtung und auf ihr Publikum, so spielt sie darin und darauf nur eine dreizeilige Rolle und noch dazu beschränkt auf die Lyrik:

Dicht — Kunst »In der Dichtung spiegelt das Reimschema die Symmetrie von Lautungen. Ein Palindrom beruht auf symmetrischer Anordnung der Lautreihe. Symmetrie ist auch der gleichmäßige Bau z. B. der Strophen eines Gedichts.«

— Natürlich gibt es keine »objektive« Ästhetik, sondern höchstens eine normative, deren Gesetze historisch bedingt und darum auch vergänglich sind. Vielleicht gibt es aber tatsäch-

lich einen Seelenzustand, der das ›Ebenmaß‹, die Harmonie
sucht und findet oder nicht findet und darum krank macht.
Daß der Verfasser des Lexikon-Artikels vor allem auf Beispiele aus der Bildenden Kunst und Architektur abhebt, ist
nicht verwunderlich. Schon in der Zusammensetzung des
griechischen Wortes klingt die Nähe zu Ziffer und Messung
an, und es ist ein kühner Schritt – der Griechen –, das Gemes-
sene, Bemessene zugleich als eine Maßeinheit für die Seele
des Menschen zu dekretieren, ins Ästhetische übertragen: Das
Inkommensurable, die Kunst, auf das Ichweißnichtwas von
Psyche. Aber zurück zur Lyrik.

Für die Symmetrie von Lautungen, gespiegelt durch das
Reimschema, ließen sich viele Beispiele nennen, ob nun Stab-
reime wie in den Merseburger Zaubersprüchen oder das Wunder des Endreims, die Fülle an Möglichkeiten, klingend oder
stumpf, weiblich oder männlich, über Kreuz oder schweifend
zu reimen, Binnenreime, Schlagreime zu verwenden, auch
ganz andere Kombinationen herzustellen, die neue Symmetrien eröffnen wie etwa in dem Ritornell. Es erscheint fast
zwangsläufig, daß Lyriker wie Karl Krolow den Reim nach
Jahren der Abstinenz in seinen unerhörten Möglichkeiten
wieder entdecken und erneut und verzwickter als je zuvor anzuwenden wissen.

Daß Symmetrie auch der gleichmäßige Bau zum Beispiel
der Strophen eines Gedichts ist, leuchtet unmittelbar ein. Der
Spielweisen ist allerdings Legion, und es ist nicht möglich, an
dieser Stelle ins einzelne zu gehen. Seit der Renaissance sind
vielfältige Formen entwickelt und zu einer Virtuosität gebracht worden, die noch heute staunen macht, ob es sich nun
um die Terzine, die Stanze, das Triolett oder um Rondeau,
Rondel (das noch Trakl verwendet), das Ghasel, die Sestine
handelt, die anerkannt schwierigste Form, die in der Renaissance häufig anzutreffen war. Größte Faszination hat sicher-

lich der Bau des Sonetts ausgeübt, und es liest sich hübsch, was Boileau dazu angemerkt hat, der Apollo zum Erfinder der strengen Regeln des Sonetts machte:

»er gebot, daß in zwei Quartetten von ein und demselben Versmaß der Reim zweier Kadenzen achtmal aufs Ohr treffe und daran sich sechs kunstvoll gefügte Verse anschlössen, die in zwei durch Sinn getrennte Terzette gegliedert sein sollten. Alles an diesem Gedicht belegte er mit Geboten: er selbst maß ihm die Anzahl der Silben und den Rhythmus zu, verbot, daß auch nur ein schwacher Vers Eingang fände oder daß ein Wort wiederholt würde. So versah er es reich mit außerordentlicher Schönheit. Ein einziges makelloses Sonett wiegt jedes lange Gedicht auf.«

Und schließlich sollte auch nicht der ›Trick‹ mit der »Waise« vergessen werden, der für sich stehenden einzelnen Zeile, die sich allen Reimen bewußt entzieht – Hofmannsthal, ein später Virtuose auf der Klaviatur der entwickelten poetischen Formen, hat dafür ein berühmtes Beispiel geliefert.

Aber: die auf welche Art auch immer hergestellte, gespannte Symmetrie mit ihren Überraschungsmomenten, die kalkuliert sind, den Effekten, die das Erstaunen und die Bewunderung des Kunstrichters hervorriefen, blendet am Ende nur. Form ist vielleicht der einzige Inhalt, wie Benn formuliert hat, aber er dachte dabei schwerlich an die längst bejahrten Model; hinzu kommt in der neueren Ästhetik seit dem achtzehnten Jahrhundert der Traum von der Identität zwischen Form und Inhalt. Und Reimschema, Strophenbau garantieren diese Identität noch längst nicht. Ein wesentliches Bauelement sowohl der lyrischen wie auch der dramatischen und epischen Literatur ist die symmetrische Gliederung durch den Rhythmus. Dabei kommt ihm, unabhängig davon, ob ein Gedicht gereimt ist oder nicht, unabhängig auch von der gewählten Strophenzahl und selbst des Versmaßes, die tiefere Bedeutung zu.

Wolfgang Kayser nannte ihn die »Realisierung des Metrischen«, dem eine besondere Kraft, eine besondere Magie innewohne. Denken wir an das frühe Beispiel des Merseburger Zauberspruchs, so wird deutlich, daß die Magie der Zeilen nur zum Teil von der Bindung durch den Stabreim ausgeht, zu einem größeren Teil durch die suggestive Wiederholung der Substantive und einer gleichen oder ähnlich lautenden Vokalität erfolgt, aber zum größten Teil von der verstandesmäßig fast nicht nachvollziehbaren Rhythmisierung dieser zwei Zeilen herrührt, die in dem: *sôse gelimida sîn* tatsächlich eine Art von Auflösung rhythmisch erfährt. Bertolt Brecht hat 1953 in seinem Essay »Über reimlose Lyrik mit unregelmäßigen Rhythmen« mitgeteilt, wie sehr ihn für seine eigenen poetischen Experimente die aus dem Volk kommende Rhythmik, die Technik der Berliner Straßenhändler, der Zeitungsverkäufer »bei der Rhythmisierung ihrer Ausrufe«, ja selbst die auch für Geschriebenes verwendete »unregelmäßige Rhythmisierung« fasziniert und angeregt habe; und er nennt neben anderen als Beispiel: »Allen anderen zu vor der Sa rotti mohr.«

Wir bewegen uns, wo es um Symmetrie in der Literatur geht, auf einem Felde, das nur zum Teil der Architektur zuzurechnen ist, zum anderen Teil aber ohne Zweifel das Musikalische berührt. Paul Valéry beschrieb einmal – 1929 – einen Schaffensvorgang folgendermaßen:

>»Vor einigen Jahren war ich von einem bestimmten Rhythmus besessen, der sich immer tiefer einprägte. Er schien Gestalt annehmen zu wollen, das aber konnte er nicht anders, als daß er sich Silben und Worte ihrem musikalischen Sinn gemäß ausbaute: (...) Durch ein plötzliches Bewußtsein ergab sich dann eine Erweiterung der dichterischen Anforderung: es zeigte sich eine Substitution der im ersten Stadium einstweilen aufgetretenen Silben und Worte...«

Die Enttäuschung, Entgeisterung über die geringe Fähigkeit

vorgefertigter poetischer Formen, andere und neue Inhalte weiterhin zu transportieren, ist schon Schriftstellern des achtzehnten Jahrhunderts vertraut. Freie Rhythmen sind daher bereits ein Experimentierfeld der Avantgarde von 1770. Aber sie begeben sich in dem Maße, wie sie die gesicherte Formenwelt, die sozusagen garantierte Symmetrie aufgeben, sogleich in ein Niemandsland zwischen Ästhetik und Ethik: wo es allein auf den Rhythmus ankam, darauf, ob man ihn individuell für die Aussage eines Gedichts gefunden oder verfehlt hatte, entkam man noch nicht dem »heimlichen Leierkasten«, den Arno Holz 1899 für die poetische Literatur in Deutschland konstatierte. Die sogenannten Freien Rhythmen waren ihm nur eine Fortsetzung der Leierei mit anderen, untauglichen Mitteln.

Daß es zu einem derartigen »Leierkasten« kommen konnte, daß Symmetrie in der Literatur kein Leitstern mehr ist, so wenig wie die Nachahmung der Alten – Griechen und Römer –, hängt ohne Zweifel mit der Tatsache zusammen, daß sich die Formenwelt, aus der man schöpfte, für Jahrhunderte an einer immer strikter fortgeschriebenen Poetik orientieren lernte, die von der Natur als Anschauungsmaterial für den angehenden Poeten kategorisch absah, auch wenn die »Mimesis«, die Nachahmung der Natur, die diversen Poetiken garnierte: als leere Formel. Horaz hat mit seiner »Ars poetica« bis in die neuere Zeit hinein befruchtend und auf die Dauer verödend eingewirkt. Er war das Vorbild noch für Poetiken des siebzehnten und achtzehnten Jahrhunderts, die zu Regelwerk und Satzung machten, was bei ihm – von Aristoteles ganz zu schweigen – noch den Charakter der Empfehlung besaß. Den Begriff Symmetrie wird man bei ihm nicht finden, übrigens auch noch nicht bei Boileau, dem einflußreichsten Poetiker des französischen Klassizismus. Horaz umschrieb lediglich, was man auf den Begriff der Symmetrie, besser noch, der Harmonie bringen könnte. Zur Komposition eines Werkes äußerte er:

16

»Ein Menschenhaupt mit Pferdes Hals und Nacken: denkt euch, so schüfe es die Laune eines Malers; dann trüge er buntes Gefieder auf, liehe aus allen Arten die Glieder zusammen; zu unterst wär's ein häßlich grauer Fisch, und war doch oben als ein schönes Weib begonnen. Denkt euch, ihr Freunde wärt zur Schau geladen: würdet ihr euch des Lachens erwehren?«

Für Horaz war ein solches Gemälde, derartiges Schrifttum das Produkt eines Kranken im Fiebertraum. Bei diesem Verdikt ist es jahrhundertelang geblieben. Die Regel von der Einheit in den Gegenständen zieht sich durch alle Poetiken des Klassizismus. Sie betrifft, streng befolgt, ja nicht nur die Wahl der Gegenstände, sondern auch die Wahl der Worte, die Wahl der Menschen: in einer Tragödie die Könige und Bürger, Bauer, Bettelmann zusammen auftreten zu lassen, galt dann als ebenso grober Verstoß gegen das Gebot des »einheitlichen Stoffes« wie gegen die Vorstellung von der gesellschaftlichen Hierarchie, der Harmonie der Welt. Der seinem Stand nach Niedrige gehörte in die Gattung des Niedrig-Komischen, das eine eigene Sprache, eigenes Versmaß erforderte. Für die Geschichte des europäischen Dramas am wichtigsten ist wohl Horazens Forderung: »Nicht kürzer und nicht länger soll das Stück sein als fünf Akte, will es Zugkraft entfalten und auf der Bühne weiterleben.« Von der Beachtung der drei Einheiten – der der Handlung, des Ortes und der Zeit – allerdings war bei ihm noch nicht die Rede, wie Nicolas Boileau-Despréaux dann selbstverständlich voraussetzt.

Dieser Schriftsteller hat 1674 in seiner »Art poétique« vieles von Horaz fortgeschrieben, mehreres weiter ausgeführt. Dazu gehören die Charakteristiken einzelner poetischer Gattungen, einzelner lyrischer Formen: Boileau zielte mehr auf die direkte dichterische Praxis. Das geht bis zum Hinweis darauf, wie der Alexandriner gebaut sein soll: »Richtet euer Augenmerk auf den Rhythmus: immer muß der Sinneinschnitt am Ende des Halbverses liegen und solcherart die Pause bezeichnen.« Boileau definiert damit aufs pedantischste den Inbegriff an Symmetrie, der bis weit ins achtzehnte Jahrhundert hinein auch in Deutschland maßgeblich blieb. Er gibt des weiteren die strikten Anweisungen für den Dramatiker comme il faut. Am reizvollsten sein Unternehmen, einer entschiedenen Kunstgesinnung so etwas wie eine Mythologie, eine Schöpfungsgeschichte nachzuschicken:

> »Bevor die Vernunft, die sich durch die Sprache ausdrückt, die Menschen gelehrt und ihnen Gesetze gegeben hat, folgten alle Menschen der ungeformten Natur nach; in den Wäldern verstreut, suchten sie sich ihre Nahrung. Gewalt regierte anstatt Recht und Billigkeit; Mord blieb straflos. Aber die harmonische Gewandtheit der Rede milderte die Rohheit dieser wilden Bräuche; sie zog die in den Wäldern verstreuten Menschen zusammen, umschloß die Städte mit Mauern und Wällen, bedrohte Niedertracht mit dem Galgen und stellte die bedrohte Unschuld unter den Schutz der Gesetze. Man sagt, daß diese Ordnung die Frucht der ersten Gedichte war. Von dort kommen und gehen die Berichte durch die Welt: daß bei den Tönen, mit denen Orpheus die Berge Thraziens erfüllte, die wilden Tiger zahm wurden; daß Amphions Klänge die Steine bewegten und sie zu Thebens Mauern fügten. Die Harmonie schuf, als sie geboren wurde, diese wundersamen Dinge, und seither ließ der Himmel seine Prophezeiungen in Versen ankündigen.«

Am Anfang war demnach *nicht* das Wort, sondern die Wildnis, und in ihr einheimisch, einsiedelnd der nötige Barbar, der Mensch. Erst die Urbanisierung, Poetisierung schaffen die Grundlage für eine Humanität, die das Gesetz aus dem Grund der Poesie, der Harmonie bewirkt. Eine schöne Aufgabenstellung für den neueren Poeten; aber auch eine verführerische Apologie des politischen Gleichgewichts, wie es anscheinend auf ewig erreicht ist.

Es wäre nun zu zeigen, wie Boileau seinerseits auf die deutsche Literatur Einfluß nimmt, wie Gottsched 1730 in seinem »Versuch einer kritischen Dichtkunst vor die Deutschen« – der maßgeblichen Poetik der Frühaufklärung – Gedankengänge der diversen Vorredner aufgreift, eindeutscht, systematisiert. Es geht längst nicht mehr um Neuigkeiten in der Kunstanschauung, höchstens um Betonungen im ästhetischen Vokabular: So in der Lehre von der Wahrscheinlichkeit, der Abwehr des Wunderbaren. Nur eine Poetik sei hier noch herangezogen, die im achtzehnten Jahrhundert noch einmal die Gesetze des geläuterten Klassizismus, sozusagen verbürgerlicht, unter das Volk gebracht hat, die Poetik von Charles Batteux, die Karl Wilhelm Ramler 1756 bis 1758, mit Zusätzen vermehrt, als »Einleitung in die Schönen Wissenschaften« übertragen hat. Ein Erfolgsbuch nicht zuletzt deswegen, weil der Übersetzer zahlreiche deutsche Exempel aus der zeitgenössischen Literatur beisteuerte.

Der Grundsatz von Batteux für die Schönen Künste schränkt sie alle »auf die Nachahmung der Natur« ein, »aber der Natur, die mit Geschmack gewählt wird, das heißt, der schönen Natur«. Das ist nicht eben originell, höchstens angereichert durch das ästhetische und psychologische Zauberwort des »bon gout«, das die ästhetischen Debatten des achtzehnten Jahrhunderts erfüllt. Aber Batteux entwickelt eine mythologische Geschichte der Geschmacksbildung, ersinnt einen »Menschen von einem außerordentlichen Naturelle«, der über »die prächtige und mit einer unendlichen Mannichfaltigkeit verbundene Ordnung« in der Natur erstaunte, »über die richtigen Verhältnisse der Mittel zu ihrem Endzwecke, der Theile zum Ganzen, der Ursachen zu den Wirkungen«. Und nachdem er die Natur betrachtet hatte, warf er die Augen auf sich selbst und bemerkte, daß er

»eine angeborne Neigung zu dergleichen Verhältnisse habe, daß er davon auf die angenehmste Weise gerührt werde: er begriff, daß Ordnung, Mannichfaltigkeit, Ebenmaß, die uns in den Werken der Natur so herrlich vorgezeichnet sind, uns nicht allein zu der Erkenntniß eines höchsten Verstandes erheben müßten, sonden daß sie auch als Vorschriften unsers Lebens angesehen und zum Vortheile der menschlichen Gesellschaft angewandt werden können.«

Das war die Geburt der Künste von der Natur, Batteux zufolge. Kein Poetiker vor ihm hat die Identität zwischen Natur, Kunst und gesellschaftlichem Bedürfnis, angeborener menschlicher Neigung, was Ordnung und Ebenmaß, auch Mannigfaltigkeit betrifft, die er nicht im Widerspruch zur geforderten Einheit sah, so genau beschrieben; bewiesen hat er sie selbstverständlich nicht.

Und Batteux überträgt die von alters geforderten Einheiten für das regelmäßige Drama auf die Komposition des dem Naturschönen entsprechenden Kunstwerks schlechthin, das diesen Namen nur verdient, wenn es die Einheit der Zahl, der Art, der Form, die Einheit des Gegenstandes, die Einheit der Natur und der Proportion, die Einheit der Ausarbeitung und die »Einheit der Symmetrie« beachtet, die er so beschreibt:

»Ein einziger allgemeiner Maßstab für die Größe und Proportion der Theile: ein großer Kopf paßt nicht zu einem kleinen Leibe.«

Symmetrie – da ist also dieses magische Wort erstmals ausgesprochen; eine Erläuterung des Begriffs, den er neben den der Proportion stellt, liefert Batteux andernorts:

»Die Symmetrie theilt so zu sagen, ein Ding in zwey Stücke, setzt die einzelnen Theile in die Mitte und die widerholten auf beide Seiten; woraus denn eine Art von Gleichgewicht entsteht, die dem Dinge Ordnung, Leichtigkeit und Anmuth ertheilt. Die Proportion geht noch weiter, sie läßt sich in eine umständliche Untersuchung dieser Theile ein, die sie zuerst unter einander und hernach mit dem Ganzen vergleicht und uns aus einem einzigen Gesichtspunkte Einheit, Mannichfaltigkeit und eine angenehme Zusammenstimmung dieser beiden Eigenschaften sehen läßt. Soweit erstreckt sich das Gesetz des Geschmackes in Absicht auf die Wahl und Anordnung der Theile eines Gegenstandes. Hieraus sehen wir, daß die schöne Natur, so wie sie durch die Künste ausgedrückt werden muß, alle Eigenschaften des Schönen und des Guten in sich schließt.«

Als Boileau, Batteux ihre Poetiken veröffentlichten, lagen Meisterwerke zumal der dramatischen Kunst, die den Regeln der aus Aristoteles und Horaz abgeleiteten klassizistischen Kunstanschauung vollauf genügten, längst parat, hatte Racine mit seiner »Phèdre« das Wunderwerk an poetischer Symmetrie aus dem Bereich der dramatischen Gattung der Öffentlichkeit bekanntgemacht.

Was war da inzwischen, anno 1677, für den Künstler alles zu beachten: die Vorbildfunktion der Alten; das mittlerweile kanonisch gewordene Regelwerk, das die Einheit der Handlung, des Ortes und der Zeit verbindlich machte; und nicht zuletzt und verteufelt schwer einzuhalten die ästhetischen und sozialen Konventionen jener Klasse oder Schicht, für die man schrieb und Theater machte: die höfische Gesellschaft. Racine löste diese Aufgabe mustergültig, das heißt so, als seien ästhetische Regel und soziale Konvention ganz selbstverständlich und gleichsam eine andere Natur.

Euripides gab ihm die Vorlage für »Phädra«, ein wüstes Sujet, in dessen Mittelpunkt Theseus, der König von Athen, sein Sohn Hippolyt, dessen Stiefmutter Phädra und Aricia, die als Sklavin am Hofe lebende barbarische Königstochter, stehen. Aber Racine ging es nicht mehr um den Nachweis, daß das Geschlecht des Theseus, durch die »wilde Lust« gebrandmarkt, von den Göttern verflucht ist. Ihm ging es um das die neuere Gesellschaft reizende und sprengende Thema: Liebe und gesellschaftliche Norm. Racine, der nicht von ungefähr in seinen Dramen eine Frau in den Mittelpunkt stellte, gab der Leidenschaft der Liebe an Stelle des beliebten höfischen Gesellschaftsspiels Worte und Bühnen-Raum. Auch wenn er am Ende die Liebes-Konvention und damit die bestehenden Normen der Gesellschaft, für die er schrieb, obsiegen läßt: Im Mittelpunkt steht die Leidenschaft, die Liebe, und nicht wie man sie heilt, sondern, daß sie unheilbar ist. Erstmals also vor »Kabale und Liebe« das große, die bürgerliche Gesellschaft provozierende Thema: Individuum und Gesellschaft, Liebe und Ehe – welche Normen sind gültiger? Das Kunst-Stück von Racine bestand darin, daß dieses die Konventionen seiner Zeit sprengende Thema in eine innige Übereinstimmung mit den ästhetischen Ansprüchen gebracht wurde. An »Phèdre« kann man studieren, konnte man lernen, wie ein regelmäßiges Trauerspiel tektonisch zu bauen wäre. Diesem klassischen Fünfakter fehlt nicht die gehörige Exposition, die in paralleler Handlungsführung die Antagonisten wie spiegelbildlich erst für sich agieren, reden läßt; die Schürzung des Knotens, die ihren Höhepunkt im Dritten Akt, dritte Szene, erfährt – also genau auf der Spitze der Pyramide, welche die akkurat beachteten Regeln des geschlossenen Dramas hervorbringt: den Gipfel an Symmetrie. Es folgen falsche Erkenntnisse, Verwechslung, scheinbare Abwendungen der Katastrophe, während der Umschlag der Handlung, die Peripetie, unabänderlich vonstatten geht; am Ende die Anagnorisis: das Sammeln der Leichen, die Beseitigung der Trümmer, die läuternde Einsicht, auch für dieses Mal zu spät. Die von Racine eingesetzten rhetorischen Mittel sind ihrerseits auf der Höhe der Dramen-Kunst: Zwiegespräche zwischen zwei Vertrauten, zwei Antagonisten, Spiegelbilder auch sie, bis in die Komposition der Szenen hinein, in denen jeweils drei oder vier – niemals mehr

– Personen auftreten; die genau gesetzte Wirkung der Monologe, der, selten verwendeten, Stichomythien, der Rededuelle, und kurz vor Schluß die verdeckte Handlung, der dramatische, eigentlich epische Botenbericht, die Teichoskopie. Und das ganze gehörig eingebunden durch das Versmaß, das der regelmäßigen Tragödie ziemt, den Alexandriner, immer darauf bedacht, daß aller Leidenschaft zum Trotz nach der sechsten Silbe einer jeden Verszeile die Sinneinheit endet und eine Pause eingelegt wird. Racine hat auch die Ausbrüche seiner Heldin in eine abgefeimte Symmetrie gebracht, die das Leitmotiv der schrankenlosen Leidenschaft ästhetisch domestiziert.

Es fällt noch heute schwer, diesem in sich vollendeten Stilwillen nicht die Reverenz zu erweisen. Die bürgerliche Aufklärung in Deutschland hat sich darum auch zunächst dem französischen Klassizismus verschrieben, der regelmäßigen Tragödie, und der Wandel in den ästhetischen Anschauungen, der mit einem anderen politischen Bewußtsein einherging, vollzog sich nur langsam. Die neue Konzeption Symmetrie, Harmonie, Proportion als Inbegriff der künstlerisch verwirklichten Menschlichkeit wurde danach gern in ein aus dem Kunst-Leben begriffenes Bild gekleidet, das vom Unterschied zwischen dem französischen und dem englischen Garten. Drei Absätze aus einer Studie »Über die deutsche Sprache und Litteratur« von 1781 erläutern diesen Sachverhalt. Der Aufsatz hat Justus Möser zum Verfasser. Er stellt seine Replik auf Friedrich den Zweiten dar, der in seiner französisch aufgesetzten Schrift über die deutsche Literatur seiner Zeit den französischen Klassizismus als das Maß aller literarischen Dinge setzte, an dem gemessen die deutsche Sprache und Literatur einem geschmacklos verwilderten Gewächs gleiche. Möser entgegnete unter anderem:

»Der Weg, welchen die Italiener und Franzosen erwählt haben, ist dieser, daß sie zu sehr der Schönheit geopfert, sich davon hohe Ideale gemacht und nun alles verworfen haben, was sich nicht sogleich dazu schicken wollte. Hierüber ist bei ihnen die dichterische Natur verarmt und die Mannigfaltigkeit verloren gegangen. Der Deutsche hingegen hat, wie der Engländer, die Mannigfaltigkeit der höchsten Schönheit vorgezogen und lieber ein plattes Gesicht mitunter als lauter Habichtsnasen malen wollen. [...] Wollen Sie die Sache noch deutlicher haben: so vergleichen Sie, mein Freund, einen englischen und französischen Garten. In jenem finden Sie, eben wie in Shakespeares Stücken, Tempel, Grotten, Klausen, Dikkichte, Riesensteine, Grabhügel, Ruinen, Felsenhöhlen, Wälder, Wiesen, Weiden, Dorfschaften und unendliche Mannigfaltigkeit, wie in Gottes Schöpfung durcheinander vermischt, in diesen hingegen schöne gerade Gänge, geschorene Hecken, herrliche, schöne Obstbäume, paarweise geordnet oder künstlich gebogen, Blumenbeete wie Blumen gestaltet, Lusthäuser im feinsten Geschmack – und das alles so regelmäßig geordnet, daß man beim Auf- und Niedergehen sogleich alle Einteilungen mit wenigen Linien abzeichnen kann und mit jedem Schritte auf die Einheit stößt, welche diese wenigen Schönheiten zu einem Ganzen vereinigt. Der englische Gärtner will lieber zur Wildnis übergehen, als mit dem Franzosen in Berceaux und Charmillen eingeschlossen sein. Fast ebenso verhalten sich die Italiener und Deutschen, außer daß jene sich in ihrer Art den Franzosen und diese den Engländern, ihren alten Brüdern, nähern und mehr Ordnung in die Sachen bringen. Welcher von diesen beiden Wegen sollte nun aber wohl der beste sein: Der Weg zur Einförmigkeit und Armut in der Kunst, welchen uns der *Konventionswohlstand*, der verfeinerte Geschmack und der sogenannte gute Ton zeigen; oder der Weg zur *Mannigfaltigkeit*, den uns der allmächtige Schöpfer eröffnet? Ich denke immer: der letztere, ob er gleich zur Verwilderung führen kann. Denn es bleibt doch wohl eine unstreitige Wahrheit, daß tausend Mannigfaltigkeiten, zur Einheit bestimmt, mehr Wirkung tun als eine Einheit, worin nur fünf versammelt sind; und daß ein zweichöriges ›Heilig‹ von Bach etwas ganz andres sei als die schönste Arie, diese mag noch so lieblich klingen.«

Das klingt wie ein Aufschrei gegen das jahrhundertlange Diktat der Symmetrie, das angeblich der Natur innewohnende schöne Gesetz; schaut man aber genauer hin, ist es nur die belebende Erweiterung des Symmetrie-Gedankens: um Natur als Wildnis, Chaos, Gefahr ging es den literarischen Gärtnern im englischen Stil nicht. Sie entsprachen nur einem weiteren ästhetischen und seelischen Bedürfnis der Zeitgenossen. Aber wehe, Künstler, Dichter wagten es, die erbauliche Harmonielehre außer Kraft zu setzen! Die Auseinandersetzung um den »Sturm und Drang« macht es deutlich. Seine Hervorbringungen galten vielen Zeitgenossen, auch Justus Möser, als verwerflich, da sie den Kunstgeschmack beleidigten, das klassische Ordnungsprinzip zertrümmerten; sie waren ihnen Ausgeburten verrückter Hirne. Daß auch die Stürmer und Dränger da, wo sie nach der Natur riefen und das Originalgenie forderten, sich auf Literatur, in diesem Fall auf Shakespeare, bezogen, wurde zumeist übersehen: es war ihnen nur um eine andere Ästhetik, nicht um neue Barbarei zu tun. Auch Lichtenberg ist in diesem Fall nur Zeitgenosse, der sein tiefes Unbehagen über die Verrückung der ästhetischen Normen in diese ironischen Worte kleidet (E 147):

»Nachdem die Theorie von der Notwendigkeit eines Mangels an Symmetrie um original zu sein ist gegeben worden, so kann gesagt werden: Ich hielte daher für ratsam daß man den neugebornen Kindern einen sanften Schlag mit geballter Faust auf den Kopf gäbe, der ohne ihnen zu schaden die Symmetrie des Gehirns etwas verrückte. (...) Ich riete also unmaßgeblich den Schlag grade über einem von den beiden äußern Augenwinkeln anzubringen, denn da alsdann Teile von einer ganz andern Struktur und Lage in Reaktion gebracht werden, so kann es nicht anders sein, als daß endlich die schönste Asymmetrie des Gehirnes erhalten werden wird. (...) Man hat Exempel, daß Leute, die auf den Kopf gefallen oder darauf mit einem Prügel geschlagen worden sind, zuweilen angefangen haben zu weissagen, und anders von den Dingen der Welt zu denken, als andere Menschen (die Regeln der Grammatik ausgenommen). Dieses hieß nun freilich dem Guten zu viel tun, und ich erkläre noch alles hierin aus einer symmetrischen Zerrüttung des Gehirns, allein kein Mensch kann leugnen, daß der beneidenswürdigste Kopf in dieser Welt derjenige wäre, den man vergöttern würde, wenn er die eine Seite nicht hätte, und den man in Bedlam einsperren müßte, wenn die andere nicht wäre, das sind die großen Seelen die Affe und Engel zugleich sind, und die freilich zuweilen die läppischen Ideen des erstern mit dem transzendenten Periodenklang des letztern, oder die sonnhellen Ideen des letztern mit den hundsföttischen unverständlichen Zeichen des ersteren ausdrücken.«

Lichtenberg gibt Mitteilung von der wütenden Auseinandersetzung um eine neue Kunstrichtung, dem offenbar nötigen Mißverständnis zwischen zeitgenössischem Publikum und künstlerischer Avantgarde. Verquere Künstler gehören inzwischen so zum Alltag der modernen Kunst, daß die entgeisterte Reaktion des Publikums von anno 1775 reichlich antiquiert erscheinen will. Aber es steckt mehr dahinter. Der radikale, wortradikale Bruch mit der ästhetischen Überlieferung traf einen Nerv der bürgerlichen Zeit. Die Aufklärung beobachtete auch auf anderen Gebieten, in anderen Dingen genau und eher verstört, was von der Regel abwich, im Seelischen so gut wie im Gesellschaftlichen: den Narren auf der Bühne wie den Einzelgänger, den Sonderling, den Alienierten im Tollhaus, und verurteilte sie als Verstöße gegen den Wohlstand, um Symmetrie, Harmonie einmal in das Deutsch des achtzehnten Jahrhunderts zurück zu übersetzen. Das zeitgenössische seelische Unbehagen über Abweichungen von der ästhetischen Norm sei an zwei Beispielen vergegenwärtigt.

»Was hilft es die Sinnlichkeit zu zähmen, den Verstand zu bilden, der Vernunft ihre Herrschaft zu sichern? Die Einbildungskraft lauert als der mächtigste Feind: sie hat von Natur einen unwiderstehlichen Trieb zum Absurden, der selbst in gebildeten Menschen mächtig wirkt und gegen alle Kultur die angestammte Rohheit fratzenliebender Wilden mitten in der anständigsten Welt zum Vorschein bringt.«

Dieses Zitat aus dem Wort- und Gedankenschatz des achtzehnten Jahrhunderts scheint angetan, der empfindlichen Entgegnung auf die irrationalen Widersacher des gesunden Menschenverstandes als eine bündige Erklärung zu dienen. Desto apodiktischer die Satzungen für Leben und Kunst und desto tiefer je nach Artung seine Verzweiflung, je mehr es dem Aufklärer, im Herzen das ideale Gemälde einer zu Bildung und Kultur stetig fortschreitenden »anständigsten« Welt, doch vor Augen deren ewiger Zerrbild: Roheit und barbarische Fratze, dämmerte, daß zum Wesen aller Kultur gehört, stets in Frage zu stehen, und das Zwitterwesen Mensch den Keim zum Rückfall in die nicht geheure Regellosigkeit lebenslänglich in sich trägt. Übrigens stammt das Zitat von Goethe!

Angesichts der Spiegelsberge bei Halberstadt, jenem »Tummelplatz häßlicher Kreaturen« nach der Laune des Freiherrn von Spiegel, in dessen bizarrem Spielwerk ein »abscheuliches Zwergengeschlecht« und »Mißgeburten jeder Art« lauern, drängt sich Goethe 1805 dieses Urteil auf. Wenn nicht in seiner Resignation vor dem Trieb zum Absurden, der alle gut gemeinten Vehikel, über die Einbildungskraft Herr zu werden, selbst ad absurdum führt: in der ärgerlichen Betroffenheit durch solche Sinn und Verstand narrende Monstrositäten unterscheidet sich Goethe keinesfalls von dem nach Maßgabe des Jahrhunderts Gebildeten, so wie er sich auch in seinem Urteil über den Prinzen von Palagonia nicht von anderen Reisenden seiner Zeit unterscheidet.

Von seinem Vater übernahm Ferdinando Francesco, Prinz von Palagonia (1722–1789), die Anregung, die er von etwa 1746 an mit Eifer in die Tat umsetzte, nämlich das Palagoni-

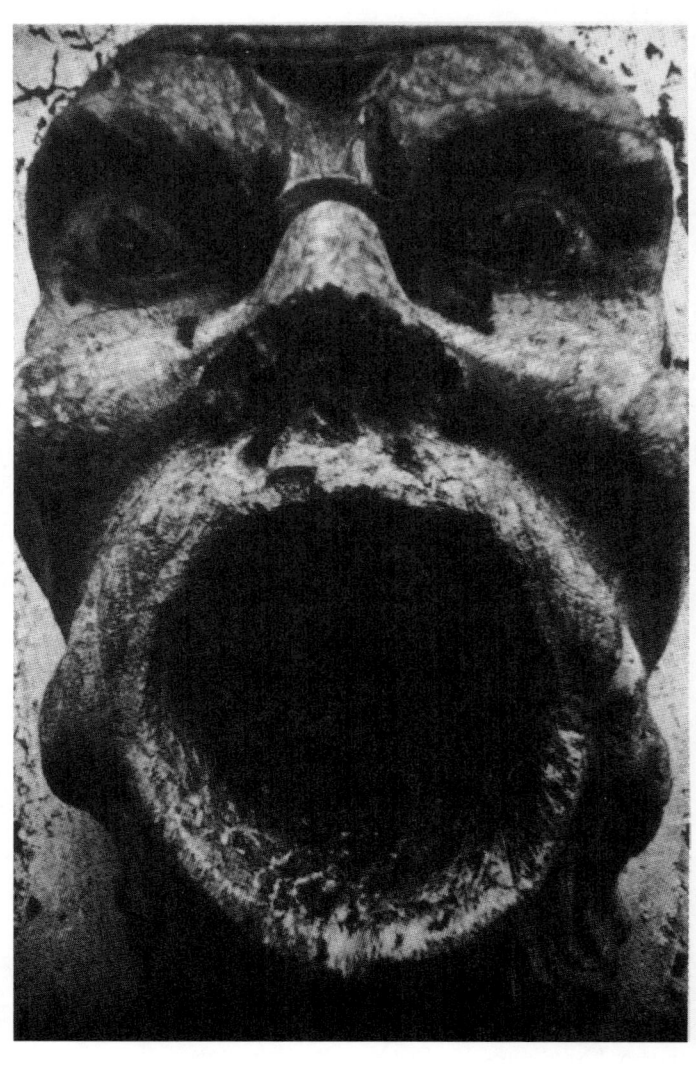

Villa Palagonia, Spegnifiaccole

sche Stammhaus in der Nähe Palermos zu einem »*Haus der Laune*« und des Widersinns umzubauen. Es handelt sich demnach um einen aristokratischen und »Barockulk«, der ohne Zweifel niemals wieder so vollendet praktiziert worden ist wie an diesem Ort, in seiner Zeit aber nicht allein stand und in der Schöpfung von Bomarzo vielleicht sein Vorbild hatte. Wollte man die Palagonische Ausgeburt in Architektur und Plastiken allgemeiner charakterisieren, so ließen sich hauptsächlich drei gegenklassische Stilprinzipien nennen: Travestie geradezu des Pathetischen; Asymmetrie; Paralogismus. Zeitgenössische Besucher allerdings mochten darin lediglich das Produkt der »verwirrtesten Einbildungskraft« sehen. Auch Goethe, bemüht, dieses Museum des Gegenklassischen zu »schematisieren«, mischt die vorgefaßte Meinung als selbstverständlich ein: es stand einmal fest, daß der Prinz von Palagonia ein menschenscheuer Sonderling gewesen, der umnachtet solche künstlerische Mißgeburt zuwege brachte. Von der »pallagonischen Raserei«, dem »grenzenlosen Wahnsinn des Besitzers« die einzelnen »Elemente der Tollheit« getreulich zu notieren, »Aufschluß über den ganzen Wahnsinn« zu geben, auch wenn der gute Geschmack inmitten eines derartigen »Tollhauses« gleichsam durch »Spitzruten des Wahnsinns« gehetzt wird, war Goethes, war der übrigen Besichtiger ordentliches Anliegen. Aus der Vielzahl von Besuchern schwante einem einzigen, »*was für ein Schalk dem Fürsten hinter dem Ohre saß*« – Johann Gottfried Seume, der augenscheinlich die Bewußtheit des Widersinns begriff, die Bewußtheit, mit der die »Elemente dieser Unschöpfung« (Goethe) zu einer neuen Schöpfung zusammengefügt wurden, wenn er von den »sublimen Grotesken des sublim grotesken Fürsten von Pallagonia« berichtet. Denn als Vexierspiel war das Ganze ausgeheckt und zu dem Zweck das hinterlistige Arsenal von Verzauberungen. Überraschungen, Täuschungen ersonnen worden. Nur an einer Stelle scheint dabei der Prinz von Palagonia das noch immerhin einsichtige Genre des Groteskkomischen, des Satirischen mutwillig zu verlassen. Er baute nämlich, worin Goethe das »Widersinnige einer solchen geschmacklosen Denkart« in höchstem Grade ausgedrückt sieht, die Gesimse der kleinen Häuser schief nach der einen oder der anderen Seite hängend, so daß – wie Goethe unbehaglich empfindet – das »Gefühl der Wasserwaage und des Perpendikels, das uns eigentlich zu Menschen macht und der Grund aller Eurhythmie ist, in uns zerrissen und gequält wird«. In dieser Bemerkung ist wunderbar erhellend ausgesprochen, was fern eines zeitbedingten Stilempfindens, fern aller rationellen Reglementiererei dem Menschen des achtzehnten Jahrhunderts seelisches Bedürfnis war: Eurhythmie – der Wohlstand, so zu übertragen, Gleichmaß, Waagrechte, kurz die allseits ausgewogene Existenz. Mit diesem Unfug, der aus der Symmetrie verrückten menschlichen Wohnung, geht der »tolle« Prinz allerdings auf das – im heutigen Sinne – wahrhaft Groteske zu. Man könnte hierin ein weiteres Zeugnis für den im Verlauf des achtzehnten Jahrhunderts festgestellten, gegen Ende zu immer unverhohlener auf die Neuzeit fortschreitenden »Verlust der Mitte« sehen, wenn nicht auch diese Verrückung mit solcher bewußten geistigen Süffisanz konstruiert wäre und rechtzeitig einfiele, daß »gout baroc« bei Justus Möser als der Geschmack am Schiefen namhaft gemacht und damit »begradigt« worden wäre.

Es bleibt die Tatsache festzuhalten: die Zeitgenossen des sizilianischen Prinzen fühlten sich durch ihn aus dem Lot gebracht – ihre Reaktion war dementsprechend Bilderstürmerei –, zugleich abgestoßen und fasziniert, er gab ihnen Stoff, nachzudenken und nachzudichten. Johann Jakob Engel veranschaulicht in seinem »Philosophen für die Welt« (1775 bis 1777) an dem Palagonier seine Meinung von dem Genie und dem virtuosen Künstler:

»Sie alle, meine Herren, haben von jenem gehirnkranken Sicilianer, dem Fürsten von Pallogonien [!], gehört. Wenn irgend Gedanken neu waren, so waren es die dieses Prinzen; aber wie ungeheuer, wie lächerlich, wie zurückstoßend in ihrer Neuheit! – Und dies woher? – weil eben dieser Prinz der größte und kühnste Zusammensetzer war, den es (…) jemals gab. Der Löwe mußte seinen Kopf, der Schwan seinen Hals, die Eidechse ihren Leib, die Ziege ihre Beine hergeben; und dies Alles setzte dann der unbegreifliche Sonderling zu einer einzigen scheußlichen Chimäre zusammen (man darf ergänzen: augenscheinlich, um auf diese Weise den Wahrspruch von Horaz drastisch zu widerlegen).

Aber, werden Sie sagen, hier waren auch alle Teile im Widerspruche: sie waren aus der ganzen Tierwelt ohne Zweck und Wahl zusammengerafft; und was da ihre Verbindung geben konnte, mußte freilich ein ebenso widriges als unmögliches, ein der Natur völlig unbekanntes Ungeheuer werden. Muß denn das immer so sein? Maß denn jede Zusamensetzung nur fremdartige, unpassende Teile verbinden? – Ich fürchte, so lange sie bloß Zusammensetzung ist, muß sie es in der Tat: denn einmal gehören die Teile nicht zu Einem, sondern zu verschiedenen Ganzen; und wenn da ihre Verbindung auch nicht immer Ungeheuer, lächerliche oder zurückschreckende Fratzen gibt: so gibt sie doch sicher auch keine schönen, übereinstimmenden Werke, keine echten Werke des Genies und der Kunst.«

Dem Menschen des zwanzigsten Jahrhunderts, den die politische und soziale Wirklichkeit existentieller aus dem Lot gebracht hat, als es die Kunst je hätte fertigbringen können, dem Sizilien-Reisenden des Jahres 1996 wird es leichtfallen, dem Haus der palagonischen Laune sein Augenmerk verständnisinnig zu widmen. Schwer tut man sich, die Empfindlichkeit der Menschen des achtzehnten Jahrhunderts gegenüber einer Brechung von Stil und Stimmung nachzuvollziehen. Es war eingangs davon die Rede, daß der griechische Arzt Galen zwischen Symmetrie und Seele des Menschen einen Zusammenhang gemutmaßt hatte. Die Menschen des achtzehnten Jahr-

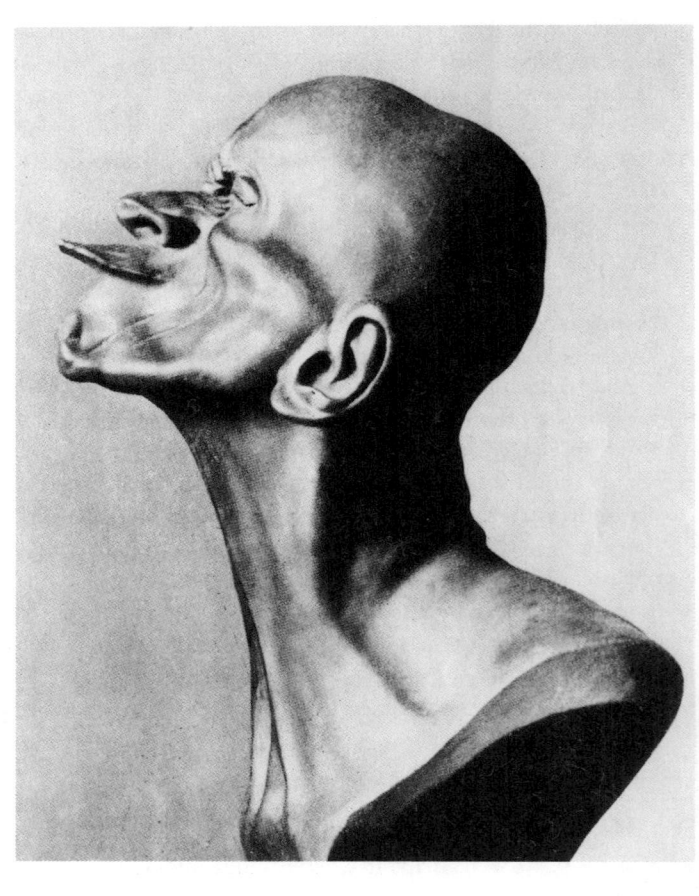

F. X. Messerschmidt, Zweiter Schnabelkopf. Abguß 1777

hunderts erscheinen in ihrer Sensibilität und Anfälligkeit wie – Neugriechen. Eines der erschütternden Beispiele dafür liefert ein Bildhauer, Franz Xaver Messerschmidt.

Messerschmidt, Neffe und Schüler Johann Baptist Straubs, 1736 in Schwaben geboren, gelangt in Wien früh zu Ruhm. Aber zur Zeit seines unangefochtenen Ansehens als klassizistischer Bildhauer erkrankt er plötzlich, und der weitere Verlauf seines Lebens zeigt eine sozusagen sich ihm allgemach anheimelnde Schizophrenie, die nach außen hin, dem oberflächlichen Zeitgenossen, als Allüre und narrenmäßige Aufführung erscheint. Er kauft sich in Preßburg an der Stadtgrenze beim Judenfriedhof ein Haus in einer Gegend, die als unheimlich verschrien ist, was ihm – durch seine Unzugänglichkeit genährt – unter anderem auch den Ruf eines Geistersehers eingetragen haben mag. In den Preßburger Jahren wendet Messerschmidt seine Arbeitskraft fast ausschließlich an die Schöpfung einiger sechzig nahezu lebensgroßer männlicher Büsten, auf die sich sein Ruhm schon bei den Zeitgenossen und sein Nachruhm gründen. Die verschiedenen Typen, welche die Köpfe verkörpern, sind immer Messerschmidts eigenem, jeweils vor dem Spiegel verstellten Gesicht entnommen. In Zusammenhang mit dem, was Friedrich Nicolai 1781 auf seiner Reise durch Deutschland und Österreich von Messerschmidt erfährt, geben diese grimassierenden, dabei seltsam stereotyp anmutenden Köpfe Einblick in dessen verstörte Seele.

»Nun standen«, berichtet Nicolai, »in einem Winkel des Zimmers noch zwei Köpfe von einer schwer zu beschreibenden Gestalt. Man stelle sich vor, daß alle Knochen und Muskeln eines menschlichen Gesichts so zusammengedrückt und vorwärtsbezogen wären, daß die äußerste Spitze der zurückgeschobenen Stirn und die äußerste Spitze das hervorgedrückten Kinnknochens einen Winkel von zwanzig Grad macht, daß also das Gesicht beinahe in die Form eines Schnabels gezogen ist, obgleich doch immer die menschliche Gestalt bleibt.«

Diese allgemein Schnabelköpfe genannten Plastiken unterscheiden sich von allen anderen Köpfen dadurch, daß sie wirklich die vergleichsweise noch immer realistische Grundlage verlassen, freie phantastische Ausbildungen, Karikatur geworden sind. Widerwillig rückt Messerschmidt mit der Erklärung heraus, der Geist »habe ihn gezwickt und er habe ihn wieder gezwickt, bis die Figuren herausgekommen wären. Ich habe gedacht: Ich will dich endlich wohl zwingen; aber er wäre beinahe darüber des Todes gewesen«.

Noch eine weitere Bemerkung scheint über das private Meinen Messerschmidts entschieden hinauszugehen. Er nennt nämlich den, der ihm zur Überwindung die beiden Schnabelköpfe abzwang, *den Geist der Proportion*, auf ihn neidisch, weil er »der Vollkommenheit in der Proportion so nahe gekommen sei«! Es gibt wahrscheinlich kein deutsches Zeugnis aus der Welt des achtzehnten Jahrhunderts, das so erschütternd und zugleich erhellend ist wie Messerschmidts tiefsinniges Geständnis. Was sich hier in dem Leiden eines geisteskranken Bildhauers wahn- und schmerzverzerrt ausdrückt, ist ja die Sehnsucht seiner Epoche nach dem goldenen Maß, nach Wohlstand, Eurhythmie – die wütende Reaktion auf die Disproportion des Prinzen von Palagonia legte es dar. Die Verwirklichung dieser Sehnsucht, die über den ästhetischen Bereich hinaus den ganzen Menschen meinte, stellte, um die Disproportion zu überwinden, notwendig Disproportion bloß: wie in der Satire auf dem Papier so in den aus der Ordnung fallenden Menschen. Es ist die *absurda tragica* des Rationalismus, daß ihm, ehe er seine Vorstellung von einer in Selbstveredelung harmonisierten Menschheit aus der zweifellos schönen Idee in die befriedigende Tat umsetzen konnte, die

Aufgabe gestellt war, unschöne Realität – verkehrte Welt, disproportionierte Menschheit – durch karikierende Nachzeichnung für ewige Zeiten verächtlich, unmöglich zu machen. Aber die Beschwörung der unendlichen Häßlichkeit ging über seine Kräfte. Wie er schließlich vor Physiognomik den Menschen nicht mehr sah, so verlor er vor den heraufbeschworenen Ungeheuern der Natur, der Seele und des Geistes, die zu bannen er nicht fähig war, die Proportion selbst aus den Augen. Das Groteske hat gewiß vor dem Rationalismus schon existiert, aber erst durch den Rationalismus hat es die heillose Qualität bekommen.

Verallgemeinert man die irritierte Ansicht Goethes, die Irrwitzigkeit jenes Bildhauers nicht nur auf die Literatur der Zeit, sondern auf das seelische Befinden der Menschen im achtzehnten Jahrhundert, läßt sich ohne Übertreibung sagen, daß die Symmetrie aus dem Grund der Angst geboren ist, die als Kunst transzendiert genießbar wird. Die ewig auf der Lauer liegende Barbarei frei schweifender Einbildungskraft, Trieb, Terror, in die gehörige ästhetische Form gezwungen, bringt dann wohl schöne Gesänge von einer Humanität zustande, die auch heute noch Seelen empfindlich treffen und in eine gleichmäßige Schwingung versetzen – wie *Iphigenie*, das Produkt, das erst vollendet werden konnte, nachdem der Weimaraner sein Italien mitsamt den Monstern von Palagonia erfahren hatte. Es wäre auch zu reden von dem tadellos mißlungenen Unternehmen Schillers, mit seiner *Braut von Messina* ein Beispiel dafür zu liefern, daß sich aus dem Stoff, aus dem Menschen gemacht sind, unter Aufbietung aller Kenntnisse vom Fond der klassischen Tragödie und des inzwischen überreichen Regelwerks der klassizistischen Poetik ein Werk schaffen läßt, das den Stoff humanisiert. Kein Gedicht verwirklicht aber im achtzehnten Jahrhundert Symmetrie, verstanden als die dann und wann gelingende Übereinstimmung zwischen Seelenlage und ästhetischer Form, so vollkommen wie jene Zeilen, die 1782 Friedrich Leopold Stolberg verfaßt und überschrieben hat: *Lied auf dem Wasser zu singen, für meine Agnes.*

Was an diesem Gedicht auf den ersten Blick auffällt, ist die strenge Gliederung: drei Strophen zu je sechs Zeilen, die auf identische Reime enden, und ebenfalls dreifach. Das Dreier-Gefüge läßt sich bis in die Darstellung und Aussage der einzelnen Strophe hinein verfolgen. Jeweils zwei Zeilen bilden eine überdies durch Enjambement verbundene Sinneinheit. Ein architektonisches, kein musikalisches Bauprinzip, was auch aus der Wahl des identischen Reims ersichtlich wird. Während der identische Reim den gewollten Reiz von Monotonie bewirkt, bringt die Wahl des Versmaßes – der Daktylus – eine andere gleichmäßige Bewegung zustande: die Gleichmäßigkeit der Wellenbewegung, auch ein Dreiertakt. Diese Bewegung wird duch die Wahl vieler Partizipien noch betont. Das Gedicht erhält dadurch etwas Schwebendes, so, als verhalte es in der Bewegung, ohne doch je stehenzubleiben.

Die Zahl spannend symmetrischer literarischer Schöpfungen ließe sich selbstverständlich vermehren. Man denke an Brentanos *Lied der Spinnerin*; an Eichendorffs Zeitgedicht von 1810, dem er den Titel *Symmetrie* gab; Kleists Essay *Über das Marionettentheater* aus dem gleichen Jahr, in dem er, ausgehend von dem Verlust an Symmetrie, an seelischer Proportion und körperlicher Ausgewogenheit, die er vor allem in den Darstellenden Künsten beobachtete, den hinreißenden Vorschlag macht, noch einmal vom Baum der Erkenntnis zu essen, um durch ein verdoppeltes Bewußtsein einen neuen Stand der – künstlerischen – Unschuld zu erlangen. Aber Zahlen und Qualität täuschen nicht darüber hinweg, daß die deutsche Literatur im achtzehnten und neunzehnten Jahrhundert, wo sie einem bestimmten seelischen Bedürfnis und ihrer klassizistischen Regel allzu sklavisch gefolgt war, wo sie den revolutionierenden Formenschatz der Klassik und Romantik ausschrieb, als wäre er die Satzung einer neuen unumstößlichen Norm, in Dramen und Gedichten die Fiktion einer Harmonie aufrechtzuerhalten trachtete, ehe überhaupt Gegenläufiges gestaltet worden wäre. Daß da einer oder eine, vom Geist der Proportion gezwickt, von Ausdruckszwängen heimgesucht, notwendig Disproportion geschaffen hätte, ist nur ausnahmsweise zu bemerken. Am Ende des neunzehnten Jahrhunderts hat Arno Holz dieses Phänomen eines Auseinanderklaffens zwischen Inhalt und rhythmischer Gestalt treffend als *heimlichen Leierkasten* bezeichnet! Und er bezieht in seine Kritik ausdrücklich auch die Klassiker und selbst Heine ein. Was er unter dem *notwendigen Rhythmus* eines poetischen Textes versteht, macht er an einem Beispiel deutlich:

»Ich schreibe als Prosaiker einen ausgezeichneten Satz nieder, wenn ich schreibe: ›Der Mond steigt hinter blühenden Apfelbaumzweigen auf.‹ Aber ich würde über ihn stolpern, wenn man ihn mir für den Anfang eines Gedichts ausgäbe. Er wird zu einem solchen erst, wenn ich ihn forme: ›Hinter blühenden Apfelbaumzweigen steigt der Mond auf.‹ Der erste Satz referiert nur, der zweite stellt dar. Erst jetzt, fühle ich, ist der Klang eins mit dem Inhalt. Und um diese Einheit bereits deutlich nach außen zu geben, schreibe ich:

> ›Hinter blühenden Apfelbaumzweigen
>   steigt
>   der Mond auf.‹

Das ist meine ganze ›Revolution der Lyrik‹. Sie genügt, um ihr einen neuen Kurs zu geben.«

In der Tat, das war die ganze Revolution der neueren deutschen Lyrik anno 1899. Um diese Einheit zwischen Inhalt und Rhythmus, der »jedesmal neu aus dem Inhalt« wächst, auch nach außen deutlich zu machen, komponiert Arno Holz Gedichte, die sich um eine – die berühmte – Mittelachse herum ausbilden. Eines der gelungenen Exempel ist dieses Gedicht aus dem Jahre 1898:

Im Thiergarten, auf einer Bank, sitz ich und rauche;
und freue mich über die schöne Vormittagssonne.
Vor mir, glitzernd, der Kanal:
den Himmel spiegelnd, beide Ufer leise schaukelnd.
Über die Brücke, langsam Schritt, reitet ein Leutnant.
Unter ihm,
zwischen den dunklen, schwimmenden Kastanienkronen,
pfropfenzieherartig ins Wasser gedreht,
– den Kragen siegellackrot –
sein Spiegelbild.
Ein Kukuk
ruft.

Auch hierzu einige Hinweise: das Gedicht hebt an wie eine »Prosa-Idylle«. Das erzählende Ich stellt sich, reichlich privat, vor; das Ganze wirkt wie ein lyrisches Feuilleton, in einem impressionistischen Plauderton abgefaßt. Eine Art starre Kamera ist vor den Leser aufgebaut, mit deren Auge er vor sich, unter sich sieht, Wasser, Himmel, Bewegung erfährt. Arno Holz versucht mit den Mitteln der Sprache – die ihm bekanntlich am höchsten standen – den optischen Eindruck illusionistisch in Sprache zu übersetzen: glitzernd, schaukelnd, schwimmend. Aber das gelungene impressionistische Gemälde, das tatsächlich so etwas wie aus dem Leben Gegriffenes suggeriert, hat in dem Nachweis, daß Sprache Optisches zu illudieren vermag, nicht sein Genüge. Wenn man die Wahl der Wörter, die Zusammenstellung der Bilder genauer betrachtet, so wird aus dem Impressionismus fast unmerklich ein Stück ironischer Gesellschaftskritik: das Bild des Leutnants wird – unter ihm – zur »natürlichen« Karikatur! Nicht von ungefähr ist das Gedicht dort am expressivsten, wo es, »pfropfenzieher-artig ins Wasser gedreht«, den siegellackroten Kragen formu-lierend, das »Spiegelbild« des Herrn Leutnants beschwört. Das ist die eigentliche Pointe des Gedichts: die Beobachtung jenes vexierenden optischen Phänomens; und daß zu guter Letzt der Ruf eines Kuckucks ertönt, klingt beinahe wie ein äffendes Echo. Aber diese Gesellschaftskritik bleibt doch immer in-nerhalb der angespielten Wirklichkeit im poetischen Bild, auf – Mittelachse.

Man kann wohl sagen, daß der Sprachvirtuose Arno Holz für sich noch einmal einen Weg zum modernen Gedicht ge-funden hatte, daß er den Verzicht auf den Endreim mit einer neuen selbstverständlich scheinenden Notwendigkeit des in-neren Rhythmus zu verbinden wußte – heutige Lyriker mit ihrer häufig ganz beliebigen Zeilen-Teilung, die wie pure Willkür anmutet, können sich an ihm deswegen noch immer ein Beispiel nehmen: Nachahmen läßt sich Holzens Königs-weg darum doch nicht, das führte nur auf einen ›Holzweg‹. Tatsächlich hat diese lyrische Revolution von 1899 etwas un-gewollt Klassizistisches an sich. Sie schließt, in der Epoche des Naturalismus, noch einmal an die Sehnsucht nach der Sym-metrie an, reiht sich damit in die Tradition ein, ist höchstens ein auch von der klassizistischen Ästhetik gebilligter, ja emp-fohlener Verstoß gegen Regeln – wenn nur Symmetrie und Proportionen gewahrt bleiben. Als Arno Holz die Begründung für seine »Revolution der Lyrik« niederschrieb, war längst eine andere Ästhetik im Schwange, zu der er als Dramatiker übrigens selbst beigetragen hat. Ich möchte diese Ästhetik mit dem Titel eines Werkes von Karl Rosenkranz die *Ästhetik des Häßlichen* nennen.

1853 veröffentlicht dieser Philosoph (1805–1879) aus der Schule Hegels seine Studie, in der er sich bemühte,

»den Begriff des Häßlichen als die Mitte zwischen dem des Schönen und dem des Komischen von seinen ersten Anfängen bis zu derjenigen Vollendung zu entwickeln, die er sich in der Gestalt des Satanischen gibt. Ich rolle gleichsam den Kosmos des Häßlichen auf von seinen ersten chaotischen Nebelflecken, von der Amorphie und Asymmetrie an, bis zu seinen intensivsten Formationen in der unendlichen Mannigfaltigkeit der Desorganisation des Schönen durch die Karikatur.«

Historisch gesehen, versucht Rosenkranz nichts anderes, als das beunruhigende Phänomen künstlerischer Hervorbringungen, die, wie seit der Romantik immer häufiger feststellbar, nicht mehr der idealistischen Ästhetik entsprechen, noch einmal auf die Lehre vom Schönen zu beziehen:

»Es ist versucht worden zu zeigen, wie das Häßliche an dem Schönen seine positive Voraussetzung hat, dasselbe verzerrt, statt des Erhabenen das Gemeine, statt des Gefälligen das Widrige, statt des Ideales die Caricatur erzeugt.«

Er folgt darin eigentlich Justus Möser, der schon 1761 in »Harlequin, oder Verteidigung des Groteske-Komischen« dieses Genre als eigentümlich für die Ästhetik des achtzehnten Jahrhunderts zu retten versuchte, er verfährt nur systematischer. Aber er macht auch nichts weiter als Gustav Freytag, der 1863 seine »Technik des Dramas« veröffentlichte, in der das tektonische Drama, der Fünfakter noch einmal festgeschrieben wird, wie naturwüchsig.

Was das Buch aber interessant macht, ist zum einen der Hinweis auf den um 1850 in Deutschland vorherrschenden Publikumsgeschmack und eine »gewisse Pruderie« in der Wissenschaft, die bei Gegenständen der Kunst »die Decenz zum exklusiven Maaßstab« wählt; sind zum anderen die von Rosenkranz gewählten Beispiele vor allem aus der neueren – deutschen – Literatur, mit denen er seine These vom Negativschönen zu belegen sucht, um danach ein philosophisch fundiertes System zu ihrer kritischen Beurteilung an die Hand zu geben.

Zum einen: Rosenkranz kritisiert, übrigens zu Recht, die deutsche Literaturgeschichte sei

»durch das Zurechtmachen derselben für Mädchenpensionate und höhere Töchterschulen schon ganz castrirt worden, um nur immer das Edle, Reine, Schöne, Erhebende, Erquickende, Gemüthliche, Liebliche, Veredelnde und wie die Stichworte weiter lauten, für die zarten Jungfrauen- und Frauenseelen herauszustellen. Es ist dadurch eine unglaubliche Falschmünzerei der Geschichte der Literatur in Gang gekommen ...«

Die der Harmonie bedürftige bürgerliche Literaturgesellschaft, die Kunst nur noch als Verschönerung der rüden Wirklichkeit, als Beschönigung des trivialen Lebens begriff, war gewiß nicht das Publikum, für das Rosenkranz schrieb. Und doch ist auch er in Vorurteilen befangen, gesteht, daß er – als Theoretiker – sich von dem »Hinuntersteigen in manche Kloake« habe zurückhalten können. Von einer Ahnung, daß zwischen ›asymmetrischer‹ Kunst und psychischem Ausdruckszwang – man denke an Franz Xaver Messerschmidt –, zwischen kakophoner Schöpfung und desperater Weltanschauung aus dem Grund der Wirklichkeit ein nötiger Zusammenhang besteht, ist bei Rosenkranz nichts zu spüren oder er überspielt diese Ahnung, indem er noch einmal in ein harmonisches System zwingt, was längst den Rahmen des philosophisch und gesellschaftlich Zulässigen gesprengt hatte. Sein eingeschränktes Urteilsvermögen wird an mehreren Beispielen deutlich. Das eine ist Hebbels bürgerliches Trauerspiel »Maria Magdalene« (1844).

Für Rosenkranz ist dieses Drama der Inbegriff von Asymmetrie oder, wie er sie hier umschreibt, »ein wahrer Rattenkönig von falschen Contrasten«. Er bestreitet das Tragische der

Geschichte: »unsere Zeitungen sind ja überreich an diesen pu-
trescirenden Stoffen«, läßt Clara nicht für tragisch gelten, »da
sie einem solchen Subject, wie dieser herzlose Leonhard ist,
sich in die Arme wirft! Wäre derselbe ein edler Mensch, so
würde ein tragischer Contrast zwischen ihm und dem Doctor
möglich sein. So aber fehlt in ihrer Beziehung auf Clara die
Einheit.« Rosenkranz kannte offenbar die Werke von Lenz,
Büchner, Grabbe nicht; so muß ihm notwendig entgehen, daß
seit einigen Generationen eine Dramaturgie existierte, die sich
nicht an der ästhetischen Norm, sondern an der disparaten
Wirklichkeit, an dem Schicksal des g'meinen Mannes orien-
tiert – und das ist sicherlich nicht tragisch im Sinne des klassischen Dramas, sondern bloß triste, aus der Sicht des bürgerlichen Beobachters, der denn auch als Wirkung des Hebbel-
schen Trauerspiels und seiner niederschmetternden Personen
bezeichnet, »dass wir aus ihrer Misere heraus uns innigst nach
den erhabenen, durch Furcht und Mitleid reinigenden
Schauern der Tragödie sehnen«.

Rosenkranz, will man ihn einmal repräsentativ nehmen,
hält noch in einem historischen Augenblick, da das Proletariat
auch in Deutschland längst zur Lebenswirklichkeit geworden
ist, an einem Weltbild fest, in dem das leibhaftige Elend erst
dann das Augenmerk verdient, wenn es die tragische Proportion, die ästhetische Kontrastwirkung der Symmetrie erlangt
hat oder aber Dichters Hand das Natur- und Geisthäßliche in
eine Komödie verwandelt hätte. Daß die »Häßlichkeit des falschen Contrastes« leicht in Komik umschlagen kann, hat Rosenkranz zu Recht bemerkt; aber erst ein Autor des zwanzigsten Jahrhunderts – Franz Xaver Kroetz – hat in seiner Be-
arbeitung dieses Trauerspiels die grauenvolle Folgerichtigkeit
jener *absurda comica* des kleinbürgerlichen Heldenlebens
aus dem neunzehnten Jahrhundert in eine *unerträgliche*
Symmetrie gebracht, indem er Clara am Schluß sich nicht

umbringen, sondern sie angesichts der Männer, die sich zum Kartenspiel zusammengesetzt haben, vergeblich und lachhaft rufen läßt: »I bring mi um« – die Männer empfinden ihren Hilfeschrei lediglich als lautstarke Störung ihrer gewohnten Runde, sicher, die wird sich schon nichts antun.

Da Rosenkranz als – wie er eingangs betont – Philosoph und nicht als Historiker an seinen Gegenstand heranging, mangelt ihm der Blick für den Zusammenhang zwischen ästhetischer Produktion und sozialem Wandel völlig. Nur so ist es zu verstehen, daß er auf Grund seiner idealistischen Kategorisierung die Dokumente von Zeitgenossen, die mit Hilfe der neuen technischen Erfindung – der Daguerrotypie – das Elend des Proletariats realistisch ins Bild brachten, als Karikatur, heißt als gelungene Verkörperung des höchsten Grades von Negativschönem definiert:

»Die fortwährende Zersetzung der Gesellschaft in diesen Culturcentren ist unerschöpflich an zerrbilderischen Stoffen. Mayhew in seinem unendlich wichtigen Werk über die Londoner Armen hat den Gedanken ausgeführt, die charakteristischen Figuren des Straßenelends und der Spelunken Londons daguerrotypiren zu lassen, so daß man erschreckend treue Abbilder des gespenstigen Hades der Londoner Civilisation bei ihm sehen kann; das Proletariat derselben besteht fast nur aus Caricaturen, und diese Caricaturen bestehen fast nur aus Frazzen, die ganz den eigenthümlichen sinnlichen Zug haben, der aus den Zerrbildern von Cruikshank und Phiz uns anwidert. Namentlich machen die verwahrlosten Kinder einen entsetzlichen Eindruck, die in der Frühreife ihres von Mangel, Noth, Verbrechen, Trunk und zeitweiliger Schwelgerei verwüsteten Daseins ein ganz vergreistes Aussehen darbieten.«

Und einem Werk, das 1845 erschien und »Le diable à Paris ou Paris et les Parisiens« betitelt war, sagt er nach, es beschäftige sich ausschließlich »mit den Caricaturen«, welche »das feinere und rohere Proletariat liefert bis herunter zu den Bettlern und den Prostituirten.«

So bedeutend auch die Sehnsucht nach dem Maß in der Literatur einmal gewesen ist und auch bleiben wird – als transitorische Erfüllung eines seelischen Befürfnisses wenigstens auf dem Papier und für einen privilegierten Stand –, so spielverderbend ist hier festzustellen: die sozialen Regelverstöße, die durch die Existenz des vierten Standes längst gegeben waren und durch die Entstehung des Proletariats im neunzehnten Jahrhundert höchstens verschärft wurden, waren der guten alten Lehre von dem Schönen, das auf »allgemeinen Maaßverhältnissen, auf Einheit, Symmetrie, Harmonie« beruht, ästhetisch nicht mehr einzuverleiben. Eine Harmonisierung der sozialen Klassengegensätze und sozialen Widersprüche, der leibhaftige Kontrast zwischen idealistischer Kunstansicht und materialistischer Lebenshaltung machten alle Literatur zu Makulatur, die an dem Idealismus so festhielt, wie es der Herr Theaterdirektor Hassenreuter in Hauptmanns Tragikomödie »Die Ratten«, erstveröffentlicht drei Jahre vor Ausbruch des Ersten Weltkriegs und dem Zusammenbruch aller Symmetrien, tut, der seine Schauspieleleven noch immer die Chöre aus der »Braut von Messina« mit »gewaltiger Pathetik« deklamieren läßt und nach der Art von Goethes Weimarer Theaterstil unterweist, indem er versucht, ihnen eine »gewünschte tragische Pose« beizubringen. Es kommt zu der berühmten Auseinandersetzung zwischen Hassenreuter, der von sich gesteht, daß der »Goethesche Schauspielerkatechismus A und O meiner künstlerischen Überzeugung ist«, und dem ehemaligen Theologie-Studenten Spitta, der bei ihm Schauspielunterricht nimmt, obwohl er kein dröhnendes Sprechorgan und keine heldenhafte Erscheinung besitzt und damit der »Würde einer tragischen Person« von Natur wegen ermangelt. Hassenreuter:

»Sie negieren die poetische Gerechtigkeit, Schuld und Sühne, die Sie als pöbelhafte Erfindung bezeichnen: eine Tatsache, wodurch die sittliche Weltordnung durch Euer Hochwohlgeboren gelehrten und verkehrten Verstand aufgehoben ist. Von den Höhen der Menschheit wissen Sie nichts. Sie haben neulich behauptet, daß unter Umständen ein Barbier oder eine Reinmachefrau aus der Mulackstraße ebensogut ein Objekt der Tragödie sein könnte als Lady Macbeth und König Lear.«

Spittas Antwort:

»Vor der Kunst wie vor dem Gesetz sind alle Menschen gleich, Herr Direktor.«

Dieser Satz ist ihm zur zweiten Natur geworden, und Spitta beteuert, er befinde sich dabei »vieleicht mit Schiller und Gustav Freytag, aber keinesfalls mit Lessing oder Diderot im Gegensatz«. Das Resümee Hassenreuters:

»Sie sind ein Symptom. Also nehmen Sie sich nicht etwa wichtig. – Sie sind eine Ratte! Aber diese Ratten fangen auf dem Gebiet der Politik – Rattenplage! – unser herrliches neues geeinigtes Deutsches Reich zu unterminieren an. Sie betrügen uns um den Lohn unserer Mühe, und im Garten der deutschen Kunst – Rattenplage! – fressen sie die Wurzeln des Baumes des Idealismus ab: sie wollen die Krone durchaus in den Dreck reißen. – In den Staub, in den Staub, in den Staub mit euch.«

Man könnte den weiteren Fortgang der Handlung in dieser »Berliner Tragikomödie« eine Demonstration für die Richtigkeit der Argumente Spittas nennen, die »Ratten« eine Art Lehrstück; auch »Maria Magdalene« war bereits ein bestürzender Beweis, daß der gemeine Mann, eine beliebige Frau *tragischer Gestaltung würdig* ist; aber Hauptmann hat diesen Nachweis nicht mehr nötig: Hassenreuter wirkt 1911 wie ein Anachronismus. Wenn von Symmetrie als einem Movens künstlerischer Äußerung, die zugleich auf ein dem Menschen innewohnendes sittliches Gesetz abzielt, noch danach zu reden wäre, dann höchstens als eines psychischen Gestaltungsmechanismus des Künstlers, unabhängig von einer vorgegebenen, vorgebenden Ästhetik, unabhängig vom Gegenstand, den er gestaltet. Symmetrie ist dann nur noch die unnachahmliche Fähigkeit, einen Stoff so oder so und nicht anders zu gestalten. Aber das Psychische bei der Schöpfung von Kunst zu erörtern, wäre ein Thema für sich und so voller Mutmaßungen, Mystifikationen, daß ich mich darauf lieber nicht einlasse, sondern Reisen in Zellen des achtzehnten Jahrhunderts und durch den Kopf veranstalte, von Anmerkungen unbeschwert, doch dank Register durchleuchtig.

CHRISTIAN HEINRICH SPIESS,
oder:
WAHNSINN IN GUTER GESELLSCHAFT

»Werfe, wer Lust hat, einen Blick mit mir auf das *Publikum* der Deutschen Romanleser! – Gymnasiasten und Freudenmädchen, jüdische Belletristinnen und christliche Landpredigertöchter, Studenten und Ladendiener – das sind die Hauptstützen der menschenfreundlichen Anstalten, die unter dem Titel der *Lesebibliotheken* Geschmack, Sitten, Vernunft und Tugend durch unzählbare Kanäle in den Kern unsrer Nation leiten. Die deutsche Bibliothek und die allgemeine Literaturzeitung lassen es zwar, so wenig als der Rath der Alten in Paris, an scharfen monitis und strengen Verwerfungen nicht fehlen, aber das *Direktorium* der *fünf* Lieblingsschreiber Deutschlands (Spieß, Cramer, Albrecht, Marquis Grosse, Jean Paul; letzterer ist gegenwartig Präsident), das eine Armee schlechter Schriftsteller, zahlreicher als die Armee von England, in seinem Solde hat, spottet der ohnmächtigen gesetzgebenden Macht, spielt in stolzer Souverainetät mit der Phantasie und der Vernunft (si fabula vera) deutscher Gehirnschalen und bereitet dem künftigen Jahrhundert eine Generation, sinnlicher als das Volk von Laputa, das der berühmte Gulliver entdeckt hat.«

Diese Klage liest man in dem 1796 erschienenen Roman »Fritz« von Johann Friedrich Jünger. Die Anspielung auf Institutionen der Französischen Revolution ist vielsagend, der Vergleich zwischen der politischen und Roman-Wirklichkeit aufschlußreich genug. Tatsächlich sieht man in den neunziger Jahren des achtzehnten Jahrhunderts, wie eine Legion von deutschen Schriftstellern und Lesern vor einer Wirklichkeit, die nicht laut werden durfte, ihr Heil in der Flucht sucht: auf dem Papier, in Surrogaten der undefinierten Romantik.

So interessant jene Liste ist: man vermißt darin noch den

einen und anderen Namen. Vulpius etwa oder einige von denen, die der Literaturhistoriker Franz Horn 1821 in den »Umrissen zur Geschichte und Kritik der schönen Literatur Deutschlands während der Jahre 1790 bis 1818« ironisch als angemaßte »Alleinverwalter des ganzen poetischen Literaturreichs« apostrophierte: Kotzebue, Iffland, Lafontaine – Königin Luises Lieblingsautor –, Schlenkert, Starke und abermals Cramer und Spieß. Nimmt man Jean Paul zum Beispiel, könnte man sagen, daß selten von der Unterhaltungsliteratur und Modelektüre ein so kleiner Schritt zur unsterblichen Dichtung geführt hat. Spricht das für die Qualität der seinerzeitigen Lieblingsautoren? Zunächst wohl nur für die vergleichsweise wahllose Lesewut des zeitgenössischen Publikums, dessen Appetit die Leihbibliothek kaum befriedigen konnte. In diesen Anstalten, die zu Beginn des Jahrhunderts entstanden und an seinem Ende ungemein florierten, ist man den Klassikern so fern wie der Zeitgeschichte. Augenzeugen geben davon ein beredtes Zeugnis. Der Trierer Korrespondent der »Zeitung für die elegante Welt« teilt 1801 als hervorstechende »Züge zum jetzigen Kultur- und Sozietätsgemählde des linken Rheinufers« lakonisch mit: »außer einigen *Cramerischen* und *Spießischen* Romanen wird hier *nicht* gelesen.« Andernorts sieht es ähnlich aus; ob in Mainz oder Koblenz: »Der Geschmack jagt hier, wie überall, nach *Spieß* und *Cramer*, indessen die Dii majores bestäubt in den Pulten stehen.« Stellvertretend für andere deutsche Bildungsreisende schrieb bekanntlich Kleist seine Würzburger Erfahrungen in einem Brief an seine 20jährige Verlobte Wilhelmine von Zenge vom 14. September 1800 nieder, der bis zu Walter Benjamin hin die gewollte Wirkung gezeitigt hat: »Nirgends kann man den Grad der Kultur einer Stadt und überhaupt den Geist ihres herrschenden Geschmacks schneller und doch zugleich richtiger kennen lernen, als – in den Lesebibliotheken. Höre was ich darin fand, und ich werde Dir ferner nichts mehr über den Ton von Würzburg zu sagen brauchen.

»Wir wünschen ein paar gute Bücher zu haben.« – *Hier steht die Sammlung zu Befehl. –* Etwa von Wieland.« – *Ich zweifle fast. –* »Oder von Schiller, Goethe.« – *Die möchten hier schwerlich zu finden sein. –* Wie? Sind alle diese Bücher vergriffen? Wird hier so stark gelesen??« – *Das eben nicht. –* »Wer liest denn hier eigentlich am meisten?« – *Juristen, Kaufleute und verheiratete Damen. –* »Und die unverheirateten?« – *Sie dürfen keine fordern. –* »Und die Studenten?« – *Wir haben Befehl ihnen keine zu geben. –* »Aber sagen Sie uns, wenn so wenig gelesen wird, wo in aller Welt sind denn die Schriften Wielands, Goethes, Schillers?« – *Halten zu Gnaden, diese Schriften werden hier gar nicht gelesen. –* »Also Sie haben sie gar nicht in der Bibliothek?« – *Wir dürfen nicht. –* »Was stehn denn also eigentlich für Bücher hier an diesen Wänden?« – *Rittergeschichten, lauter Rittergeschichten, rechts die Rittergeschichten mit Gespenstern, links ohne Gespenster, nach Belieben. –* »So, so.«

Wo einer dieser Dii majores der klassischen deutschen Literaturperiode uns nicht mit dem gleichen Leidwesen kommt, wie hier Kleist brieflich und Jahrzehnte nach ihm Wilhelm Hauff in den »Memoiren des Satans«, gedachten sie jedoch häufig mit Vergnügen der Lektüre ihrer Jugendzeit. So Grillparzer, der als Gymnasiast Spieß, Cramer und Lafontaine »mit eigentlicher Wut« verschlang; so auch Uhland, der als Knabe von Cramers und Spießens Romanen so begeistert war, daß er sie mit Freunden aufführte.

Christian Heinrich Spieß war selbstverständlich keiner der Dii majores der klassischen deutschen Literaturperiode. Aber er ist und bleibt einer der fesselndsten Zeitgeister. In Helbigsdorf bei Freiberg, der kursächsischen Bergstadt, wurde er am 4. April 1755 geboren. Pfarrer war sein Vater, seine Mutter

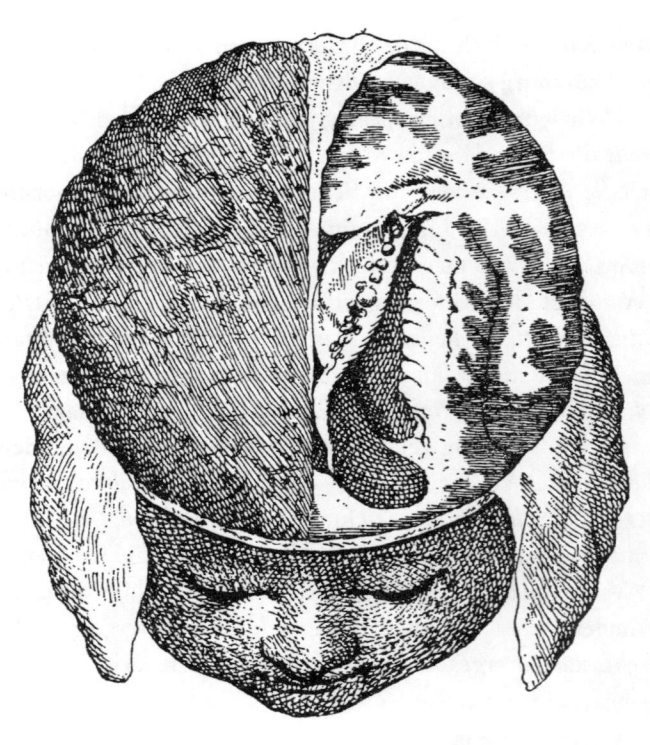

Schädelrepanation eines Geisteskranken

eines Pfarrers Tochter. Auch Spieß entstammt also dem protestantischen Pfarrhaus, das dem achtzehnten Jahrhundert fast mehr Schöngeister als Theologen geschenkt, treffender gesagt, aus dem aufgeklärten Schreibberuf eine Seelsorge mit anderen Mitteln gemacht hat. Christian Heinrich war das zweite von drei Kindern. 1753 war eine Schwester – Christiane Henriette – zur Welt gekommen; 1761 folgte der Bruder Christian Friedrich: vierzehn Tage nach dem Tod des Vaters, der im Alter von nur 35 Jahren starb. Spieß besuchte das Freiberger Gymnasium. Wann er es verließ, ist nicht bekannt; 1772 wenigstens treffen wir ihn bereits in Prag. Am Karolinum hört er »Vorlesungen über die deutsche Schreibart«, die Karl Heinrich Seibt (1735–1806) seit 1763 alle drei Jahre zu geben pflegte. Seibts »Hülfsmittel einer guten deutschen Schreibart« von 1773 enthalten zwei Stilübungen von Spieß. Seibt war der erste Nichtjesuit an der Prager Universität. Mit seiner Berufung im Jahre 1763 zog in Böhmen ein neuer Geist ein. Ohne den Prager »Gottsched« gäbe es keine neuere deutsche Literatur in Böhmen. Allerdings hat Wien diese Entwicklung nach Kräften gefördert. Ein im Jahre 1774 erlassenes Hofdekret ordnete die Pflege der deutschen Sprache, die seit 1784 als alleinige Unterrichtssprache galt, in allen Schulen des Landes an. Ehe sich Spieß jedoch der Literatur verschrieb, debütierte er 1774 als Schauspieler.

Bis 1779 war er wohl im Ensemble Karl Wahrs, einer renommierten Wanderbühne, spielte in Esterhazys Haustheater, in Preßburg, Salzburg, Ofen, wiederum in Prag. Sein Repertoire umfaßte schüchterne Liebhaber so gut wie Heldenväter; der alte Moor war seine Lieblingsrolle. Der vielseitige, geschätzte Schauspieler trat 1782 zum ersten Mal mit einem eigenen Bühnenwerk an die Öffentlichkeit, dem Lustspiel »Die drei Töchter«. Es wurde sogar am Deutschen Theater in Petersburg mit Erfolg aufgeführt. Ein Trauerspiel »Maria

Stuart« kam – 17 Jahre vor Schiller – 1783 heraus; neue Lust-
spiele entstanden; berühmt machte ihn erst das Ritterdrama
»Klara von Hoheneichen«, das 1792 in Prag zur Uraufführung
gelangte. Selbst ein Derivat des »Götz«, wurde Spießens
»Klara« für das Ritterdrama so musterhaft wie Cramers fast
gleichzeitig erschienener »Hasper a Spada« für den zeitgenössischen Ritterroman. »Klara von Hoheneichen« ging über fast
sämtliche großen deutschen Bühnen. Goethe führte es bis
1805 am Weimarer Hoftheater zehnmal auf; Theodor Körner
sah 1811 in Wien ihre Vorstellung; noch 1824 stand sie in
Hamburg auf dem Theaterprogramm. Der Ritter Adelungen
galt lange Zeit als eine Paraderolle für Heldendarsteller.

Der »Liebling der Mutter Natur«, wie der Gothaer Thea-
terkalender den Schauspieler und Theaterdichter Spieß feierte, schrieb sein Ritterdrama bereits, zwanzig Meilen von
Prag entfernt, auf dem Schlosse Bezdiekau. Es gehörte dem
Grafen Caspar Hermann von Künigl (1745–1814). Der Sproß
einer altösterreichischen Familie, Verweser des Bürgeramtes
in Prag, Geheimrat und Kreishauptmann des Elbogener Kreises, hatte Spieß – dem Testament des Dichters zufolge – 1785
zu sich eingeladen. Hier brachte Spieß sein letztes Lebensjahr-
zehnt zu. Seine Sterbematrikel führte ihn als »Wirtschafts-
bevollmächtigten« – wohl eine Art Haus- und Hofverwalter.
In Wirklichkeit war seines Amtes höchstens, seinem Gönner
als Gesellschafter zu dienen, ihn auf Reisen nach Wien, Elbo-
gen, durch Böhmen zu begleiten. Im übrigen aber fand er hier
die Muße zu steter literarischer Arbeit. Er besorgte sie mit
einer, wie Horn formulierte, »gelassenen und unermüdlicher
spinnender Ammenphantasie«. Tatsächlich sind die meisten
seiner Werke – in der Mehrzahl Prosaerzählungen und Romane – während des letzten, hiesigen Abschnitts seines Lebens entstanden: 40 stattliche Bände. Sein Ruf war so groß,
daß viele vornehme Damen und Herren aus der Stadt und von

den benachbarten Schlössern in ihren Kutschen nach Bezdiekau zu kommen pflegten, um ihn persönlich kennenzulernen.

Am 17. – laut Sterbematrikel am 19. – August 1799 ist Spieß an der »Abzehrung« und einem Nervenfieber gestorben: fünfundvierzig Jahre alt. Auf dem Bezdiekauer Friedhof an der Straße von Klattau nach Taus liegt er begraben. Spieß ist übrigens arm gestorben. Das Geld, das ihm seine populären Werke einbrachten, verschenkte er – ein Charakterzug, den man wohl beachten sollte, wenn man ihn als Sensationsschreiber verwerfen möchte.

Man hat ihn den Vater des Schauerromans genannt. Dabei denkt man insbesondere an »Das Petermännchen, eine Geistergeschichte aus dem dreizehnten Jahrhundert«, die in den Jahren 1791 und 1792 zu Prag erstveröffentlicht wurde: als Fortsetzungsroman in Meißners Zeitschrift »Apollo«. Der verruchte Held verführt darin sechs Frauen, lebt mit seiner Tochter unwissentlich in blutschänderischer Ehe, ermordet nicht weniger als siebzig Menschen, ehe ihn der Teufel holt und in der Luft zerreißt ... Auf dieses ominöse Werk folgen andere, nicht minder schauderhafte Produkte seiner Feder und Einbildungskraft, in kurzen Abständen »Der alte Überall und Nirgends« etwa oder »Die zwölf schlafenden Jungfrauen« und »Die Löwenritter«, die Spieß übrigens dem Grafen Künigl gewidmet hatte. Wie beliebt derartige Romane einst waren, mag auch daraus hervorgehen, daß seinerzeit ein Kantor in Markersdorf »Die zwölf schlafenden Jungfrauen« seinen Schülern kapitalweise vorgelesen hat, um sie während des Unterrichts zur Aufmerksamkeit anzuspornen! Spieß übte jedoch nicht nur auf das zeitgenössische Lesepublikum, sondern auch auf Schreibkollegen seine Anziehungskraft aus – selbst über die Grenzen der deutschen Länder hinaus. In England, Frankreich erschienen Übersetzungen; dem »Petermännchen« sagt man nach, daß es noch auf die »Gothic Novel« eingewirkt habe, für

»Ambrosio or the Monk« (1796) von Matthew Gregory Lewis vorbildlich gewesen sei. Der Schauerroman ist ein fruchtbares Monster. Kriminalroman und Horrorfilm gehen auf ihn zurück – für gewöhnlich schätzt man ihn und seine Fabrikanten darum nicht höher.

Aber nicht davon ist hier die Rede, sondern von »Biographien der Wahnsinnigen«. Zu Unrecht würde man sie diesen Produkten eines vertrackten Rationalismus gleichsetzen. Sie waren ausdrücklich nicht romanhaft zu verstehen, zu lesen. Das Leben sozusagen hatte sie geschrieben, zumindest diktiert, der literarische Reporter sie von »noch lebenden Augenzeugen« erfahren, aufgeschnappt, wie »ich zu P. in H. wohnte« oder »vor zehn Jahren über Land reiste«. Es fällt übrigens auf, daß mehrere Geschichten in der Zeit des Siebenjährigen Krieges spielen – in tumultuarischer Zeit. Mit »Biographien der Selbstmörder« (20 an der Zahl) hatte sich Spieß 1785 erstmals diesem Genre und der Prosa überhaupt zugewandt; auf die der Wahnsinnigen folgten 1796 endlich – als Ergebnis seiner Recherchen, Beobachtungen auf Streifzügen durch Böhmen und Süddeutschland – »Meine Reisen durch die Höhlen des Unglücks und Gemächer des Jammers«. Spieß widmete sie seinem ehemaligen Prinzipal Karl Wahr. Ihr Tenor ist: Wir leiden ohne Verschulden! Ist es vermessen, hier von einer Philosophie des Autors Spieß zu sprechen? Wenigstens klingt es so auch aus der Geschichte von »Fritzel mit dem roten Mützel« – der »Geschichte von Friedrich M. und seiner Familie« –, heißt es in der Geschichte der Karoline G. von H. leitmotivisch: »Die Freuden des Himmels müssen ewig dauern, müssen alle Beschreibung übertreffen, wenn sie Ersatz für das irdische Leiden sein sollen!« Was Spieß auf dem Papiere tat, führte ein anderer in Wirklichkeit aus: der englische Arzt John Howard. Er visitierte bis in die neunziger Jahre die Gefängnisse und Hospitäler Europas und eiferte für ihre Humanisierung.

Wenn Spießens Sterbematrikel ihn den berühmten Verfasser »unterschiedlicher zum Lesen sehr amüsanten wie auch zum Sitten lehrreicher Schriften« nannte, so ist die zweite Charakteristik gewiß auf Schriften jener Art gemünzt, die ein Gewächs der späten Aufklärung sind – oder soll man selbst sagen, der Prager deutschen Literatur?

Tatsächlich trat August Gottlieb Meißner 1778 mit den ersten deutschen Kriminalgeschichten hervor, der Prager Buchhändler Johann Friedrich Ernst Albrecht (1752–1816) gleich Spieß mit Selbstmörderbiographien. Meißner (1753–1807), mit dem Spieß befreundet war, hatte übrigens 1785 die Nachfolge Seibts als Professor der Ästhetik in Prag angetreten. Vergleicht man den Stil der drei Autoren miteinander, erweist sich erst, ein wie ›guter‹ Schriftsteller Spieß immerhin ist! Ihr Vorsatz war, durch Mitteilung wahrer Lebensläufe das Gewissen (und Bewußtsein) etwa gegen die Ungerechtigkeit der Justiz aufzurütteln, den Leser nachdenklich zu stimmen, daß Verbrecher unschuldig sein können, Selbstmörder nicht gottlos zu sein brauchen. Sie waren kurzum Aufklärer, die ihren Schreibberuf rührend ernst nahmen und den Zeitgenossen das Humane gerade in der Entmenschlichung, dem Menschenunwürdigen sehen lehrten. Die Gestalten von Spieß sind, ehe sie das Opfer des Wahnsinns wurden, Opfer der Gesellschaft, der Zeitläufte, eines widrigen Schicksals. Gewisse ›soziologische‹ Details in den Lebensläufen stehen so ausgeführt, daß man meinen möchte, sie wären das, was Spieß eigentlich am Herzen lag. Man denke an das Los der ledigen Kindsmutter, an das des unehelichen Kindes innerhalb einer Gesellschaft, die jeden Verstoß wider die Norm unerbittlich ahndete. Die in der »Geschichte von Wilhelm M***r und Karoline W*g – »Zwischen Wahn und Wilhelm« mitgeteilte Szene in der Kirche vor der versammelten Gemeinde wirkt wie eine Art urkommunistischen öffentlichen Schuldbekenntnisses! Man erfährt des weiteren bestürzende Einzelheiten aus der zivilen und klerikalen Gerichtsbarkeit seiner Zeit, von Folterungen: erst 1776 war die Folter in den österreichischen Landen abgeschafft worden; von der Leibeigenschaft: Joseph der Zweite hatte sie 1781 aufgehoben. Die Begegnung des jüdischen mit dem christlichen Glauben – übrigens zeichnet Spieß in der Jüdin Esther einen Typ der emanzipierten, der gebildeten Frau, die wenig später den Mittelpunkt der romantischen Salons bilden sollte – wird zu einem Konflikt von fast tragischer Ausweglosigkeit. Man pflegte bis zu den Zeiten Pinels den Wahnsinnigen an Ketten zu legen, wie man es mit dem Verbrecher tat. War der gehörige Staatsbürger darum freier? Den Protestanten Kleist erinnerte in Würzburg »das Läuten der Glocken unaufhörlich an die katholische Religion, wie das Geklirr der Ketten den Gefangenen an seine Sklaverei«. Der Mensch des achtzehnten Jahrhunderts lag, wie Möser sagt, an der Kette seiner Einbildungskraft, seines Glaubens, seiner Gesellschaft, seines Staates, und diverse Lebensläufe führen, verführen zu der Schlußfolgerung, der Wahnsinn sprengte diese Ketten und gewährte eine Freiheit, die vernünftig nicht zu erlangen war. Dieser Satz provoziert Mißverständnis, weil er sozial umschreibt, wo man die Alienation des einzelnen auf den gesicherten medizinischen Begriff gebracht sehen wollte. Aber die Sicherheit einer Wissenschaft, die Störungen in der Person eines Menschen höchstens zu beheben, nicht abzuwenden vermag, gründet sich nur scheinbar auf die Begriffe, die sie inzwischen gewonnen hat. In dem gleichen Maße droht jene Fähigkeit verlorenzugehen, welche den Naturkündiger des achtzehnten Jahrhunderts so findig gemacht hat. Es ist die Fähigkeit, mit den Phänomenen, den Bildern Ideen zu verbinden – als würden Ideen in einer Dunkelkammer entwickelt. Man hat vielfach vergessen, daß Theorie Anschauung heißt. Die Kette ist ein Ding und ein Bild, so wie die Schnürbrust, das so genannte Korsett des achtzehnten Jahrhunderts, ein Ding und ein Bild war. Beide warten darauf, transzendent gemacht zu werden, wie Lichtenberg den Vorgang bezeichnete. Zwischen dessen verzweifeltem Ausruf: »*Schnürbrüste überall* nicht bloß für den Leib«, 1789 niedergeschrieben, und den Irren-Viten von Spieß stellen beschränkende Staatsform und gesellschaftliche Zwänge den realen Zusammenhang her.

Da derartige Sammlungen nicht romanhafte Erfindungen, sondern aus dem Leben gegriffen waren, hat Spieß bezeichnenderweise den Biographien keine lockenden Überschriften gegeben, sondern es bei der bloßen Namensnennung belassen. Gewiß liest der Leser von heute derartige Geschichten kaum auf ihre authentische Wahrheit hin. Tatsächlich liegt jedoch in dem Wahrheitsanspruch, den der Kritiker und auch das Publikum im achtzehnten Jahrhundert stellten, eine Problematik, die Spieß und seinesgleichen vor dem Leser zu diskutieren hatten. So fand Albrecht die Forderung übertrieben, Monologe, »die Personen im Augenblick ihres Sterbens gehalten haben, gehört zu verlangen ...« Man wollte instruieren, aber nicht auf Kosten des Lesereizes; die Appretur des vom Leben dargebotenen Sachverhalts barg die Gefahr der ›Romantisierung‹ bereits in sich. Als die »Neue allgemeine deutsche Bibliothek« den vierten Band der »Biographien der Wahnsinnigen« besprach, leitete der Rezensent seine Kritik grundsätzlich ein:

»Der Psycholog verlangt durchaus strenge historische Wahrheit; sonst kann er dergleichen Schriften auf keine Weise für seine Wissenschaft nützen. Ist aber dieses Werk für ihn eigentlich nicht geschrieben: so ist es auf der anderen Seite zu bedauern, daß eine Menge zum Theil sehr wichtiger Phänomene aus dem Gebiet der Erfahrungsseelenlehre durch eine zu romantische und dichterische Darstellungsart gleichsam für ihn verloren geht, indem ihm das Herausfinden des Wahren aus dem Nebel der Dichtung nicht nur erschwert, sondern wohl gar unmöglich gemacht wird.«

Spieß wußte das wohl. Das eklatanteste Beispiel ist die Doppelbiographie der wahnsinnigen Jüdin, die »Geschichte der Karoline G. von H.« und die der »Ester L.«. Sie erhält darum, weil Spieß den Leser »absichtlich irreführte« und geraume Zeit im Dunkeln tappen ließ, eine gleichsam schizophrene Spannung, verlangt dem Verfasser jedoch das Geständnis des ›literarischen‹ Kunstgriffs ab: »Vergebung, wenn ich fehlte! Der Reiz war zu groß.« Dietrich Feldhausen hat es bei der Vorarbeit an einem Drehbuch für den Fernsehfilm »Das schöne irre Judenmädchen« – so betitelt nach dem Titel in der Ausgabe des Verfassers dieses Aufsatzes –, ein Film, der am 8. Februar 1984 ausgestrahlt wurde, keine Ruhe gelassen, den Gehalt dieser Doppelbiographie auf seine Wahrheit hin zu überprüfen, und darüber auch berichtet. Das ist spannend zu lesen! Die Jüdin Esther L. konnte er nicht identifizieren, wohl aber ihren Geliebten: Friedrich Graf von Schwerin (1738 bis 1800), doch:

> »Der Verdacht drängt sich auf, daß Spieß zwar mit verifizierbaren Modellen arbeitet, daß er sie aber nach Lust und Laune zusammenmontiert. Er hatte die Geschichte einer Jüdin und eines Offiziers zu schreiben, und da ihm die sensationelle Story des Grafen Schwerin zu Ohren gekommen war, gestaltete er den Offizier nach seinem Vorbild.«

Der Film ist denn auch reizend genug geworden; aber der zeitgenössische Leser genoß wohl vor allem die Camouflage, die Spieß ins Spiel brachte. Der Reiz war zu groß; zum Glück für die von Spieß ausgemalten, nachgestellten Lebensläufe, möchte man sagen. Albrecht hatte in der Vorrede zum zweiten Band seiner »Neuen Biographien der Selbstmörder« geäußert: »Ich schreibe für Lektüre und für Eindruck.« Das ist eine handliche Formel für die doppelte Absicht dieser aufgeklärten Schriftsteller. Lektüre: das heißt zur Unterhaltung; für Eindruck meint die Nutzanwendung auf den verständigen Leser, die Moral aus der Geschichte. Um des tieferen Eindrucks willen erlaubten sich die dem Leben nachschreibenden Autoren mehrere Stilmittel, die wieder und wieder begegnen, insbesondere das des Dialogs. Auch dagegen sprach sich die »Neue allgemeine deutsche Bibliothek« bei Gelegenheit von Spieß aus, »da dergleichen dramatische Ausschmückungen sich nicht immer mit dem Wesen einer einfachen Biographie vertragen und manchen Leser gegen die historische Wahrheit der Erzählung selbst mißtrauisch machen könnten.«

Man hat die Form der Ritter- und Räubergeschichten des achtzehnten Jahrhunderts überhaupt als dialogisierten Halbroman bezeichnet, behauptet, daß Spieß diese Technik von Meißner, Albrecht, Cramer übernommen habe. Das eine ist so ungenau wie das andere: Man findet den Dialog auch in Romanen der Zeit, die nicht Trivialliteratur sind, und Spieß könnte schließlich auch durch seine Bühnenpraxis auf das probate Mittel der ›dramatischen Ausschmückung‹ geraten sein. In Wahrheit spricht die Dialogform als Einschiebsel des zeitgenössischen Romans und der Prosageschichte nur dafür, daß beider Kennzeichen noch die offene, die Mischform Prosa und ihre Gattung noch Halbkunst war. Spieß gab an, daß er seine Helden im Gespräch am besten charakterisieren könne. Ähnlich argumentierte Albrecht:

> »Wenn ich die Person redend einführe, so ists Darstellung dessen, was sie nach meinem Urtheil dachte. Kombination des Zustandes ihrer Seele mit der Lage, in der sie war, ist die Schöpferin solcher Produkte.«

Der lange und ernsthafte Aufenthalt bei den Dii minores mag verwundern: im allgemeinen schließt man von den sensationellen Stoffen, die sie bevorzugen, eher auf die Unseriosität ihres schriftstellerischen Vorsatzes. Und beispielsweise dem modischen Spieß abzunehmen, daß er bei der Niederschrift seiner »Biographien der Wahnsinnigen« einen ethischen Beweggrund und nicht die klügliche Einschätzung des Zeitgeschmacks besaß, fällt schwer, da man ihn landläufig mit den sogenannten Trivialschriftstellern zu Ende des Jahrhunderts zusammenzählt. Hinzu kommt, daß man – einige Dezennien nach Freud – nicht für möglich hält, daß Spieß wirklich glaubte, wovon er in der »Vorrede« sprach: mit Hilfe jener Lebensläufe zu beweisen, daß Wahnsinn selbstverschuldet sei, und Mittel an die Hand zu geben, wie man ihm vorbeugen könne. Was jetzt lachhaft, wenn nicht ungereimt anmutet, war seinerzeit jedoch nicht nur die Überzeugung von Populäraufklärern. Seit Eröffnung des Vernunftzeitalters war diese Ansicht ein strikter Glaubenssatz. Schon bei Thomasius handelt das Kapitel von der Ausübung der Sittenlehre, das dem Problem der praktischen Verwirklichung der menschlichen Bestimmung zu bürgerlich tätigem Leben galt, geradezu, wie der Untertitel sagt, »Von der Arzteney wider die unvernünftige Liebe / und der zuvor nöthigen Erkäntniss sein selbst«. Unvernünftige Liebe ist der genaue Gegensatz zur wahren Bestimmung des Menschen, ist die Formel für alle jene Verfehlungen, die Einbildungskraft und Leidenschaften bewirken. »Mensch! Achte den Wert deiner Vernunft!« Spießens Deklamation ist die emphatische Mahnung des Jahrhunderts. Aus diesem Grunde versteht sich die verblüffende Bemerkung, daß der Rationalismus seelische Leiden und sogar den Wahnsinn als ein selbstverschuldetes Übel beurteilte, ungnädig je nachdem oder rührender Vorsorge voll, vor nie mehr gut zu machender Unvernunft zu bewahren. Das spricht wie selbstverständlich, auch wenn seine Exempel nicht durchaus beweiskräftig sind, aus den Worten, die Spieß seinen »Biogra-

phien der Wahnsinnigen« vorausschickte. Den Thomasius-
schen Begriff der unvernünftigen Liebe sozusagen wörtlich
nehmend, möchte Spieß geradezu »das leichtgläubige Mädchen, den unvorsichtigen Jüngling an der Ausführung eines
kühnen Plans«, Liebesleidenschaft mit obligaten Folgen, hindern, weil er meint, daß solche Seelenaufregung ihnen »den
Verstand rauben könnte«!

Der Lebenslauf von Spieß läßt beinahe denken, er habe
diese Warnung an sich selbst gerichtet! Im »Hospital der
Wahnsinnigen zu P.« stellt ihm der Arzt einen Guckkastenmann vor, den wahrscheinlich ein treuloses Weib betrogen,
falsche Freunde verraten haben. Er ist darüber zu einem solchen Misogyn geworden, daß man ihn ins Narrenspital
sperrte. Begegnen wir hier einem Gegenbild von Spieß? Wir
wissen von einer Geliebten: der Schauspielerin Sofie Körner,
geborene Bauer aus Bayreuth. Sie hat ihn nach Bezdiekau begleitet. Von ihrem »ehemaligen Freunde« Spieß wurde sie
samt ihren beiden Kindern Antonia und Josef testamentarisch
zur Universalerbin eingesetzt. Das schöne Frauenzimmer soll
ihn jedoch mit dem Grafen Künigl, der sie zwei Jahre nach
dem Tode von Spieß heiratete, betrogen haben. Das Gerücht
will, daß Spieß hingegen in den letzten Jahren seines Lebens
die Gräfin Künigl geliebt habe und jene seine Liebe erwiderte.
Als sie am 3. August 1799 starb – angeblich hat sie sich ver-
giftet –, brach Spieß, der im gleichen Jahr auch seine sehr
geliebte Mutter verloren hatte, zusammen. Und es folgt die
grausame Pointe seines Lebens: der so klug von Vorkehrun-
gen wider den Wahnsinn zu schreiben wußte, wurde am Ende
selber wahnsinnig. In den letzten Tagen seines Lebens artete
die Geisteszerrüttung in Tobsucht aus, daß kaum vier Männer
ihn zu halten vermochten. Erst eine Stunde vor seinem Tode
kam Spieß noch einmal zu sich.

Ältere Darstellungen geben gern den literarischen Exzessen im Schauderhaften die Schuld an seinem Wahnsinn. Sie verwechseln Ursache und Folge. Spieß muß eine besondere Affinität zu dem Irrationalen, fatale Disposition zur Schwermut besessen haben. Auf seinem Lieblingsplatz, der vom Volksmund bald »Spießfelsen« genannt wurde, hatte er sich eine Holzhütte erbauen lassen. Hier konzipierte er die Werke seiner letzten Lebenszeit. Diese Weise zu leben immerhin und zu schreiben erinnert an das Arrangement eines Größeren seiner Zeit: Buffon. Von ihm weiß man, daß er in seinen Gärten einen abseits gelegenen Pavillon besaß, der nur Schreibtisch und Sessel aufwies, sowie das jeweilige Manuskript, an dem dieser Gelehrte gerade schrieb. Es ist, kurzum, die *Eremitage* des achtzehnten Jahrhunderts, aus dem höfischen Park an die bürgerlichen Naturen übereignet. Die Einsiedelei will selbstverständlich nicht auf ein geistliches Leben hinaus, sie signalisiert auch keineswegs den verschmitzten Sonderling des neunzehnten Jahrhunderts; in einer modischen Attitüde stellt sie vielmehr so etwas wie ein gesellschaftliches Regulativ dar.

Aber Spießens Rückzug aus der Gesellschaft und seine höchst beunruhigende Schreibsucht waren keine diätische Maßnahme, sondern Flucht- und Rettungsversuch in einem. Er mied den Umgang mit Menschen, nahm oft tagelang keine Nahrung zu sich. Nahe seiner Hütte ließ er einen künstlichen Friedhof mit Gräbern und Grabsteinen anlegen, auf dem er stundenlang spazieren ging. Dieser Zug erinnert übrigens an »Fritzel mit dem roten Mützel«, auch an die »Geschichte von Wilhelm M***r«, von dem Spieß schreibt, daß er am liebsten »unter den Gräbern des Kirchhofs umher« wandelte. Darf man endlich auch die Tatsache, daß von Spieß kein einziges Porträt überliefert ist, auf die sonderbare Richtung seines Geistes zurückführen? Es ginge sonst nicht mit rechten Dingen zu, daß ein berühmter Schriftsteller und Schauspieler, übrigens nach Lesart ein schöner Mann, aus dem Jahrhundert, das

Kupferstich aus den »Biographien der Wahnsinnigen«
von Christian Heinrich Spieß, 1796

auf Physiognomien versessen war, kein Konterfei hinterließ! Wenn Spieß in seinem Argument bereits dem Zeitgeist folgsam war, so läßt ihn seine verstörende Affinität und Anfälligkeit abermals zeittypisch erscheinen. Das Paradox seines Lebens und Schreibens gehört in das Kapitel über das Nichtgeheure in der Person des aufgeklärten Zeitgenossen!

Ein trauriges, wenngleich ergiebiges Unternehmen, die Galerie spätaufklärerischer Geister daraufhin durchzusehen, von welchem Belang für die eigene Person ihre oft so ennuierende therapeutische Schreibweise gewesen ist. Spießens Schicksal – solche tragisch-komische Diskrepanz zwischen der geäußerten Überzeugung, daß Wahnsinn selbstverschuldet sei, und der nichtsnutzigen Erfahrung, wider das bessere Wissen vom Wahnsinn ereilt zu werden – teilen so und so viele namhafte Zeitgenossen. Der Schluß liegt nahe, als habe es sich bei dieser Krankheit um ein Los gehandelt, das der bürgerlichen Intelligenz in der zweiten Hälfte des achtzehnten Jahrhunderts vornehmlich beschieden gewesen wäre. Der tatsächlichen gesellschaftlichen Lage in Deutschland entsprechend hat aber Spieß seine Beispiele gerade nicht dem zeitgenössischen Arsenal der bürgerlichen Künstlerleben entnommen, sondern konfrontiert den Leser mit den namenlosen und vermutlich ungezählten Zeitgenossen, die, Angehörige des vierten Standes oder Ausgesonderte des dritten Standes, den Widersprüchen zwischen individuellem Glücksverlangen und obrigkeitsstaatlicher Willkür sowie gesellschaftlicher Maßregelung bewußtlos, hilflos ausgesetzt waren. Begreift man den Rationalismus als den Inbegriff aller jener ideologischen Grundlegungen einer Gesellschaft, die den Begriff der Ordnung und Polizei auf alle Äußerungen des gesellschaftlichen Lebens anzuwenden aus war, kann man sagen, daß diese Krankheit gerade mit dem Rationalismus und der durch ihn verursachten Spannung zwischen einem dezidierten Vernunftmenschtum und einer nicht in Schach zu haltenden sinneskräftigen Reizbarkeit korrespondierte. Seit den »Night thoughts on life, death and immortality« von Edward Young, deren rund 10000 Blankverse 1751 durch Johann Arnold Ebert eingedeutscht wurden, sieht man den Schöngeist des achtzehnten Jahrhunderts sozusagen in kopfhängerischer Attitude. Die Hypochondrie wurde das Leiden der Intelligenz. Die Biographie der Jüdin Esther erwähnt, daß sie Millers »Siegwart« las, das hohe, das verstiegene Lied der Empfindsamkeit, des Friedhofstaumels, der Tränenseligkeit, eine Klostergeschichte anno 1776. Aber sie liest auch Wielands 1764 erschienenen Roman »Don Sylvio von Rosalva, oder der Sieg der Natur über die Schwärmerei«. Der Untertitel zeigt die Richtung, in die Wieland zielte, seine Therapie. Man könnte sagen, daß Spieß in seinen Biographien den Sieg der Schwärmerei über die Natur demonstriert habe. Ihm korrespondiert die geistige und seelische Verstimmung, die Entgeisterung, Umnachtung, die jene Epoche vor 1800 beschwert. Johann Gottfried Langermann zufolge sind erst im Jahre 1772 »die Stellen für Wahnsinnige in den öffentlichen Häusern zu Torgau und Waldheim verdoppelt« worden, zwanzig Jahre später mangelte es aber schon wieder an Raum, »alle zuströmenden Narren aus Chursachsen aufzunehmen«, bemerkte er 1797 in seiner Doktorarbeit »de methodo cognoscendi curandique animi morbos stabilienda«, übrigens seiner einzigen psychiatrischen Schrift. Die Zunahme der Geistesstörungen schlug im wahren Sinn des Wortes – zu Buche. Ratlos und darum verstört schreibt 1798 ein Herr Busse im »Neuen Hannöverischen Magazin«, einer jener gewichtigen Moralischen Zeitschriften der Aufklärung, »Über eine traurige Bemerkung, die man in unsern Zeiten wahrnehmen will« und richtet »Ein paar Worte an Menschenfreunde und Ärzte«. Dies der Wortlaut:

»Mehrern einlaufenden Nachrichten zufolge, die sich leider! durch eigne Erfahrungen von allen Seiten nur zu sehr zu bestätigen scheinen, will man mit Bekümmerniß bemerkt haben, daß besonders in unsern Tagen die unglückliche und fürchterliche Seelenkrankheit, der Wahnsinn, so auffallend überhand nimmt, und sich vorzüglich unter den Landleuten mehr, als jemals zu verbreiten droht. – Bedürfte es mehr, um gefühlvolle Herzen auf das Übel und die Gefahr aufmerksam zu machen, die über unserm Haupte schwebt, und für die Sache der leidenden Menschheit zu interessiren? Schon hin und her haben verschiedene theilnehmende Menschenfreunde gedacht, um den bis jetzt noch verborgen liegenden Ursachen jenes traurigen Uebels auf die Spur zu kommen – ob es vielleicht in irgend einer verschrobenen Seelenstimmung des jetzigen Zeitgenius, ob in dem noch immer so allgemein schwärmenden Hange des Landmannes und gemeinen Städters zu sonderbaren Weissagungen und abentheuerlichen Prophezeihungen, ob in dem eben jetzt hie und da unbemerkbar vorgehenden Uebergange derselben zum frömmelnden Aberglauben seinen Grund haben mögte: – oder wohl gar in der heutigen Lebensart, in den jetzt üblichen Nahrungsmitteln, und namentlich in dem so allgemeinen und so häufigen Genusse der bekannten Kartoffeln, welchen man ohnehin nicht die beste Würkung auf die menschliche Seele zuschreiben will, und die viele schon seit längerer Zeit, als Beförderungsmittel einer gewissen Stumpfheit und Trägheit derselben anzusehen, eben nicht abgeneigt sind? – Allein man ist noch nicht so glücklich gewesen, irgend etwas Gewisses über diesen Gegenstand bestimmen zu können, und wagt höchstens nur, doch vielleicht nicht so ganz mit Unrecht, die Vermuthung, daß sowohl physische als moralische Ursachen zugleich zur Verbreitung dieses Uebels concurriren mögten. In dieser Hinsicht wünschte man, daß mehrere Menschenfreunde, Aerzte und andere Patrioten diese Sache, die es ja wohl werth ist, näher beherzigt zu werden, einer genauern Prüfung unterwerfen, und ihre Untersuchungen, nebst den daraus gezogenen Resultaten, dem Publiko zur Belehrung und Anwendung mittheilen dürften. – O wie süß und belohnend würde der Gedanke schon an und für sich seyn, auch nur eine Seele von jenem schauderhaften Zustande errettet zu finden?«

Ein solcher Menschenfreund war der Pfarrer Johann Friedrich Oberlin aus dem Vogesendorf Waldersbach, der über seinen verstörten Logiergast Lenz jenes akkurate Tagebuch geführt hat, das durch Büchner eine Art Unsterblichkeit erlangte. Es ist erstaunlich, wie viele Ärzte und Seelsorger vor allem im letzten Jahrzehnt des Jahrhunders gegen den Wahnsinn anschrieben. Ist es wirklich erstaunlich? Der Psychiater Reil sah – 1803 – die Anfälligkeit der Zeit für den Wahnsinn in dem Wesen der bürgerlichen Verfassung notwendig begründet! Überall da, wo der Mensch sich über den Naturzustand erhoben hat, Bedürfnisse, Neigungen, Wünsche äußert, die sozusagen ›luxuriös‹ sind, überall da, wo der Mensch sich um der bürgerlichen Ordnung willen zu Konventionen verstehen muß, die ihn in seiner Bewegungsfreiheit hindern, ist die Gefahr einer ›Störung des Gemüts‹ gegeben. In Reil begegnet uns der aufmerksam durch die Gedankenschule des achtzehnten Jahrhunderts gegangene Gebildete, mit Argumenten, die eine richtige Bemerkung durch sentimentalisches Vorurteil verfälschen. Gleich Kant faßte er den Naturzustand, die Wilden-Existenz als den Verrückungen ausschließenden Stand der ›Einfalt‹ auf und sah in der stetigen Entfernung von diesem mythischen Zustand die verheerende ›Zwiefältigkeit‹ des modernen Menschen unaufhaltsam Fortschritt machen:

>»Wir rücken Schritt vor Schritt dem Tollhause näher, so wie wir auf dem Wege unserer sinnlichen und intellektuellen Kultur fortschreiten.«

Der Rationalismus erkannte die Gefahr, aber er vermochte sie nicht zu bannen. Sein Kennzeichen bleibt eine sonderbare Ambivalenz: wohl ist er willens, dem Irrationalen auf allen Gebieten mit der Vernunft zu kommen – die Psychologie und Physiognomik sind folgerichtig aus dem Rationalismus entstanden. Dem trug eine von Karl Philipp Moritz gegründete

Zeitschrift Rechnung, die von 1783 bis 1793 in Berlin herauskam. Unter dem Titel »Magazin zur Erfahrungsseelenkunde«
werden darin psychische Zustände dargestellt, eigene und
fremde seelische Absonderlichkeiten beobachtet und häufig
quälend getreu überliefert. Aber gleichzeitig schreckt dieser
neue Typ des Intellektuellen empfindlich vor allem Nicht-
geheuren zurück, ohne deshalb weniger neugierig zu sein.
Nicht von ungefähr widmet Knigge 1788 in seinem Ratgeber
für den »Umgang mit Menschen« der »Art, wie man schwer-
müthige, tolle und rasende Menschen behandeln müsse«, ein
Kapitel für sich:

>»Der wichtigste Punkt scheint bei solchen Kranken anfangs der
zu sein, daß man die erste Quelle ihres Uebels aufsuche, daß man
bewahrheite, ob und wie dieselbe, durch Zerrüttung einzelner
körperlicher Werkzeuge, oder durch Gemüthslagen, heftige Leidenschaften oder Unglücksfälle entstanden sind. Zu diesem Endzwecke muß man Acht darauf geben, womit sich ihre Phantasie
in den Augenblicken der Raserei oder Verwirrung und außer den-
selben beschäftigt, worauf ihre Einbildungskraft brütet. Da
würde sich's dann zeigen, daß man, um diese Unglücklichen nach
und nach zu heilen, mehrentheils nur auf einen einzigen Punkt
zu wirken, in ihnen auf vorsichtige Weise nur eine einzige herr-
schende Grille zu zerstören oder zu modificiren brauchte. Ferner
würde es wichtig sein, darauf Acht zu geben, welche Art von Wet-
terveränderung, Jahreszeit und Mondwandelung Einfluß auf ihre
Krankheit hätte, um die glücklichen Augenblicke zur Behandlung
zu nützen. Endlich habe ich bemerkt, daß das Einsperren und jede
harte Verfahrungsart fast immer das Uebel ärger macht. Ich muß
bei dieser Gelegenheit mit wahrem, aufrichtigem Lobe der Einrichtung Erwähnung thun, welche im Tollhause in Frankfurt am
Main herrscht, und welche ich vielfältig zu beobachten Gelegenheit gefunden habe. Man läßt dort die Wahnsinnigen, wenn es
nur irgend ohne Gefahr geschehn kann, wenigstens in den Jah-
reszeiten, von welchen man weiß, daß alsdann ihre Tollheit weniger heftig ist, unter unmerklicher Beobachtung frei im Hause

und Garten herumgehn, und der Zuchtmeister verfährt so sanft und liebreich mit ihnen, daß viele derselben nach einigen Jahren völlig geheilt wieder herauskommen, und eine größere Anzahl wenigstens nur melancholisch bleibt, allerlei Handarbeit zu verrichten im Stande ist, indeß diese Menschen in manchen andern Hospitälern durch Einsperren und Härte vielleicht im höchsten Grade wüthend geworden sein würden.«

Vielfältig zu beobachten Gelegenheit gefunden zu haben, schreibt Knigge wie selbstverständlich. In der Tat stand der Besuch des Irrenhauses einmal auf dem selbstverständlichen Besichtigungsprogramm des reisenden Rationalisten. Das muß nachgerade zu einer Seuche ausgeartet sein, nach Reil zu schließen, der »Besuche neugieriger Fremden« und die Gewohnheit der Wärter in Heilanstalten, »die Kranken auf ihre fixen Ideen zu helfen, um die Zuschauer zu belustigen«, unzulässig findet. Beispiele liefern Johann Jacob Engel in dem »Philosophen für die Welt« (1775–1777), dessen 30. Stück dem Irrenhaus gewidmet ist: Pfarrer-Vater und Sohn »besahen, nach ihrer Ankunft, die Merkwürdigkeiten der Stadt, und noch den Tag vor der Rückreise des Vaters gingen sie in die öffentliche Anstalt für Wahnsinnige und Rasende!« Der Pfarrer Matthias Claudius schrieb 1783, eine meisterhafte Reportage, den kulturgeschichtlich bedeutenden »Besuch im St. Hiob zu **«, dessen lakonischer Schluß lautet: »Wir nahmen darauf Abschied und gingen weg, nicht ganz gleichgültig.« Johann Karl Gottlob Wezel schildert in seiner »Lebensgeschichte Tobias Knauts, des Weisen, sonst der Stammler genannt« (1773 bis 1776), wie Selmann zu einem »Schauspiele, das für den Beobachtungsgeist eine reiche Nahrung sein muß«, reist: das Schauspiel ist ein Mann, dem Liebe und Verzweiflung angeblich den Kopf verrückt haben! Wenn Wezel, nachmals wahnsinnig geworden, zeigt, daß Selmann dabei sich selbst zum Narren hält, so erinnert das entfernt an Hogarths 1735 entstandenes berühmtes Bild, das den Zyklus des »Rake's Progress« beschließt, zwei Damen darstellend, die sich das Schauspiel ›Tollhaus zu Bedlam‹ ansehen. Das im Londoner Stadtteil Moorfields gelegene berüchtigte Irrenhaus, das Swift in die Literatur eingeführt hat, wurde auch von einem Deutschen besucht, beschrieben: Lichtenberg. Daß das wahre Studium des Menschen der Mensch sei, hat das ganze Jahrhundert gern und oft Pope nachgesprochen. Wirklich nachgekommen sind diesem Wort nur wenige. Lichtenberg gehört dazu. Als er April 1796 das achte Blatt von Hogarths »Weg des Liederlichen« beschreibt und deutet, ist ihm sein Besuch in Bedlam anno 1775 wieder vor Augen: »Mit meiner Empfindung bei dem Schlusse dieses Kapitels weiß ich daher nichts zu vergleichen als das unbeschreibliche Wohlbehagen, das meinen ersten freien Odemzug begleitete, als ich im Oktober 1775 nach einem kurzen Besuche in diesen Begräbnissen wieder in die freie Luft von Moorfield hervortrat.« Fast kann man sich denken, daß Spieß seinen Lesern und Leserinnen zur gleichen Zeit den Bericht über einen Besuch im »Hospital der Wahnsinnigen zu P.« nicht vorenthalten möchte.

Die Besichtigungen von Irren, und zwar gerade ihrer gemeingefährlichsten Spezies, waren sozusagen die Illustrierte zu dem »Magazin der Erfahrungsseelenkunde«, aber eine solche Formulierung macht die Tatsache darum nicht verständlicher. Dörner stellte das Zeitphänomen der Irrendemonstration in den Zusammenhang jener »Epoche der administrativen Ausgrenzung der Unvernunft« von 1650 bis 1800, während der »die Kirche die Formen der Unvernunft, namentlich Arme und Irre, nicht mehr, die bürgerlich-kapitalistische Wirtschaftsgesellschaft aber noch nicht umgreifen konnte«. Der Irre war nun die nur in Mauern erträgliche Natur, die am Rande der staatlichen Ordnung einsehbare Unordnung. »Das Arrangement, das die Irren als wilde und gefährliche Tiere präsentiert, war ein Appell an das Publikum, den moralischen Maßstab des absoluten Staats sich als eigene Vernunft zu eigen zu machen.« Wenn oben auf den Zusammenhang zwischen Rationalismus und Psychologie hingewiesen wurde, so ist es jetzt angebracht, auf den Zusammenhang zwischen der sozialen Stellung des Irren in Staat und Gesellschaft des achtzehnten Jahrhunderts und der spezifischen Ausbildung der Psychiatrie als Wissenschaft hinzuweisen. Ihre Entstehung hängt, mit Dörners Worten, »ab von der spezifischen Umwandlung der die Unvernunft lediglich ausgrenzenden Institutionen des aufgeklärten Absolutismus«.

Schon zu Beginn des neunzehnten, aber in diesem Fall noch der Tradition des abgelaufenen Jahrhunderts verpflichtet, besuchte 1800 Kleist das Julius-Hospital zu Würzburg, das neben anderen auch ein Haus für die Verrückten unterhielt – er berichtet davon seiner Verlobten daheim in dem oben genannten Brief. Wie andere Reisende vor ihm in den verflossenen hundert Jahren der Aufklärung besichtigt er die Irren und fühlt sich von deren Krankheitsgeschichten, sicherlich durch die Wärter heruntergehaspelt wie von Museums- oder Schloßführern, mehr oder weniger als Poet berührt: am wortfindigsten von dem Jüngling, den ein »unnatürliches Laster wahnsinnig gemacht« hat. Die an Hogarth-Lichtenbergs »Rake« erinnernde genußreiche Ausmalung seines körperlichen und seelischen Zustandes ist beinahe ein anderer Spieß zu nennen. Auch hier argumentiert die moralische Logik des Aufklärers für das rousseausche Natur-Monstrum von seelischer und körperlicher Unberührtheit. Aber da ist etwas in dem Bericht, das tatsächlich nicht mehr den Zeitgenossen als Adressaten angeht und wie heute geschrieben, wenigstens gedacht klingt. Kleist beklagt nämlich den Kontrast zwischen dem – nichtsnutzigen – Aufwand der medizinischen Polizei und dem schlecht angewandten Interesse des Kranken:

»Ihn erfreut doch der stolze Palast und der königliche Garten nicht, der ihn immer an seine demütigende Lage, an die Wohltat, die er nie abtragen kann erinnert, aller dieser Anschein von Pracht wird schwerlich mehr, als den Kranken und sein Gefühl durch den bittern Kontrast mit seinem Elende noch mehr drük-ken. Es liegt eine Art von Spott darin, erst ganz hilflos werden zu müssen um königlich zu wohnen.«

Kleist kann, wie er selbst einräumt, sein Unbehagen nicht akkurat artikulieren; aber es ist noch immer deutlich genug.

»Besonders die Verrückten können in ihrer eigenen Gesellschaft nie zu gesundem Verstande kommen. Dagegen würde dies gewiß bei vielen möglich sein, wenn mehrere vernünftige Leute, etwa die eigne Familie, unter der Leitung eines Arztes, sich bemühte den Unglücklichen zur Vernunft zurückzuführen. Man könnte einwerfen, daß dies alles mehrere Kosten noch verursachen würde, aber man bedenke nur daß die bloße Einrichtung dieser Anstalt Millionen kostet, und daß dies alles dann nicht nötig wäre. –«

Kleists Bericht ist in diesem Punkt völlig unzeitgemäß, wenn man bedenkt, daß gerade in den ersten Jahrzehnten des neunzehnten Jahrhunderts jene Reformen des Irrenanstalts-Wesens in Deutschland, verknüpft mit den Namen Langermann und Reil und Horn, konzipiert wurden und baulich Gestalt annehmen, die den Irren in die Lage eines Inhaftierten versetzt, als wäre sie ein zweiter Natur-Zustand – wie ihn Spieß schon beschrieben hat. Was Kleist dort zu bedenken gab, wird seit einigen Jahrzehnten von Vertretern der Sozialpsychiatrie praktiziert; ihre Patienten leben nicht abgesondert von der Gesellschaft, sondern in ihrem gewohnten mitmenschlichen Rahmen. Insgesamt jedoch spiegelt auch Kleist die widersprüchliche Haltung und Gesinnung des aufgeklärten Zeitgenossen.

Diese Ambivalenz des Rationalisten macht den zeitgenössischen Trivialroman, das Schauerstück à la Spieß zu einer psychologisch ungemein fesselnden Erscheinung. Wenngleich das den Verstand verrückende Ereignis im Schauerroman zuletzt regelmäßig seine rationale Aufklärung findet und dadurch den Verdacht erweckt, als sei es weiter nichts als sensationelles Mittel, darf man hier nicht weniger von einer seelischen Affinität sprechen. Ihr Kennzeichen könnte man bewußte Irrationalität nennen, die der Anspruch des Rationalismus herausforderte.

Diesen Schluß legt übrigens auch ein Gedanke nahe, der in einem Buche steht, das in Halle 1803 erschien. Es handelt sich um die epochemachenden »Rhapsodien über die Anwendung der psychischen Curmethoden auf Geisteszerrüttungen«. Ihr Verfasser ist der vorhin erwähnte Johann Reil, der nicht darum schon Romantiker ist, weil ihn der Jurist und Dichter E. T. A. Hoffmann als Fundgrube nutzte. »Das Werk zog mich unwiderstehlich an«, äußerte er in der Novelle »Das öde Haus«, und als Kammergerichtsrat entnahm er ihm einschlägige Fälle für ein Rechtsgutachten über einen wahnsinnigen Mörder. Goethes Gedicht »Dauer im Wechsel« sagt man nach, es sei im Gedankengang und auch bei der Wortwahl den »Rhapsodien« Reils verpflichtet, was nur für diesen Text spräche.In ihm finden sich einige merkwürdige Vorschläge zur Heilung von Geisteskranken. Man ziehe, meint der hallenser Seelenheilpraktiker, dem das Wort ›Psychiatrie‹ verdankt wird, den Kranken »mit einem Flaschenzug an ein hohes Gewölbe auf, daß er wie Absalom zwischen Himmel und Erde schwebt, löse Kanonen neben ihm, nahe sich ihm, unter schreckenden Anstalten, mit glühenden Eisen, stürze ihn in reißende Ströme, gebe ihn scheinbar wilden Tieren, den Neckereien der Popanze und Unholde preis« – das heißt doch ja wohl Teufel mit Beelzebub austreiben –, »oder lasse ihn auf feuerspeienden Drachen durch die Lüfte segeln. Bald kann eine unterirdische Gruft, die alles Schreckende enthält, was je das Reich des Höllengottes sah, bald ein magischer Tempel angezeigt seyn«, dem Kranken in der Rolle eines »passiven Zuschauers« als ein erster Schritt zur Heilung zu dienen. Nebenbei bemerkt, liest sich Reils Methode wie eine Bühnenanweisung zu dem, was der Marquis de Sade in der Irrenanstalt Charenton inszenierte und Peter Weiß in seinem »Marat« aktualisierte.

Der zweite Schritt, den Kranken wider seinen Willen zu dem handelnden Subjekt zwingend, sieht nach Reil so aus:

> »Man bringe den Kranken in ein geschlossenes Terrain, wo dem Auge die Übersicht des Ganzen überall durch Hecken und Irrgänge verrennt ist. In demselben droht jede Partie Gefahr. Hier fällt eine Traufe auf ihn; er sucht zu entrinnen, aber umsonst, verborgene Sprützen verfolgen ihn mit Wassergüssen. In der Nähe verspricht ein anmuthiges Plätzchen Ruhe und Schutz; er sucht es zu gewinnen, aber ein scheinbar reißendes Tier empfängt ihn, das ihn ängstiget, ohne ihm zu schaden. Er bemüht sich über einen Hügel zu entfliehen, von dessen Spitze er wieder herunter rollt, wenn er sie kaum erreicht hat. An einem andern Ort sinkt der Grund, er fällt in eine Grube, aus welcher er nur mit Mühe einen Ausgang findet. Kurtz alle Punkte des Lokals sind so eingerichtet, daß sie überall scheinbare Gefahren drohen, die gerade den Grad von Stärke haben, der zur Erhaltung der Aufmerksamkeit zureicht.«

Es geht an dem Wesentlichen der Reilschen Therapievorschläge entschieden vorbei, wollte man sich über die Brutalität seiner Ideen entsetzen, den Optimismus belächeln, der auf jene Weise wirkliche Geisteserkrankungen zu heilen hoffte. Die Pointe des Zitats liegt aber darin, daß hier von der zeitgenössischen Seelenwissenschaft im Grunde heilsamer Schauerroman geschrieben wurde! Mit andern Worten: der Schauerroman, aus einem Unmaß von Rationalismus in die Irrationalität eskamotierend, weist lediglich die Tagseite desselben

Menschen, der der gleichzeitigen ›Psychiatrie‹ als umnachtet erscheint. Schock und Katharsis, Vernunft und verrückte Einbildungskraft, Schizophrenie und versuchte Selbstheilung stehen, denkt man zumindest in einer genauen Relation. Und die absichtvolle Chaotik, die schreckende Disproportion, in die der Roman den allzu einsträngig nüchternen, Reil den verückten Verstand versetzen will, damit er in Ordnung komme, ist vorher in Messerschmidts geisteskranker Künstlerpersönlichkeit seelisch Bild und künstlerisch Zerrbild geworden. Man denke an die sogenannten Schnabelköpfe, an seine Charakterköpfe auch, die eigentlich grimassierende Selbstporträts sind.

Um Reil und überhaupt die, wie Rommel formulierte, »rationale Dämonie« der zeitgenössischen Literatur in einen weiteren Zusammenhang zu stellen: solche bewußte Inszenierung von realen Angstträumen zur Heilung der menschlichen Psyche muß zwar vor der tatsächlichen Geisteskrankheit versagen. Aber sie befriedigt auch so die Gesellschaft, da alles seine Ordnung hat, und ist offenbar das von Staats wegen approbierte Mittel, dessen der moderne, durchschnittlich ›normale‹ Mensch bedarf, um sich immer wieder in sich selbst als funktionierendes Mitglied der Gesellschaft herzustellen. In dem Sinne ist die Nervenheilanstalt, wie Reil sie erträumte, dem zwanzigsten Jahrhundert das Kino geworden, und die projizierte »Schreckenskammer des Dr. Thosti« bietet jetzt die heilsame Schauerromantik.

Nun sind die »Biographien der Wahnsinnigen« allerdings selten aufregend zu lesen. Wahnsinn erscheint hier häufig fast anheimelnd, humane Existenzweise, die man gar nicht heilen muß, weil es sich mit ihm leben ließe, wäre die Gesellschaft nicht strikt dagegen. Dessen ungeachtet möchte man schwören, daß so und so viele der von Spieß geschilderten Gemütskranken heute heilbar wären, da es sich weniger um seelisch Kranke als um Psychopathen, gestörte Persönlichkeiten, Neurotiker handelte, Menschen, deren soziale und Fremd-Neurosen von äußeren Konflikt-Stoffen erzeugt wurden. Es fällt auf, daß auch die Kupfer der Originalausgabe so gut wie nie den Wahnsinn beschwören, sondern vielmehr beliebige, beschauliche Szenen aus der Biographie abkupfern, die auf die Verrückung durchaus nicht Bezug nehmen. Wo es dennoch geschieht, läßt die Darstellung nur schwerlich vermuten, daß sie den inkorporierten Wahnsinn auszudrücken sucht. Phänomen des Rationalismus und nicht nur des Autors Spieß und seiner Illustratoren: an der Ineffabilität des Wahnsinns, der in Ketten liegenden Vernunft, die nur noch sich selbst ausdrükken und keine Geschichte mehr erzählen kann, ging der verstörte Zeitgenosse auf leisen Sohlen vorüber. Der von Spieß und seiner Zeit im Bild und auf dem Papier fixierte Wahnsinnige ist lediglich in einem Punkt verrückt, im übrigen aber ›normal‹. Wahnsinn wirkt hier wie eine – traurige – Pointe, anekdotisch, wie – Literatur! Ist der überschnappende Punkt erreicht, so erstarrt der Held in einer schön rührenden Pose des Wahns: am poetischsten mutet die der Törin auf dem Lindenbaum an, das ist »Die Geschichte von Sophie G.«. Von ihrem Verlobten verlassen und obendrein schwanger, verliert sie den Verstand, sprachlos geworden, auch für ihre Eltern unansprechbar. Sie umgürtete ihren Körper mit einem langen Flor und »heftete auf ihre linke Brust, unter der ihr verlaßenes Herz ruhte, einen schwarzen Fleck.« Ihr Lieblingsplatz, ihr Zufluchtsort war eine hohe Linde, in deren Gipfel »sie mit hocherhabenen Händen zu beten schien«.

Oder die Geschichte von dem Guckkastenmann! Auch Spieß ließ sich bekanntlich den Besuch in einem Irrenhaus nicht entgehen; in seinem Fall ist es das »Hospital der Wahnsinnigen zu P.« Aber er besichtigt nicht neugierig, sondern läßt sich von einem Arzt führen, der als ein verständiger Mann gezeichnet wird, ein vorurteilsfreies Bild von seinen Patienten hat und dem Berichterstatter Krankenschilderung um Krankenschilderung macht, darunter die von dem Guckkastenmann, der dem Besucher seine Kunststücke vorführt, ein Spinnennetz beschwört, ein Spiel mit Seifenblasen gaukelt, eine Hirschjagd einbildet und mit Eifer ihre Bedeutung erklärt. Die Einbildung selbst schafft die dichterische Szene. Der Berichterstatter muß sie nur noch notieren. Die Phantasmagorie des Wahns wird zur schönen Kunstfigur. Solche Stilisierung bringt es zuwege, daß die Biographien in der Tat einen Punkt erreichen, an dem es gleichgültig wird, ob die Helden wirklich gelebt haben. Denn sie bewegen sich plötzlich wie lebende, von der Literatur längst gestellte Bilder, wie naive Topoi weiter. So erinnert die »Geschichte von Wilhelm M***r und Karoline W*g« an die Sage von den zwei Königskindern, die nicht zueinander konnten: Hero und Leander auf dem Lande, im Wahn, im Dorfbach, im Tode endlich vereint. Literatur ist vor allem die Nacherzählung vom gläsernen Ökonom, die »Geschichte von Jakob W***r«. Man kennt die berühmtere Vorform, den »Gläsernen Lizentiaten« von Cervantes in den »Novelas ejemplares« von 1613. Spuren davon lassen sich auch bei Georg Philipp Harsdörffer beobachten, der den Fall in dem »Großen Schau-Platz Lust- und Lehrreicher Geschichte« 1650 unter den verschiedenen möglichen Arten des Verrücktseins aufzählt. Übrigens hatte der Philosoph und Charakterologe Juan Huarte 1575 in seiner 1751 von Lessing übersetzten »Prüfung der Köpfe zu den Wissenschaften« diese rätselhafte Erkrankung mit einem Hinweis auf Galen erklärt: durch die ins Gehirn aufsteigende Hitze kann eine Krankheit in den Köpfen gewöhnlicher Menschen außergewöhnliche Fähigkeiten entbinden.

Die »Biographien der Wahnsinnigen« besitzen einen ›verrückten‹ Reiz: wir haben es mit wirklichen Lebensläufen zu tun, die Spieß auf den Weg zur Fiktion bringt; um Augenzeugenberichte, die wirken, als wären sie in die Gegenwart (der Aufklärung) versetzte Sagen und sehr trostlose Märchen – wir befinden uns sozusagen vor einer Romantik in präexistentem Zustand. Diese Eigentümlichkeit bemerkte bereits der Rezensent der »Neuen allgemeinen deutschen Bibliothek«, der die Biographien, abschätzig allerdings, als eine »Sammlung von ganz artigen, zum Theil rührenden, halb wahren Mährchen« bezeichnete. Erst nach der Jahrhundertwende entdeckte die romantische Schule Böhmen für sich. In den beiden ersten Jahrzehnten des neunzehnten Jahrhunderts schien jene Landschaft geradezu der Mittelpunkt aller romantischen Bestrebungen zu werden. Alle Romantiker von Bedeutung nahmen – angefangen mit Brentano – für längere oder kürzere Zeit dort ihren Aufenthalt. Tatsächlich hat aber Spieß vor den eigentlichen Romantikern Böhmens natürliche Romantik erkannt. Wie er selbst mehrfach berichtet, unterhielt er sich gern mit den Leuten aus dem Volke und lauschte ihnen ihre Erlebnisse oder alten Märchen ab. Das bekannteste Beispiel ist das 1798 veröffentlichte ›Volksmärchen‹ mit dem Titel »Hans Heiling, vierter und letzter Regent der Erde-, Luft-, Feuer- und Wassergeister«. Nur der erste Band ist an die Volkssage angelehnt. Das übrige ist seine freie Erfindung. Theodor Körner griff 1811 den Stoff auf, die Brüder Grimm übernahmen verschiedene Sagen; 1832 vollendete Heinrich Marschner die Musik zur Oper dieses Titels, deren Libretto der Opernsänger Philipp Eduard Devrient geschrieben hatte und die 1833 uraufgeführt wurde. In diesem Zusammenhang interessiert auch, daß Spieß auf dem Wiener Volkstheater mehrfach dramatisiert wurde. Karl Friedrich Hensler hat fünf seiner Romane, darunter »Das Petermännchen«, mit Erfolg auf die Bühne gebracht: über Hensler und Joseph Schreyvogel lassen sich Spießsche Einflüsse bis zu Grillparzer hin verfolgen! Aber auch die Originalausgabe der »Biographien der Wahnsinnigen« enthält ein solches Zeugnis: »Das steinerne Brautbette oder Hugo und Kleta«. Die Brüder Grimm nahmen den Text mit richtigem Gespür in eine Sammlung auf, wohin dieses Produkt eigentlich gehörte: in ihre 1816 bis 1818 erscheinenden »Deutschen Sagen«.

Die Geschichte der Psychiatrie hat die »Biographien der Wahnsinnigen« aus der Feder eines Belletristen mit wenigen Ausnahmen nicht weiter registriert. Zu denen zählt Karl Wilhelm Ideler, Professor und leitender Arzt der Irrenabteilung der Charité in Berlin, der 1841 »Biographien Geisteskranker« veröffentlichte, 1848 bis 1850 den »Versuch einer Theorie des religiösen Wahnsinns« unternahm, im Jahr der bürgerlichen Revolution in Deutschland auch über den »Wahnsinn in seiner psychologischen und socialen Bedeutung« handelte. Er ist über den ersten Band nicht hinaus gekommen. Und eher befremdet erinnerten Psychiater, die neue Ausgabe der »Biographien der Wahnsinnigen« als literarische Kuriosität ästimierend, an Karl Jaspers, der 1913 in seiner »Allgemeinen Phychopathologie« die Texte von Spieß für Fallschilderungen ansah, wenn auch nur in einer Fußnote. Aber der gedankliche Zusammenhang, innerhalb dessen Jaspers die »Biographien der Wahnsinnigen« bemerkenswert findet, ist so interessant, daß diese Passage zitiert werden soll:

»Eine Analyse der sozialen und historischen Verhältnisse, unter denen Menschen leben, zeigt die Wandelbarkeit der seelischen Erscheinungen mit dem Wandel dieser Verhältnisse. Eine Geschichte der Krankheiten ist als eine Geschichte im Rahmen der Sozial- und Geistesgeschichte denkbar. Sie lehrt, wie die Bilder der naturwissenschaftlich identischen Krankheiten wechseln, vor allem wie Neurosen ihren Zeitstil haben, in bestimmten Situationen aufblühen, in anderen fast unsichtbar werden. Für die Anschauung des grundsätzlich möglichen Wandels interessieren schon konkrete Schilderungen einzelner Krankheitsfälle, Biographien aus früheren Zeiten. Ohne daß schon ein methodischer

Vergleich angestellt würde, gibt sich der Psychiater einfach den konkreten Bildern hin, in denen er von dem Unterschiede der Zeit mehr fühlt als weiß. Nicht nur, wie sich eine Krankheitsform bei differenzierten und höherbegabten Persönlichkeiten zeigt, sondern auch wie sie bei Persönlichkeiten unbekannter, fremder Verhältnisse zur Erscheinung kommt, sieht man hier in aller Anschaulichkeit. Leider gibt es nur wenig solches Material.«

Und, darf man übrigens hinzufügen, Ärzte sind in der Regel keine Medizinhistoriker, Philosophen schon gar nicht, überdies an ihre Schweigepflicht gebunden. Statt ihrer schreiben Poetaster drauf los, spintisieren gern auch Germanisten, in den einschlägigen Begriffen der geschlossenen psychiatrischen Abteilung gewiß nicht immer firm und darum anfechtbar, haben dafür aber eines im Kopf: die irre innere Stimmführung von Menschen, die ihrer Wege gehen, heillos, unheilbar, doch gerade deshalb eine Art Melodie wiedergebend, untauglich für den Krankenbericht, keiner Fallschilderung wert. Seelenärzte, um Psychiater ins Deutsche zurück zu übersetzen, Seelenärzte müssen, stelle ich mir vor, bersten vor nicht für möglich gehaltenen Einbildungen, ungemeinen Poesien, mitgeteilt von tagtäglichen Leidgenossen, so daß man sich wünscht, sie, die Prosaiker, weil Arzt, spielten ein und dasselbe Instrument und – zu zweit.

Aber auch Literarhistoriker sind mit Spieß in der Vergangenheit nie glimpflich umgegangen. Wenn er überhaupt Erwähnung fand, dann höchstens als abgeschmacktes Muster des modischen Schreibers und Trivialautors. Dieser Auffassung war offenbar auch Walter Benjamin, der 1932 in seinem Hörmodell »Was die Deutschen lasen, während ihre Klassiker schrieben« eine Gesellschaft, bestehend aus einem Verleger, einem Pfarrer, zwei aufgeklärten Literaten und dem Schriftsteller und Schulmann Karl Philipp Moritz, unter anderem über die Heuchelei solcher »Scribenten« wie Spieß räsonnieren läßt, die »ihrem bequemen Erwerb das Gesicht geben, als hätten sie nur im Sinn, die Aufklärung des menschlichen Geschlechts, Bürgersinn und Anständigkeit zu befördern«. Zum Beweis solcher Heuchelei zieht Moritz die »Biographien der Wahnsinnigen« heran, über deren Lektüre er Benjamin zufolge einen Schüler im griechischen Unterricht unter der Bank erwischt habe und deren Vorrede verlesen wird, die Moritz – Benjamins Moritz, – so kommentiert: »In der Tat, perfide genug. Da kann man sich ja kaum wundern, wenn dergleichen in die besten Häuser gerät.« Wie es scheint, hat Benjamin selbst Spieß über dessen Vorrede hinaus nicht gelesen und seinen Lebenslauf nicht gekannt: sein Urteil hätte sonst nicht wie ein Vorurteil ausfallen können. Eine Generation nach Benjamins Hörmodell entdeckt man mit Behagen die Wonnen des Trivialen – Küchenpoesie, Stammbuchverse und Moritat. Gewichtige Werke wurden darüber veröffentlicht; sie gingen selten bis ins achtzehnte Jahrhundert zurück oder blieben – wie Martin Greiners Studie – auf der Strecke; von Cramer und Spieß ist bei ihm nicht die Rede und Wezel zu Unrecht unter die Trivialautoren gerechnet. Der Abstand zum achtzehnten Jahrhundert, die Patina der Zeit mag nun leicht aus sträflicher Schwäche zur Überschätzung verführen; aber sie scheint verzeihlicher als das pauschale Verdammungsurteil. Die Aufklärung hat ein ungemeines Verdienst; sie verpflichtete ihre Schreibenden auf einen akkuraten Stil; der gestrengen Adelung war Legion. Das Ergebnis ist achtbar genug. Zwar führte die Aufklärung notwendig nicht zur Dichtung, produzierten ihre Grammatiken und Stilübungen reiner Schreibweise noch keinen Poeten, dafür aber eine stattliche Reihe artiger Prosaisten, die leserlich zu schreiben verstanden. Die verheerende Öde des Stils, die ungewollte Komik der seelischen und dinglichen Requisiten wahrhaft trivialer Literatur scheint vielmehr der Wechselbalg des neunzehnten Jahrhunderts. Spieß ist ein ordentlicher Prosaist. Seine Sprache benutzt die Bibel so gut wie das empfindsame Vokabular, das seit dem »Siegwart« guter Ton war: von daher die Vorliebe für »herzangreifende« Szenen »im fürchterlich rührenden Tone«. Fremdwörter und Idiotismen vermeidet er. Wenige Vokabeln und Redewendungen erinnern an die Gegend, in der Spieß schreibt: gewisse Austriazismen und das eine und andere oberdeutsche Wort. Spieß schrieb besser, als sein Ruf will.

Wie alle Zeitgeister wurde er rasch vergessen, nachdem er rasch noch nachgedruckt und sein Name kolportiert worden war. Die Bibliographie von Spieß weist manches Kuckucksei auf. Als Seitenstücke zu berühmten Spießchen Produkten erschienen Titel wie dieser: »Biographien der Kindesmörder aus gerichtlichen Acten gezogen und romantisch dargestellt«, ein Lesestoff von 1802. »Neue Biographien der Wahnsinnigen, aus der wirklichen Welt, historisch wahr, in romantischem Gewande« werden 1820 in Chemnitz vorgelegt. Der Anonymus, in das Gewand des wahnsinnig gewordenen Spieß schlüpfend, gibt darin die Geschichte des wahnsinnig gewordenen Schriftstellers Wezel, 1819 gestorben, zum Besten, ein Gag, der an Medien von heute vorerinnert. Eine 1840 zu Nordhausen begonnene Ausgabe seiner Sämtlichen Werke endet 1841 mit dem elften Bande – das Publikum war auf einen anderen Geschmack gekommen. Die zu der Ausgabe angekündigte Lebensbeschreibung des Verfassers von C. Schöpfer von Rodishain wurde nie geschrieben.

Im Jahre 1801 veröffentlichte Friedrich August Schulze, besser bekannt nach seinem Pseudonym Friedrich Laun, unter dem Namen des berühmten Kollegen »Die ganze Familie, wie sie seyn sollte, ein Roman wie er seyn kann, von Ch. H. Spieß, Geschwindschreiber in der Unterwelt«. Der Vielschreiber Laun versetzte Spieß darin in die Unterwelt, wo er die Strafe erleidet, hundert Ostermessen hindurch jedesmal hundert schlechte Romane hundertmal durchlesen zu müssen ... So teuflisch meint man es heutzutage nicht einmal mit dem Buchmessdiener von Kritiker, geschweige mit einem miserablen Autor, der Spieß gar nicht war.

Gewiß konzediert der wohlmeinende Leser anno 1996 lächelnd, was 1796 die gestrenge »Allgemeine deutsche Bibliothek« befand:

> »Recens. kann dem, durch mehrere interessante Werke rühmlich bekannten, Verfasser auch in Absicht dieses Buchs das Talent einer angenehmen, oft hinreißenden, Erzählungsweise nicht absprechen, ob uns gleich eine hier und da zu aufgeputzte Weitschweifigkeit des Styls in Beschreibung einzelner Thatsachen nicht gefallen will.«

ÜBER SCHNÜRBRÜSTE,
FORSTER UND LICHTENBERG

Ein Paradigma für Aufklärung

Im Jahr der französischen Revolution, nach dem 17. Januar 1789, notierte Lichtenberg in dem Sudelbuch J:

> *»Schnürbrüste überall!* nicht bloß für den Leib. Könnte eine herrliche Kalender-Abhandlung geben, und dabei Hogarth Schnürbrüste angeführt werden. Analysis of Beauty.«

Um diese drei Sätze zu erläutern, bedarf es mehr als dreier Sätze. Noch am belanglosesten ist der Gebrauch des inzwischen hübsch altmodisch anmutenden Wortes: Schnürbrust, auch Schnürleib genannt. Es ist die gelungene Eindeutschung des nun gebräuchlicheren Wortes: Korsett, das übrigens dem achtzehnten Jahrhundert durchaus bekannt war, aber vielleicht aus Gründen deutschtümelnder Sprachhygiene weniger gern gebraucht wurde. Um über diesen Gegenstand in seiner Tragweite ernsthaft reden zu können, sollte man zuvor wissen, wie er seinerzeit – am Vorabend der Französischen Revolution – beschaffen war. »Alle Schnürbrüste haben im Allgemeinen die Form eines mit der Spitze nach unten gekehrten, abgestutzten, sehr regelmäßigen, genau symmetrischen Kegels«, urteilt ein zeitgenössischer Medizinalschriftsteller.

> »Sie sind bald aus breitern, bald aus schmälern geraden Streifen, welche vorwärts und hinterwärts der Länge nach, seitwärts hingegen schräge von oben nach unten gerichtet liegen, zusammengeheftet. (...) Bisweilen ist die Schnürbrust umgekehrt nach vorn zu so offen, daß ein mittleres dreieckiges, längeres Stück vorn einpaßt, und durch die Zusammenschnürung den Kegel nach vorn zu völlig schließt. Dieser Kegel ist bisweilen länger, biswei-

len kürzer, und oben oder an seiner Grundfläche für die Arme, unten oder an seiner Spitze aber für die Hüften ausgeschnitten. Er läuft seitwärts von den Armen bis in die Gegend der Hüften herunter; ja«,

äußert der Gewährsmann,

>ich habe noch die Mode gesehen, wo Schnürbrüste die Hüften selbst mit einschlossen.«

Der komplette Einschluß des menschlichen, in der Regel weiblichen Körpers in einen vom Diktat der Mode verordneten Kegel hing jedoch nicht nur von der Länge, sondern auch von der Festigkeit der Schnürbrust ab:

>Die Streifen, woraus dieser Kegel zusammengenäht ist, sind bald von festerer und härterer, bald von schwächerer und weicherer Materie, gemeiniglich von mehr oder minder dickem Fischbein, Rohr, oder ehemals Eisen. Bisweilen sind vorn, bisweilen hinten ein oder mehrere stählerne Stäbe, so genannte Planchettes, eingepaßt; bisweilen besteht die Schnürbrust bloß aus einer Art von überzogenen Hutfilz.«

Ungeachtet der Tatsache, daß Form und Stoff der Schnürbrüste um ihrer Vielfalt willen eine eigene Abhandlung rechtfertigten, wie unser Gewährsmann auf Grund eigener Anschauung meint, stellt er zugleich heraus, was sein Augenmerk insbesondere erregte:

>Einige habe ich so fest, hart und unbiegsam gesehen, daß ich glaube, durch eine gewaltsame Zusammenschnürung würden eher die Rippen zerbrechen, als dieser Küraß oder Harnisch seine Form ändern.«

Dieser Abriß der Beschaffenheit von Schnürbrüsten stammt von Samuel Thomas Sömmerring, dem berühmten Arzt und Anatom aus Mainz, der auf dem Gebiet der »medicinischen Polizei-Wissenschaft« und bezüglich des hier zu verhandelnden Gegenstandes seinerzeit so anerkannt war, daß ich auf ihn

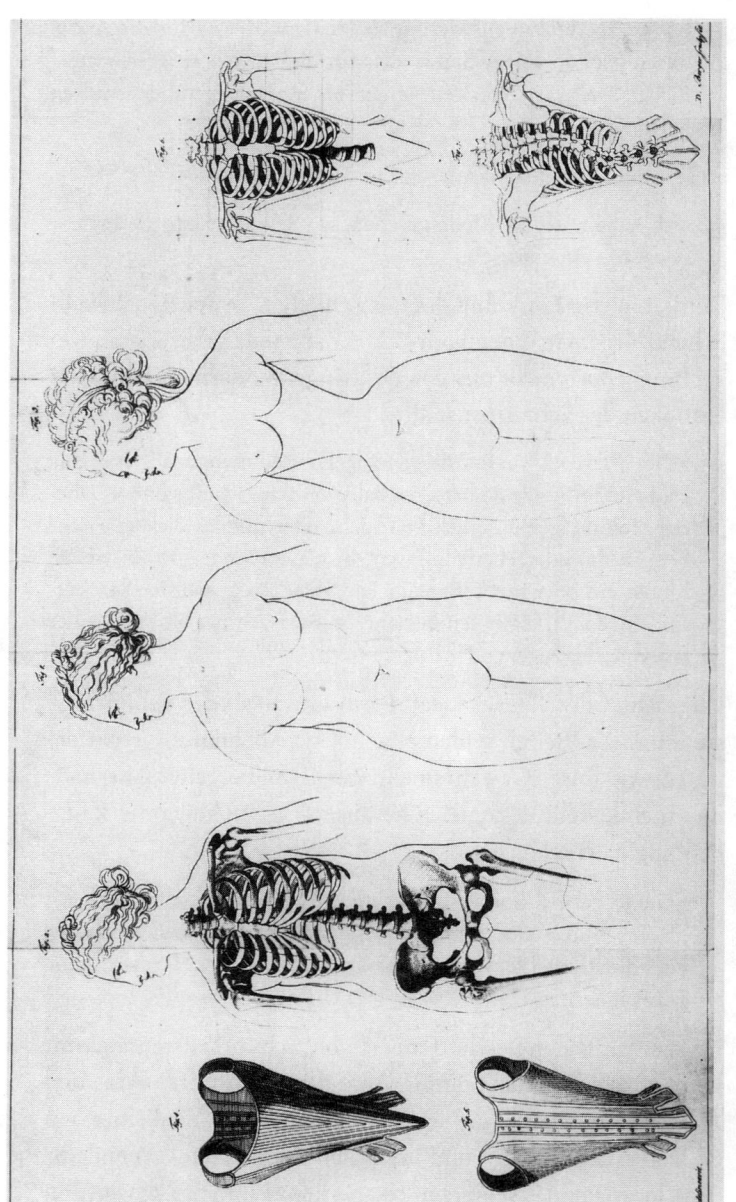

Samuel Thomas Sömmerring, *Über die Wirkungen der Schnürbrüste*

weiterhin zurückkommen werde. Aber Lichtenberg erwähnt in der oben zitierten Bemerkung ja nicht den Zergliederer der Leiber, sondern den Zergliederer der Schönheit: Hogarth. Und das gibt seinem Gedankengang und diesem Aufsatz vorläufig eine völlig andere Richtung.

William Hogarth hatte 1753 in London seine ebenso berühmte wie kuriose kunsttheoretische Schrift »The Analysis of Beauty« veröffentlicht. Schon 1754 erschien sie in Hannover übersetzt von Christlob Mylius, dem Vetter Lessings, unter dem Titel »Zergliederung der Schönheit, die schwankenden Begriffe von dem Geschmack festzusetzen«. Hogarth erläutert darin seine Idee, nach welcher die reizendsten Figuren in der Natur und Kunst stets die wenigsten geraden Linien an sich zu haben pflegen, und entwickelt daraus seine Ästhetik der Wellen- beziehungsweise Schlangenlinie als der Linie der Schönheit schlechthin und der genuin »menschlichen Form«. Diese Theorie sucht Hogarth anhand von zwei Kupfertafeln und mit einem Sammelsurium von Gegenständen zu veranschaulichen, unter anderem an sieben Schnürbrüsten unterschiedlicher Wölbung, die die untere Randleiste der ersten, »Statuenhof« genannten Tafel zieren. Er schreibt dazu:

»Einen noch vollkommeneren Begriff von den Wirkungen der ächten Wellenlinie und denen Linien, welche von derselben abweichen, kann man durch die Reihe Schnürbrüste, Figur I, erlangen, wo 4 aus der rechten Wellenlinie bestehet, und also die am besten gestaltete Schnürbrust ist. Jedes Fischbein einer guten Schnürbrust muß so zugerichtet seyn, daß es sich auf diese Art beugen läßt; denn die ganze Schnürbrust ist, wenn sie hinten dicht anliegt, wirklich eine Schale schön mannichfaltigen Inhalts und folglich ihre Oberfläche eine schöne Form, so, daß, wenn eine Linie, oder die Schnüre, hinten von dem obersten Schnürloche der Schnürbrust an, hinunterwärts gezogen oder um den Leib bis unten an die Spitze des Latzes gewunden wäre, dieses so eine vollkommene, rechte Schlangenlinie machen würde, dergleichen, um den Kegel herum, in der 26. Figur der 1. Tafel gezeiget worden.«

Hogarth spielt hierbei auf die Figur eines Kegels an, der wie ein Äsculapstab von einer Linie umschlängelt wird.

Die von Hogarth vertretene Meinung verblüfft um so mehr, wenn man bedenkt, daß er seine theoretische Schrift und die ihr vorangestellte Vignette unter dem Schlagwort *Mannigfaltigkeit* publik machte, das heißt unter jenem Wort, das im achtzehnten Jahrhundert gleichsam zur Parole für bürgerliche Schriftsteller und Künstler wurde, die für die Mannigfaltigkeit des englischen Gartens und gegen die Regelmäßigkeit des französischen Gartens mit einer Inbrunst stritten, als gelte es den Umsturz des absolutistischen Systems, verkörpert durch Frankreich ebenso, wie England die bürgerliche Republik versinnbildlichte. Hogarth, der in seinen Bildinhalten nun wahrlich Zündstoff genug lieferte, scheint in diesem Fall noch in der Tat der unreflektierte Beobachter einer Modeerscheinung Englands in der ersten Hälfte des achtzehnten Jahrhunderts zu sein, einer Modeerscheinung, die wegen ihres ehrwürdigen Alters und ihrer vornehmen höfischen Herkunft der Gesellschaft seiner Zeit so selbstverständlich geworden war, daß Hogarth sie offenbar mit einer zweiten Natur gleichsetzte. Oder sah er gerade in der Schnürbrust die Vervollkommnung der Natur, der die geometrische Kunst nachgeholfen hatte? Dafür spräche sein Hinweis auf Figur 26: die auf geometrische Körper reduzierte menschliche Figur, rundum geschnürt, und bewußte Variante der Titelblatt-Vignette.

Hogarth gab, wie könnte es anders sein, derartigen Verkörperungen vollendeter Schlangenlinien, die er selbst »Linie des Reizes« nennt, in seinem Oeuvre mehrfach Raum. Um 1730 bereits entstand ein Gemälde »The stay-maker« (Der Korsettmacher), nach dem Joseph Haynes 1782 eine Radierung an-

Georg Christoph Lichtenberg,
Handzeichnung aus einem Brief an
Georg Forster, Juli (?) 1788

fertigte. Allerdings erinnert die Haltung der Korsett-Trägerinnen und Figuren überhaupt an die Steifigkeit der Tapisserien des frühen Goya! Dem Auge Lichtenbergs, der die ·»Analysis of Beauty« selbstverständlich kannte, entgingen diese »Fischbein-Harnische aller Art für den nahen und fernen Krieg« – wie er sie mit militärischem Wortschatz umschrieb – vor allem dann nicht, wenn Hogarth sie in delikaten Momentaufnahmen festhielt, wo der betreffende Leib nicht mehr ihr Eigentum war, sondern sie selbst moralisch vielsagend, aber ästhetisch hohl am Boden lagen. So etwa auf der Fünften Platte der »Marriage à la mode«, auf der sich die bürgerliche Ehebrecherin seiner entledigt hat, um sich auf ihre Art ebenso freizumachen wie auf der Dritten Platte des »Weg des Liederlichen« das berüchtigte Londoner »Mensch« Aratine, »willens ihre Künste zu zeigen«, oder auf der Siebten Platte derselben Folge Sarah Young, die, in Ohnmacht gefallen, entschnürt werden muß. In allen drei Bildbeispielen wurde zum Stichwort Schnürbrust, angesichts ihrer Vertracktheit durchaus verständlich, von dem Künstler und Kommentator männlichen Geschlechts bloß der sinnliche Vorgang der ›Décorsettage‹ beschrieben. Nur ein einziges Mal beschreiben, so weit ich sehe, Hogarth und Lichtenberg Tracht und Betragen einer weiblichen Person als *positiv* identisch. Ich meine die Erste Platte von »Der Weg der Buhlerin«.

Hogarth läßt darauf das Pfarrerstöchterlein Mary (Molly) Hackabout – die Unschuld vom Lande – aus Yorkshire nach London, wo sie als Dirne enden wird, abreisen. Lichtenberg kommentiert diesen Auftritt folgendermaßen: »In ihrem Anzuge, so ländlich einfach wie ihr ganzes Wesen, ist indessen nicht die kleinste Lüge; nichts ist zu hoch auf, und nichts zu weit hervorgebaut. Hut und Schnürleibchen und Halstuch schützen und bewahren, was man ihnen anvertraut hat, mit Treue, ohne Prahlerei und mit dem kleinstmöglichen Aufwand, wie Bienenzellen. Im ersten [scil. dem Hut] keine unbesetzten Etagen, und im letzteren [scil. dem Schnürleib] nichts von leerer Galerie. Das Gesichtchen, das unter ersterem ruht, spricht mit beredtem Stillschweigen, allgemein verständlich, und jedem offen, für sich, und bedarf keiner Erläuterung; über die letztern hingegen, wo bloß Konjekturen verstattet sind, hat Flora die fast überflüssige Bürgschaft geleistet, und ihr Röschen vorgesteckt: Jugendblüte mit Unschuld. Von da geht die Fortifikation abwärts in der gewöhnlichen Manier, mit drei- bis vierfachem Walle fort bis zu den *parallelen* Füßchen. Wenn der Kommandant sich nicht bestechen läßt, so ist von der Seite Hoffnung für die Kampagne.« Der Kupferstich von Hogarth stammt aus dem Jahre 1732; Lichtenbergs Beschreibung aus dem Jahre 1795. Im gleichen Jahr erschien das hohe epische Lied von der Pfarrerstochter »Luise«. Wenn auch der Lebensweg der beiden Pfarrerstöchter so weit auseinander klafft wie der des fleißigen und des faulen Lehrlings in der Folge »Industry and Idleness«, so schildern sie doch Voß und Lichtenberg in ihrer nicht von Natur wegen eingeschränkten Sinnlichkeit ähnlich:

> ... und sie schnürete fest um den Busen,
> Welcher, des Zwangs unwillig, sich hob voll üppiger Jugend;
> Doch wie ein fließender Duft umhüllt‹ ihn der florene Schleier.

So weit die Beschreibung von Voß im Dritten Gesang: »Die Vermählung«.

Zweifellos sähe es Lichtenberg nicht unähnlich, über einen weiblichen Mode-Artikel öffentlich zu sinnieren: er hatte es mit den Damenhüten und anderen »Damen-Anzügen« vorgemacht. Und es ist sogar Lichtenberg gemäß, einen solchen Artikel ebenso sinnlich wie sinnreich zu bereden. Ja, wenn man einer brieflichen Äußerung folgen will, die in anderem Zusammenhang alsbald zu zitieren ist, war es vor allem das kuriose Vehikel, das gewisse weibliche Körperpartien ebenso gut zu verbergen wie zu betonen vermochte, in seiner Vertracktheit aber beinah zwangsläufig zu einem zwischen unausgesprochenem Tabu und augenzwinkerndern Herrenspaß angesiedelten Gegenstand der männlichen Lust je nachdem und Unlust werden mußte. Nimmt man aber allein Lichtenbergs Kalender-Artikel der neunziger Jahre zu Rate, soweit sie auf Mode und Gesellschaft zielen, so gerät diese Annahme zur schieren Spekulation. Nein, wenn Lichtenberg in seiner geplanten Kalender-Abhandlung über Schnürbrüste auf Hogarth zurückzugreifen gedachte, dann doch wohl höchstens in ironischer Distanz wie etwa Georg Forster, der sich gefragt hatte, »wäre vielleicht an der Beybehaltung der Schnürbrüste der verderbte Geschmack der Männer schuld, die als Sklaven der Gewohnheit noch immer in der Trichterform ein Ideal der Schönheit erblicken, welches freilich nicht der Natur, wohl aber jedem Schneider erreichbar ist?« Ironische Distanz und Verwunderung über einen bürgerlichen Künstler, der in dem Augenblick, da er das Kunstschöne und das Zweckmäßige in Übereinstimmung zu bringen suchte, sich so verteufelt in den Schnüren der »Fischbein- Harnische« verhedderte.

Lichtenbergs Intention war offenbar eine andere. Wenigstens schrieb er am 19. Januar 1789 – womöglich am Tage der Eintragung im Sudelbuch J – an seinen hannöverschen Brieffreund Georg August Ebell: »Man schreibt so fürchterlich schön wider die Schnürbrüste, – für den Leib – Ach! *die* für den Geist sind erst des Henkers! Schnürbrüste überall!«. Verifizieren wir zunächst den Satz, daß *man* »so fürchterlich schön wider die Schnürbrüste« schreibe. Wer ist angesprochen? Lichtenberg konnte offenbar voraussetzen, daß sein Brieffreund wußte, wovon er redete.

Tatsächlich war ein solcher ›fürchterlich schöner‹ Artikel im Göttinger Taschen Calender« für 1789 erschienen. Er trug den Titel »Über die Schädlichkeit der Schnürbrüste« und war mit den Initialen G. F. gezeichnet. Dahinter verbirgt sich niemand anders als Lichtenbergs Freund und ehemaliger Mitherausgeber des »Göttingischen Magazins«, der berühmte Weltreisende Georg Forster. Daß er der Verfasser des Kalender-Artikels, der nicht in die »Sämmtlichen Schriften« aufgenommen wurde, gewesen ist, geht allein aus der Korrespondenz mit Lichtenberg und Sömmerring hervor. Demnach befand sich Georg Forster 1788 in Göttingen; ungefähr im Juni und Juli jenes Jahres schrieb er für den »Göttinger Taschen Calender« außer dem oben genannten Artikel noch den Aufsatz »Über Leckereien«. Seine Entstehung verdankte dieser Aufsatz einer Anregung Lichtenbergs. Dem Freunde Friedrich Heinrich Jacobi, der die Arbeit zunächst Lichtenberg zuschrieb, teilte Forster in einem Brief vom 19. November 1788 mit:

> »Sie thun mir aber doch zuviel Ehre an, daß Sie es anfänglich für Lichtenberg's Werk hielten. Ich glaube, sein Witz ist 100 Procent leichtfüßiger; hingegen läßt er sich zuweilen auf einer Zote ertappen.«

Das heißt wohl von Mann zu Mann gesprochen! In Wirklichkeit spricht es eher für die Delikatesse Forsters und die Dezenz der bürgerlichen Gesellschaft seiner Zeit als dafür, daß Lichtenberg tatsächlich irgendeinmal ordinär geworden wäre. Seine Domäne sind, auf dem Brief-Papier an vertraute Freunde, sexuelle Wortspielereien, auch einmal ein »Schützenhofspaß«, wie er es nannte: eine Zote, noch dazu angesichts des Publikums seines Almanachs, läßt sich schwerlich nachweisen. Daß Forster und Lichtenberg in puncto Sinnlichkeit jedoch nicht eben arg unterschiedlich dachten und – schrieben, erhellt aus folgenden Zügen. In Zusammenhang mit der »Schnürbrust-Geschichte« regte Lichtenberg in einem Brief, der womöglich im Juli 1788 geschrieben ist, den Freund an:

»Bey den Schnürbrüsten haben Sie doch die Güte den Leser etwas entfernt an die Gräntzen zu erinnern zwischen welchen sie (das Bruststück wenigstens) zu liegen kommen wenn sie am Leibe sitzen. Ich wolte die beyden Pestbeulen für die Sittlichkeit wie Vestungen zeichnen, sed aurem vellit Apollo.«

Obwohl ihn aber, mit den Worten Vergils, Apollo am Ohr zupfte, wirft er dem Freunde Forster eine rasche Skizze der »Festungen« – abermals gebraucht er hier die Sprache der Militärs – und übrigen Fortifikation aufs Papier, wobei er das Bruststück mit *Norden* etikettiert, während er den Süden der gezeichneten Dame auf den Unterleib schreibt.

Forster griff diese Anregung und offensichtlich sogar mit einiger Süffisanz auf. Er verwundert sich in seinem Kalender-Artikel anläßlich der Schädlichkeit der Schnürbrüste darüber, mit welcher Hartnäckigkeit an diesem vermaledeiten Gegenstand festgehalten wird, dessen gesundheitsschädigende Wirkung jedermann bekannt ist, und fragt sich schließlich, ob es den Physikern begreiflich sei, daß

»vermittels dieser undurchdringlichen Belegung die schöne weibliche Gestalt sich in einen Conductor verwandelt, dessen verstärkte Wirksamkeit die leichten Männerherzen nur desto un-

93

aufhaltsamer an seinen Polen zu sich zieht, und sie wechselweise am negativen Schnee des Nordens erglühen, und in positiver südlicher Hitze erstarren läßt?«

Die Antwort des Physikers Lichtenberg ist nicht überliefert; jedenfalls könnte diese Formulierung gut und gern von ihm selbst stammen.

Übrigens waren die eigenen Gedanken, die Forster in seinem kurzen Artikel mitteilte, gezählt. Er erkannte, »die Entdeckung eines Mittels den Leib der Grazien auf immer aus ihrem Kerker zu befreyen«, verdiene den größten Preis; er hätte bis ins zwanzigste Jahrhundert darauf warten müssen. Bis dahin befand er, verblüffenderweise, daß »die letzte Zuflucht gegen diesen Alp, dessen sich unsere Landsmänninnen am hellen Tage nicht erwehren können, wohl in der väterlichen Vorsorge des Regenten allein bestehen« möchte. Man kann fast nicht denken, daß Forsters Appell an den aufgeklärten Monarchen, geschrieben ein paar Monate vor der Französischen Revolution, anders als ironisch zu lesen war. Immerhin beschließt er den Artikel:

»Hat das Consistorium in gewissen Ländern den Geisteshöcker der Ketzerey mit Stumpf und Stiel ausrotten können, so würden auch unsere Mädchen bald kerzengerade einhergehen, wenn die Polizey die Schnürbrüste verböte, dann scharf inquirirte, und das Corpus delicti zum Scheiterhaufen verdammte.«

Letzteres ist tatsächlich geschehen – eine Generation später, ich komme darauf zurück. Eigentlich aber hatte Forster nicht über ein gegebenes Thema frei phantasieren, sondern einen Tatbestand bündig referieren wollen, den ein gemeinsamer Freund soeben eindrucksvoll genug dargestellt hatte und dem, wie Forster am 7. August 1788 diesem gegenüber äußerte, er nur »ein paar leichte Ideen beigefügt« hatte, um »Kalenderwaare daraus zu machen«. Der Freund hieß Sömmerring; er hatte 1788 eine Schrift veröffentlicht, die folgende Preisfrage zu beantworten suchte:

»Welchen Einfluß hat der Gebrauch der Schnürbrüste ...? Da die Antwort dieser höchst wichtigen Frage vorzüglich dem schönen Geschlecht bestimmt ist, so müssen die Antworten in deutscher oder französischer Sprache abgefaßt werden.«

Deutsch und französisch. Das entsprach dem Stil des Göttinger Taschenkalenders, der Jahr für Jahr in zwei Sprachen erschien. Sein Publikum war auch das der Preisfrage: das gehobene bürgerliche Lesepublikum weiblichen Geschlechts in Deutschland. Der Fragesteller war übrigens keine Akademie, wie sonst üblich. Diesmal war es die Erziehungsanstalt Schnepfenthal, die unter dem 31. Oktober 1786 ein Preisausschreiben für 1787 veranstaltet hatte. In Schnepfenthal, heute ein Stadtteil von Waltershausen im Bezirk Erfurt bei Gotha, hatte 1784 der Pädagoge Christian Gotthilf Salzmann (1744 bis 1811) eine philanthropische Erziehungsanstalt gegründet, die 1785 eröffnet und rasch berühmt wurde. Der evangelische Pfarrer Salzmann, der eine Zeitlang an Basedows Philanthropinum in Dessau als Lehrer tätig gewesen war und dem Illuminatenorden zuneigte, verfolgte mit der Gründung seines Instituts, bei dem er neben anderen von Johann Christoph Friedrich Guths Muths unterstützt wurde, das Ziel, die Naturforschung in den Mittelpunkt der Erziehung zu stellen. In ihrer Nähe zur Praxis war Schnepfenthal seinerzeit die modernste Schule Deutschlands, aber auch in dem Grundsatz, die Kinder der Bürgerlichen denen von Adeligen und auch Mädchen den Jungen in ihrem Bildungsbedürfnis gleichzustellen und insgesamt die Grundlagen zu einer Bildung zu legen, die keine Bildungsunterschiede erzeugen konnte. Salzmann begleitete das Unternehmen Schnepfenthal von Anfang an publizistisch in eigener Druckerei, so daß seine Wirkung weit

über das Institut hinausdrang, wo es galt, nicht nur auf pädagogische, sondern auf gesellschaftliche Mißstände hinzuweisen. So hatten die von Salzmann gestellten Preisfragen ihren
gehörigen Stellenwert, etwa wenn er mit Sömmerring ein
Preisausschreiben über den gefährdeten Zustand der Jugend
in sexuellen Dingen verabredete. Salzmann hatte es sich als
Publizist vorgenommen, »über die heimlichen Sünden der Jugend« insbesondere und über die der bestehenden Gesellschaft im allgemeinen unumwunden zu schreiben – so lautete
der Titel eines seiner berühmtesten, Leipzig 1787 erschienenen Werke, nachdem er zuvor, Leipzig 1785, die abschirmende
Frage gestellt und sogleich selbst positiv beantwortet hatte:
»Ist es recht, über die heimlichen Sünden der Jugend öffentlich zu schreiben?« Es ist verständlich, daß gerade Salzmann
aus den oben genannten Grundsätzen Eltern verurteilte, welche ihre Kinder, gleichgültig ob Junge oder Mädchen, in den
Schnürleib preßten. Er hatte sich damit bereits 1780 ausein-
andergesetzt, in einer hübsch satirischen »Anweisung zu
einer zwar nicht vernünftigen, aber doch modischen Erziehung der Kinder«, nachmals »Krebsbüchlein« genannt. In dieser »Anweisung« überschrieb Salzmann ein Kapitel »Ein
schönes Mittel, seine Kinder zu Krüppeln zu machen. *Laß sie
Schnürbrüste tragen!*« Es folgt die drastische Kurzgeschichte
des Fräuleins Louischen von Gentholm, welches bei seiner Geburt ein »Ausbund von Schönheit« gewesen, eine »breite
Brust« besaß und »gerade wie eine Wachskerze« war. Herr
von Gentholm, »ein feuriger, rüstiger Edelmann« hatte seine
Freude an dem Kind, bis er zu seinem Regiment abreiste.
Dann übernahm Frau von Gentholm, der die Hautfarbe des
Kindes zu bäurisch und seine Taille zu plump war, die Erzie-
hung. Louise wurde in eine Schnürbrust gepreßt:

> »Immer weinte Fräulein Louischen, wenn die Schnürbrust kam,
> immer klagte es über Schmerzen, wenn sie angelegt war, immer

bat sie die Mutter, ihr dieselbe bald abzunehmen. Wie konnte man aber verlangen, daß sich eine so verständige Mutter nach dem Eigensinne eines unverständigen Kindes richten sollte! Frau von Gentholm richtete sich nicht darnach, sondern wußte den Eigensinn des Fräuleins so zu brechen, daß es nach und nach alle Qualen geduldig aushielt, die ihm die Schnürbrust verursachte. Jeden Morgen hielt es geduldig stille, wenn man sie ihm anlegte, duldete es, wenn die Eingeweide, die im Unterleibe liegen, gezwungen wurden, ihren Platz zu verlassen und in der Brusthöhle Quartier zu suchen, wenn die Rippen zusammengepreßt und die Schultern in die Höhe getrieben wurden. Den Mangel an freiem Atemholen und Appetite duldete sie auch, ergab sich endlich sogar darein, als ihr die Mutter den, ihrer Meinung nach, entsetzlichen Befehl ankündigte, daß sie in der Schnürbrust schlafen sollte. Es ist, dachte sie, deine Mutter, du mußt ihr gehorchen.«

Fast überflüssig, zu erwähnen, daß Louischen zu einer verkrüppelten, buckligen Jungfer Bleichenwang wurde, über deren Anblick ihr Vater, als er endlich nach Jahren aus dem Feldzug heimkehrte, so erschüttert war, daß er alsbald wieder satteln ließ: »und soll noch wiederkommen.« Das gnädige Fräulein aber ist gebrechlich und bitter geworden und – wegen der Schnürbrust – Fräulein geblieben.

Was an dieser Parabel – einer Art moralischen Aufklärermärleins – interessiert, ist zumal das Milieu: Salzmann, der gewiß für seinesgleichen schrieb, schildert Verhaltensweisen der zeitgenössischen Aristokratie. Das ist ein wichtiger Hinweis! Über der Erörterung ihrer Schädlichkeit war allen Beiträgern einschließlich Forsters der historische Zusammenhang völlig aus den Augen geschwunden. Die Schnürbrust war ja keineswegs ein Auswuchs der bürgerlichen Gesellschaft, sondern ein Importartikel vom Hofe des Absolutismus, genauer gesagt: *das* Belegstück für den Siegeszug, den spanische Etikette seit dem Goldenen Zeitalter Philipps und Karls des Fünften an den europäischen Höfen angetreten hatte.

Denn das Korsett in seiner die menschliche, insonderheit weibliche Gestalt zu geometrischen Figuren entsinnlichenden Konsistenz war spanisch, war gegen die »Pestbeulen für die Sittlichkeit« ersonnen und im puritanischen England daher ebenso Pflichttracht wie in dem kalvinistischen Holland, dessen Frauen wenigstens in dieser Hinsicht noch den politisch längst abgekämpften Einfluß Spaniens demonstrierten. Ich glaube, es ist keine Überanstrengung der Absichten jenes Textes, wenn man behauptet, daß Salzmann ganz bewußt Schnürbrust und Feudalaristokratie identifizierte, um dem Dritten Stand, für den er schrieb, mit der einen auch den anderen abhold zu machen. Offenbar handelte es sich doch dabei um eine literarisch-politische Übereinkunft selbstbewußter bürgerlicher Schriftsteller in der zweiten Hälfte des achtzehnten Jahrhunderts. Wenigstens kann man in den 1774 erschienenen »Leiden des jungen Werthers« innerhalb der berühmten Schilderung einer von Standesdünkel gekennzeichneten Adels-Gesellschaft lesen:

> »Da tritt herein die übergnädige Dame von S** mit ihrem Herrn Gemahle und wohl ausgebrüteten Gänslein Tochter, mit der flachen Brust und niedlichem Schnürleibe, …«

Hier wird unverblümt ausgesprochen, was Salzmann zwischen den Zeilen bestehen läßt: was hatte die ihrer selbst bewußte bürgerliche Klasse es nötig, die Zwangstracht einer absteigenden Klasse zu adaptieren, sich selbst disziplinierend, wo es erst überhaupt um Befreiung ging?

Salzmann machte auch dies im Bilde der Schnürbrust deutlich. Was Forster mit dem Wort »Kerker« umschrieb, entwickelte er am Beispiel der Reaktionen des Mädchens Louise: die Schnürbrust wird um sie geschlossen wie ein Gefängnisgitter. Die Schnürbrust als Disziplinierungsinstrument des kindlichen Willens, der am Ende gebrochen ist – das hat von allen Aufklärern, die sich mit diesem Gegenstand befaßten, nur Salzmann so eindeutig formuliert. Elterliche Autorität, der man gehorchen mußte, Schnürbrust, Unterwerfung: das Prinzip der elterlichen Potestas, die sich als Sinnbild der landesväterlichen Machtfülle verstand, ist hier unschwer ineins zu lesen.

Schlägt man dagegen Sömmerrings Schrift »Über die Wirkungen der Schnürbrüste, eingereicht als Preisschrift für Salzmanns Erziehungsanstalt« auf – die Schrift erschien übrigens schon Berlin 1793 in zweiter, völlig umgearbeiteter Auflage –, so merkt man rasch, daß Sömmerring nicht agitieren, sondern vorbeugen will. Nur in einer Fußnote liest man folgendes Streiflicht: »Die Nachwelt wird über die Barbarei erstaunen, wenn wir schon jetzt mit Recht das Mordgesetz verabscheuen, welches die Frauen einer gewissen Schweizerischen Stadt zwingt, mit dicken eisernen Schnürleibern in der Kirche zu erscheinen, ein Gesetz, das selbst Schwangere von dieser Tyrannei nicht befreit, und wovon sich nur erst vor einigen Jahren eine kränkliche Jungfer mit 900 Gulden bei dem wohlweisen Magistrat loskaufen mußte.« Dennoch liest sich Sömmerrings seitenlanger Bericht über sämtliche möglichen Gesundheitsschädigungen in seiner Nüchternheit in der Tat fürchterlichschön. Und so strikt Sömmerring beim Thema blieb, ist doch auch diese Schrift mehr als nur eine medizinische Aufklärungsbroschüre wie andere der Art – Sömmerring zählt selbst eine Reihe einschlägiger Schriften auf. Er versucht nämlich den Wahnglauben, daß die Schnürbrust zu einer schöneren Gestalt verhelfe, dadurch zu widerlegen, daß er die nach einhelliger Meinung aller Kenner schönste Frau der Welt mit einer Schnürbrust vorführt. Und Sömmerrings Demonstrationsobjekt ist die Venus von Medici!

Man wird einwenden, das sei zwar eine pikante Idee, die ja aber eigentlich in einer Epoche nahe liege, die sich derart klassizistisch gab. Das ist richtig, trifft jedoch auf Sömmerring nur bedingt zu. Er stellt die Mediceische Venus nicht als ein unerreichbares Ideal im Bilde vor, sondern suggeriert geradezu, sie wäre das Weib, wie es vorzüglich in der Gegenwart beschaffen sein könnte. Für diese Suggestion verläßt sich der Arzt einmal nicht auf seine eigenen Worte. Sein beredterer Gewährsmann ist in diesem Fall ein zeitgenössischer deutscher Schöngeist, welcher soeben – 1787 – einen Roman veröffentlicht hatte, der, in seiner Art ebenso unerhört wie über ein Jahrzehnt zuvor der »Werther«, Furore machte, weil er das Griechische, die schöne Nacktheit, die geistreiche Sinnlichkeit, das unkonventionelle Zusammenleben der Geschlechter in aller Freiheit beschwor: Heinse, der übrigens mit Sömmerring befreundet war, mit »Ardinghello und die glückseligen Inseln«. Sömmerring zitiert daraus die Passagen:

> »*Die Mitte des Oberleibes* (...) *ist kräftig und gar nicht dünn;* die Schultern sind völlig so breit wie die Hüften, und gehen noch darüber hinaus, *sanft vom Halse herabgesenkt;* der Unterleib hat zwei zarte Einwölbungen, bis wo die Höhen der Freuden sich heben; der Leib ist die frischeste, kernigste, ausgebildete Wollust; sie erscheint von den Seiten her schmal, und von dem Rücken breit; – kurz: es ist die Erscheinung eines überirdischen Wesens, von dem man nicht begreift, wo es herkommt, denn es hat hienieden *keine Leiden* ausgestanden; alles ist zur Vollkommenheit *ungestört* an ihm geworden.«

Nachdem Sömmerring, von dem übrigens die Hervorhebungen in dem Text stammen, mit Heinse den Schluß zieht, daß Venus aus diesen Gründen »den ersten Preis unter den weiblichen Schönheiten« erhalten müsse, bedeutet er dem geneigten Leser:

> »Wer sieht nicht deutlich, daß der Verfasser [scil. Heinse] bei dieser Schilderung auf die Einschnürungen unserer Frauenzimmer Rücksicht nahm!«

Es war nur folgerichtig, daß Sömmerring abermals unter Berufung auf »Ardinghello« und einen Schriftsteller, der hier nichts zur Sache tut, aber auch auf zeitgenössische Maler wie Reynolds und insbesondere Angelika Kaufmann die Forderung aufstellte, sich griechisch zu tragen, weil diese Tracht körpergerechter und daher gesünder ist!

So beflügelnd Sömmerrings diätetischer Hinweis auf die unbeschränkte Griechin und auf Heinse war und ist – man sieht an Sömmerrings Kupfertafel, wie genau es dieser sogenannte Klassizismus mit der Praxis nahm –, so verwunderlich bleibt gleichwohl, daß der belesene Mediziner, der am Ende seines Traktats eine stattliche Liste von Autoren fast jeder europäischen Nationalität zusammenstellte, welche wider die Schnürbrust geschrieben hatten, einen Schriftsteller unaufgeführt läßt und im Text nur beiläufig erwähnt, von dem man einfach nicht glauben mag, daß Sömmerring ihn nicht gelesen haben sollte. Es handelt sich natürlich um Rousseau und in dem vorliegenden Fall um dessen Erziehungsroman »Émile«, der, 1762 in Paris erschienen, noch im gleichen Jahr übersetzt, die deutschen Pädagogen und reformbeflissenen Hausväter bürgerlicher und adeliger Provenienz in Beschlag nahm. Bezeichnenderweise wird dieses Werk des geistigen Vaters der bürgerlichen Revolution von Joachim Heinrich Campe 1789 bis 1791 im Braunschweiger Schulbuchverlag herausgegeben: Bibel der deutschen Reformpädagogen, deren Exegese in den sechzehn Bänden der »Allgemeinen Revision des gesammten Schul- und Erziehungs-Wesens«, zwischen 1785 und 1791 erscheinend, ihren Niederschlag fand. Übersetzer des »Émile« ist übrigens Carl Friedrich Cramer, eine Geschichte für sich: als Student Mitglied des Göttinger Hains, Professor der griechischen und orientalischen Sprachen, auch der Homiletik in Kiel, Rousseau politisch verstehend Anhänger der Französischen Revolution, deshalb 1794 amtsenthoben und des Landes verwiesen, seit 1796 Buchhändler in Paris, wo er unter anderem Klopstocks »Hermannsschlacht« ins Französische übersetzt und 1807 stirbt. Cramers Lebensweg paßt auf Lichtenbergs Stoßseufzer von 1789: »Schnürbrüste überall! nicht bloß für den Leib.«

Auf Rousseau zurückzukommen: Im zweiten Teil besagten Romans, im fünften Buch, stellt Rousseau der Weiblichkeit des achtzehnten Jahrhunderts die Frauen Griechenlands als Vorbild hin:

»Es ist bekannt, daß die bequeme, den Körper nicht einengende Kleidung viel dazu beitrug, demselben bei beiden Geschlechtern jene schönen Verhältnisse zu bewahren, welche man an ihren Statuen bewundert, und die heutigentags noch als Vorbilder der Kunst dienen, da die verunzierte Natur solche Gestalten unter uns nicht mehr hervorbringt. Von all den gotischen Fesseln und der Menge von Bändern, welche unseren Körper von allen Seiten einschnüren, wußten sie nichts. Ihre Frauen kannten auch die Schnürleiber nicht, durch welche die unsrigen ihre Figur mehr verunstalten, als ihre wahre Beschaffenheit zeigen. Nach meiner Ansicht muß ein solcher Mißbrauch, der in England zum Beispiel zu einer unbegreiflichen Höhe getrieben ist, endlich zur Entartung des Geschlechts führen, und sicherlich zeugt das Wohlgefallen, das man daran hat, von keinem guten Geschmack. Es ist doch durchaus nicht angenehm, eine Frau wie eine Wespe in zwei Stücke geteilt zu sehen; es beleidigt das Auge und verletzt die Einbildungskraft. Die Schönheit der Figur beruht wie alles übrige auf bestimmten Verhältnissen und Maßen; über dieselben hinauszugehen, ist sicherlich ein Fehler. Schon beim nackten Körper würde dieser Fehler ins Auge fallen; wie sollte er sich nun unter der Kleidung in Schönheit verwandeln? Ich will nicht nach den Gründen forschen, weshalb die Frauen so hartnäckig darauf bestehen, sich zu panzern. Ein schlaffer Busen, ein aufgetriebener Leib usw. sind, wie ich nicht leugnen kann, bei einem Mädchen von zwanzig Jahren nichts Schönes. In einem Alter von dreißig Jahren fällt dies indes nicht mehr so auf. Da wir nun in jedem

Alter, wir mögen wollen oder nicht, doch stets von der Natur abhängig sind, und sich überdies das Auge des Mannes hierin auch gar nicht täuschen läßt, so sind jene Mängel, das Alter sei welches es wolle, nicht so unangenehm als die alberne Ziererei der Kleinen von – vierzig Jahren. Alles, was die Natur hemmt und einzwängt, ist das Ergebnis eines schlechten Geschmacks. Das hat sowohl bei dem Schmucke des Körpers als bei der Ausbildung des Geistes seine Gültigkeit. Leben, Gesundheit, Vernunft, Wohlbefinden müssen über alles andere gehen. Es gibt keine Anmut ohne Ungezwungenheit; Zartheit ist nicht schmachtendes Wesen, und um Gefallen zu erregen, braucht man nicht krank zu sein. Leiden erregt Mitleid, aber Freude und Verlangen suchen die Frische der Gesundheit.«

Rousseaus Text spricht für sich selbst. Er bedarf nur an einer Stelle der Erläuterung. Wie kommt ausgerechnet England dazu, Rousseau als Beispiel der Entartung des Geschlechts zu dienen, während doch in allen einschlägigen Werken die englische Kleidung, vor allem die der Kinder, für die Zeit als revolutionierend galt? Rousseau bezieht sein England-Bild, so muß man folgern, nicht so sehr aus der Gegenwart des Jahres 1762 als aus Hogarth, zum Beispiel. Dementsprechend kann man auch bei Lichtenberg im »Göttinger Taschen Calender« für 1780 sehen und lesen:

»Als vor mehreren Jahren die Reifröcke in England so groß und die Schnürleibgen so enge wurden, daß eine Dame, die am untern Rande des Rocks fünf Männer kaum umklafftern konnten, sich in den Hüften leicht mit der Hand umspannen ließ, verglich sie ein muthwilliger Schriftsteller mir wandelnden Stückfässern, in welchen ein Trichter steckt. Das Gleichniß paßt jezt kaum mehr, oder man müßte annehmen, daß der Trichter heftig überschäumte. In der That fängt sich bei dieser Dame auf dem Kopf ein dem Reifrock ähnlicher Cörper zu entspinnen an, der es bey fernerem Wachsthum, in manchen Fällen, nöthig machen möchte, das Frauenzimmer wie die Glaskisten mit Oben zu bezeichnen, wo Oben ist.«

Zu dem Zeitpunkt, da Sömmerring seine Preisschrift veröffentlichte, war nicht mehr England die Nation, die sich unmäßig schnürte, übrigens auch nicht Frankreich, sondern – nicht mehr verblüffend – Holland! So wenigstens äußert Sömmerring:

> »Daher behaupten die angesehensten Holländischen Ärzte, daß in ihrem Lande, wegen der Schnürbrüste, unter tausend vornehmen Frauenzimmern nicht ein einziges gehörig gerade sey. Der Augenschein überzeugte mich davon in mehreren Provinzen Hollands. Es ist aber bekannt, daß man bis auf den heutigen Tag nirgends das Schnüren so weit treibt, wie in Holland.«

Salzmann, Sömmerring, Forster. Folgt man diesen Beiträgern zu dem inkriminierten Gegenstand, so kommt man fast zu der Auffassung, daß es ein paar Jahre vor und nach der Französischen Revolution in den Journalen der deutschen Aufklärung und für die Öffentlichkeit nichts gegeben habe, was der Rede so wert gewesen wäre wie eine Schnürbrust. Gewiß war die Auflage der Zeitschriften und erst recht von Büchern seinerzeit vergleichsweise niedrig, mußte die mögliche Wirkung einer Aufklärungsschrift dementsprechend beschränkt sein. Aber den Zeitgenossen war offenbar die Verbreitung der praktischen Forderungen Sömmerrings so wichtig, daß man allerorten beobachtet, wie in Zeitschriften der unterschiedlichsten Art von Sömmerrings Schrift Aufhebens gemacht wird. Und zwar geschieht es gerade nicht in Form einer Besprechung, sondern ganz bewußt als ausführliche Nacherzählung ihres Inhalts; so geschehen außer in Lichtenbergs »Göttinger Taschen Calender« etwa 1789 im »Braunschweigischen Journal«, der von Campe und anderen Reformpädagogen herausgegebenen Zeitschrift:

> »Die Wichtigkeit der Sache macht es uns zur Pflicht, unsern Lesern einen kurzen Auszug vorzüglich aus der ersten Abhandlung vorzulegen.«

So weit die Vorgeschichte zu einem Kalender-Artikel, den Lichtenberg, um es nur zu gestehen, schließlich doch nicht schrieb.

Es ist aber müßig, darüber zu rätseln, warum er es unterließ. Es war doch wohl nicht der delikate Gegenstand, der fast mehr über den verrät, der ihn vorträgt, als die, die ihn tragen. Es war ganz sicher auch nicht deshalb, weil zu diesem Gegenstand von seinen Freunden Sömmerring und Forster schon alles gesagt worden wäre. Lichtenberg wußte ja offenbar, welche neue eigentümliche Wendung er dem fürchterlich-schönen Thema geben wollte. In dem oben schon einmal erwähnten Brief an Ebell vom 19. Januar 1789 schreibt Lichtenberg:

> »Die Menge der Entdeckungen in den neusten Zeiten zeigt was für Combinationen, Conternationen u. s. w. noch für uns zurück sind! Mich soll es in Wahrheit nicht wundern, wenn ich einmal höre, daß, so wie man eine Stadt in der grösten Kälte abbrennen kan, man irgend einmal eine einfrieren läßt, wenn die Sonne im Krebs steht. Die Dinge differieren nur wie + und − (...)«

Diesem Gedankengang läßt Lichtenberg dann den Ausruf folgen: »Was der menschliche Geist nicht vermögen würde, wenn man ihn *gut* anführte!« Und in eben diesem Zusammenhang fällt sein Wort von den »Schnürbrüsten für den Geist«, das ich anfangs zitierte.

Was Lichtenberg hier entwickelt und wohl in seinen Kalender-Artikel eingehen lassen wollte, ist ein Gedanke, der Lichtenberg wie andere Aufklärer mehr zeitlebens beschäftigt: die Überzeugung von der Perfektibilität des Menschen und die damit verbundene Frage, wie er angeleitet werden müßte, um seine Verstandeskräfte gehörig gebrauchen zu lernen, beziehungsweise was verhindert, daß er den vollkommenen Gebrauch davon macht. Eine Frage, die ganz gewiß nicht mit der Forderung allein nach einem angemesseneren Unterricht, einer geänderten Pädagogik, einer Hebammenkunst für den jungen Erfinder und Entdecker beantwortet werden konnte und – sollte. Es ging ja um die Einschränkungen, die Schranken des Geistes, die Lichtenberg überall bemerkte, wie es zuvor um die Einkerkerung des Leibes gegangen war. In diesem scheinbaren Fortschreiben eines Gedankens anderer, der so »eingeschmolzen« wird, daß er eine unerhörte Prägung erhält, erkennen wir den ganzen Lichtenberg. Man kann mit einem Ausdruck von ihm sagen, er mache das Aktuelle *transzendent*. Und er meint damit, das konkrete Phänomen in eine andere Wirklichkeit hinüberzudenken, hinüberzuformulieren. Aber in dem Augenblick, da Lichtenberg den Gegenstand so transzendent gemacht hatte, verstummte er: war ihm der Gegenstand doch zu heikel geworden? Über die Fesseln des Körpers schreiben, aber die des Geistes meinen, hatte nicht mehr mit der Gesundheits-Polizei – wie man seinerzeit sagte – zu tun, sondern war ein Beitrag zur Linderung eines unerträglich gewordenen Zustandes – wenngleich auf dem Papier. Die Schranken des zeitgenössischen Geistes lagen ja nicht in der Natur des Geistes, sondern in der Beschaffenheit des Staates und dem Zustand der Gesellschaft. Aber Lichtenberg war, je länger die Revolution währte und je rücksichtsloser die Gegenmaßnahmen der deutschen Regierungen wurden, desto vorsichtiger geworden. »Hat es nicht überhaupt eine besondere Beschaffenheit mit unsrer jetzigen Schriftstellerei«, schreibt er zu diesem Thema Mitte der neunziger Jahre, »daß man über *heimliche* Sünden überall *öffentlich* schreiben kann« – man erinnere sich an den Titel von Salzmann –, »aber über *öffentliche* immer heimlich schreiben muß, wenn man nicht eingesteckt sein will?« Hierin sehe ich den wirklichen Grund, warum Lichtenberg seine »herrliche« Kalender-Abhandlung nicht einmal zu Papier brachte. Aber die Parole »Schnürbrüste überall« war zu eingängig, als daß sie so schnell aus seinem Gedächtnis schwinden konnte. Etwa Anfang April 1792, nach mehr als drei Jahren, schreibt Lichtenberg plötzlich zwischen naturwissenschaftlichen Bemerkungen der verschiedensten Art gleichsam eine Variante der Zweiwort-Formel nieder, und sie lautet nun: *Kolumbus, Kolumbus! überall.*«

Zwischen beiden Devisen suchte der Wissenschaftler und Publizist Lichtenberg im letzten Jahrzehnt vor seinem Tode sein Denken und seine Tätigkeit anzusiedeln; dazwischen lebte er sein Leben: in äußerster Einschränkung. Die Richtung dieses Lebensweges jedoch verlor Lichtenberg nie aus den Augen. Im »Göttinger Taschen Calender« für 1972 veröffentlichte er ein Monatskupfer von Chodowiecki. Auf dem Kupfer sieht man im Vordergrund an der rechten Bildseite zwei bis zum oberen Bildrand ragende Laubbäume. Sie stehen am Rande einer schattenlosen Landstraße, die sich in einer Krümmung vom linken unteren Bildrand in die Mitte des Bildhintergrundes verzieht. Auf ihr bewegt sich ein vierrädriger gedeckter Kutschwagen, womöglich eine Postkutsche, von zwei Pferden gezogen, denen ein Reiter vorausreitet – in Richtung auf zwei hinter Baumbestand bis zu den Dächern und Dachreitern verdeckten Gebäuden, die eher Kirchen ähneln als Bürgerhäusern. Der Weg verläuft aber nicht eigentlich auf die Häuser zu, sondern auf den Himmelskörper, der mit seinen Strahlen die halbe linke Bildfläche nach oben hin füllt: die Sonne, die hinter dem Bergrücken aufgeht.

Zu diesem Bild, das wie eine Reise-Idylle in die mittäglichen Provinzen des bürgerlichen Gemüts ausschaut, schrieb Lichtenberg indes:

»Die Aufklärung. Dieses höchste Werk der Vernunft, dessen Nahme sogar uns neuerlich einige seichte aber eben deßwegen beliebte Phraseskünstler, haben lächerlich machen wollen, die zu eingeschränkt waren bey ihren Frömmeleyen, zu bedenken, zu was für Misbräuchen nicht selbst Religion und Liebe, diese Grundfesten der moralischen und physischen Welt, geführt haben, hat bis jetzt noch kein allgemeiner verständliches allegorisches Zeichen, (vielleicht weil die Sache selbst noch neu ist) als die aufgehende Sonne. Es wird wohl auch lange das schicklichste bleiben, wegen der Nebel, die immer aus Sümpfen, Rauchfässern, und von Brandopfern auf Götzenaltären aufsteigen werden, die sie so leicht verdecken können. Indessen wenn die Sonne nur aufgeht, so schaden Nebel nicht.«

Das ist ein politisches Glaubensbekenntnis und nicht ein Ruf nach dem Gottsched redivivus.

Das dritte Monatskupfer jenes Kalenderjahrgangs stellt in seiner Allegorie die »neue französische Constitution« dar. Lichtenberg kommentiert sie unter anderem so:

»Die Freyheit triumphirt über Tyranney, (...) und Aberglauben; der letztere scheint sich wieder etwas aufrichten zu wollen. Im Hintergrunde sieht man die Ruinen der Bastille, hinter welchen die Sonne aufgeht, und im Vordergrunde zertrümmerte Wappen und Adelsbriefe.«

Das heißt doch wohl im Klartext: erst durch Zerstörung der Fesseln des Feudalabsolutismus kann die Aufklärung, das höchste Werk bürgerlicher Vernunft, aufgehen. Forster und Lichtenberg: Beide wußten sehr wohl, wie man sich seinerzeit der Schnürbrüste für den Geist zu entledigen vermochte. Im Unterschied zu seinem Freunde Lichtenberg handelte Forster aber danach; das kostete ihn – in den Augen der deutschen Zeitgenossen – seine bürgerliche Existenz. Lichtenberg dagegen waren, wie er einwand, die Hände gebunden: durch seine Sorge um Gedeih und Verderb von Weib und Kindern. Mit gebundenen Händen sozusagen schrieb er diesen Satz:

»Das Traurigste, was die französische Revolution für uns bewirkt hat, ist unstreitig das, daß man jede vernünftige und von Gott und Rechts wegen zu verlangende Forderung, als einen Keim von Empörung ansehen wird.«

Aber auch so bleiben Artikel genug, die Lichtenberg als stetigen Aufklärer, als Publizisten für die Gesellschaft zeigen. Ich denke hierbei weniger an den berühmten Kalender-Aufruf zur Gründung eines deutschen Seebades als an seine Reflexionen über den Vorzug des Luftbades, die, bedenkt man seine Zeit, wesentlich kühner waren. Denn das Bad im Wasser pflegte man bis ins zwanzigste Jahrhundert hinein schicklich bekleidet zu nehmen, während der Sinn des Luftbades darin besteht, möglichst viel Sauerstoff an möglichst viele Körperpartien gelangen zu lassen. Das setzt aber in der Konsequenz ein Nacktbaden voraus. Lichtenberg ist sich in seinem Aufsatz, erschienen im »Göttinger Taschen Calender« für 1795, darüber auch im klaren:

> »Wer weiß ob nicht bei dem *schönern* und *wärmern* Geschlecht, die die Grenzen der Nacktheit an Armen und Busen zuweilen etwas erweitert haben, ein dunkles Vorgefühl dieser neuen Wahrheit zum Grunde lag. Ja wer weiß, ob nicht, was, wo ich nicht irre, unser vortrefflicher v. Cronegk geweissagt hat, eben aus diesem dunkeln Vorgefühl von Abernethys Theorie, der *tiefe Ausschnitt* am Busen, und der *hohe Abschnitt* am Unterrock sich endlich einander auf halbem Wege begegnen und zum bloßen Feigenblatt unserer ersten Eltern zusammenschmelzen werde. So führt auch diese Theorie, so wie die neuste Politik auf eine baldige Wiederkehr vom paradiesischen Stand der Unschuld und Gleichheit.«

Nimmt man die literarische Weltvorstellung einmal für die Wirklichkeit selbst, so läßt sich getrost sagen, daß vorübergehend Deutschland von hinreißend schönen, unerhört zwanglosen Männern und Frauen bevölkert wurde, die mit ihren Leibern und Geistern frei walteten: ob sie nun Ardinghello hießen, Lichtenberg verwirklichten oder gar Lucinde genannt wurden, Schlegels Kreation des Jahres 1799. Alles weitere ist bekannt. Für nicht einmal ganz zwei Jahrzehnte kulminiert die bürgerliche Emanzipationsbewegung in einer politischen Tat: der Französischen Revolution und diversen Reformen des gesellschaftlichen Lebens. So ist es verständlich, daß man am Ende des Jahrhunderts, als aufgeklärte Publizisten Bilanz über die verflossenen hundert Jahre ziehen, voller Genugtuung wie etwa Daniel Jenisch 1798 vermerkt:

> »Durch die kräftigen Anmahnungen und weisen Rathschläge dieser Geister ward der Säugling den Brüsten feiler Miethlinge entrissen, und seiner Mutterbrust wiedergegeben; der Knabe und das Mädchen wurden von den thörichten und gesundheitszerstörenden frühen Einzwängungen des Körpers befreit und jedem wohlthätigen Genuß der freien Luft und Bewegung wiedergeschenkt;...«

Und wie ein Abglanz dieser gelungenen Aufklärung und ein Fanal mutet es auf den ersten Blick an, wenn 1817 die Studenten auf dem Wartburgfest symbolisch einen »Schnürleib« verbrannten. Aber sie waren dabei nicht Forsters eingedenk, sondern wollten sich nur über das zeitgenössische deutsche Militär lustig machen, den »Held und Kraft-Ulan«, der sich ihrem Spottvers zufolge einen Schnürleib umgetan,

> »Damit das Herz dem braven Mann
> Nicht in die Hosen fallen kann!«

Aber wenn es einen symbolischen Vorfall gäbe, erfunden, um die wahren zeitgenössischen Verhältnisse zu bezeichnen, dann müßte ich schreiben: die Schnürbrust war feuerfest! Die Restauration des neunzehnten Jahrhunderts hatte längst begonnen.

Schon 1806 liest man in dem einflußreichen und tonangebenden »Journal des Luxus und der Moden« unter der Überschrift »Was Sitte, was Mode sey, oder Teutscher Frauen Volkstracht erfordert für Gesundheit, Wohlstand, Zucht und

Schönheit ein wehmütig ernstes Wort« einen vaterländischen Appell, als deutsche Frau wieder in das hochgeschlossene Kleid der mittelalterlichen Matrone zu schlüpfen, die sogenannte altdeutsche Tracht. Gleichzeitig wird die von Rousseau, Sömmerring, Heinse und allen guten Geistern der Spätaufklärung gepriesene griechische Gewandung öffentlich diffamiert:

> »Die bisherige Griechische, eigentliche *Pariserinnen*-Tracht aber, mit dem offenen Busen, dem entblößten Nacken und Rücken, dem ganz kurzen, durchsichtigen Ärmel, den wenigen, jede Form bezeichnenden Falten, sey nicht bloß zur Auszeichnung der öffentlichen Mädchen denselben *verstattet*, sondern diesen sogar ganz ausdrücklich von der Polizei, als der ihren Neigungen und ihrer Lebensweise so angemessenen Tracht, *anbefohlen*.«

Das ist hübsch infam. Zweifellos machte die neugriechische Robe noch keine Iphigenie; aber hier wird das Natürliche denunziert als Prostitution, und das ist ein erschreckender Sinneswandel. Bezeichnenderweise hat nicht ein Mann diese Äußerung getan. Es war die seinerzeit viel gelesene Schriftstellerin Wilhelmina von Chezy. Bezeichnenderweise hat auch nie eine Frau das Wort wider die Schnürbrust ergriffen! Aber das ist ein Kapitel für sich und gehört zu einer Studie über Zeit und Welt, wo, wie es Schleiermacher in den »Vertrauten Briefen über Friedrich Schlegels Lucinde« ausdrückte, »die bürgerlichen Einrichtungen die Frauen so sehr erdrücken«. Vergebens hält man diesem Tatbestand vergleichsweise entgegen:

Lichtenberg, Lichtenberg überall!

VON DEM VERMÖGEN
DEUTSCHER SCHRIFTSTELLER,
UNRUHE ZU STIFTEN

Eine Bagatelle zur Französischen Revolution

Das Gedenken an die Französische Revolution ist auch in der Bundesrepublik mit gelungenen Ausstellungen, Podiumsdiskussionen der bestallten Revolutionsfachleute, einer von Verlegern generalstabsmäßig inszenierten Invasion der Heerschar von Revolutions-Wälzern, gegen die Widerstand zu leisten sinnlos war, gefeiert worden, so, als wäre das altdeutsche Reich 1789 wie ein Mann republikanisch gesonnen gewesen und, was Paris vorgemacht, eigentlich für das Literaturarchiv in Marbach oder das Goethe-Institut in aller Welt vorgesehen worden, oder auch bloß für Nürnberg, die Stadt der Bewegung. Mainz, das vor ein paar Jahren mit einer opulenten Ausstellung zum Experiment der ersten deutschen Republik aufwartete, hielt sich dem gegenüber sonderbar zurück, bot Schautafeln, die schwarz auf weiß und wenig bildhaft zu dokumentieren suchten, was es in den neunziger Jahren an Umwälzungen sonst noch gegeben hatte, etwa in den Naturwissenschaften.

Wo heutzutage das museale Breitwandpanorama gern den historischen Anlaß nebensächlich macht, meldet sich der bescheidene Betrachter, obzwar beflissen beeindruckt, leise zu Wort. War es in Deutschland nicht eher so, daß nur wenige bürgerliche Intellektuelle wie Forster oder Knigge, auch Rebmann offen Partei zu ergreifen wagten, und Knigge und Rebmann bloß auf dem Papier? Und bestanden die Folgen der Französischen Revolution nicht vielmehr in der Unterdrükkung aller unbotmäßigen, für polizeiwidrig erachteten öffentlichen Meinung? Ist es denn richtig, an Forster den deutschen Intellektuellen seinerzeit zu messen oder nicht vielmehr an einem wie Lichtenberg, der getreulich ins Buch schrieb, was vorfiel, aber ohne jede Bewertung – auffällig nur, wie gut er informiert war –, in Briefen abwiegelte, im Taschenkalender immer weniger riskierte, primo vivere, deinde philosophari?

Und doch wird er auf seine Weise Zeuge eines, wie es in Deutschland schon seinerzeit üblich war, auf Zeitungspapier ausgefochtenen politischen Hickhacks, der bezeichnend ist. Da gibt es, vorübergehend, das Sprachrohr der Mainzer Clubbisten, da das infame Sprachrohr der Gegenrevolution, die von Alois Hoffmann mit dem Segen des Kaisers herausgegebene »Wiener Zeitschrift« – und zwischen diese extremen Positionen gerät wider Willen Abraham Gotthelf Kästner, der mit den Neufranken nicht im mindesten sympathisierte, aber mit einem Alois Hoffmann schon aus intellektueller Arroganz beileibe nichts zu tun haben wollte. Was war geschehen? Die folgenden Materialien sollen die erschröcklich politische Anekdote vergegenwärtigen, nur sparsam erläutert, da sie in der Regel für sich selbst sprechen.

In der »Mainzer National-Zeitung« Nr. 168 vom 22. Oktober 1792 ist folgende Nachricht eingerückt, die sich wie ein Korrespondentenbericht aus Göttingen liest: »*Göttingen* vom 14ten Okt. Unser berühmtter [sic!] Hofrath und Professor Kästner hat so eben ein Epigramm verfertigt, das schon allein ihn, der Dichter- und was noch mehr ist, der Bürgerkrone würdig macht. Hier ist es:

> »Um eines einzigen gerechten Mannes Willen,
> Ließ einst der Herr der Welten Sodom stehn;
> Um einer [sic!] einzigen gekrönten Pinsels Willen,
> Soll, spricht ein deutscher Fürst, ganz Frankreich untergehn!
> Die Weltgeschichte hörts – und schaudert – und der Deutsche
> Nennt ihn, wie Attila, den Hunnen – Gottes Peitsche.«

Die »Mainzer National-Zeitung«, die von Nr. 168 bis 172, vom 22. bis 30. Oktober 1792, unter dem Titel »Mainzer Zeitung« erschien, war unter den zahlreichen Publikationen, die in Mainz und in den durch Custine befreiten Regionen am Rhein herauskamen, das wichtigste Periodikum, das, redigiert von Georg Wilhelm Böhmer, bis zum 17. April 1793 erscheinen konnte. Georg Wilhelm Böhmer (1761–1839) hatte eine besondere Beziehung zu Göttingen. Er war der fünfte Sohn von Georg Ludwig (1715–1797), dem berühmten Göttinger Juristen, studierte seit 1779 Theologie und Jura in seinem Geburtsort, wurde Magister und 1785 Privatdozent der Philosophie ebenda, 1788 Professor am evangelischen Gymnasium in Worms, 1792 Sekretär Custines in Mainz, erregte Aufsehen und Entrüstung über den Schutzbrief, den er unaufgefordert der Universität Göttingen erwirkte. Die Zeitumstände und seine Verwicklung in dieselben hinderten nicht, daß er seit 1826 wieder als Privatdozent der Jurisprudenz in Göttingen wirkte – so schließt sich auch ein Lebenslauf.

Die »Mainzer National-Zeitung« hatte gute Mitarbeiter, pfiffige Korrespondenten. Zu den Beiträgern zählte Konrad Pfeffel, der bekannte Fabeldichter, der am 5. November 1792 in dieser Zeitung ein Gedicht mit der Überschrift »Jost« veröffentlichte; dessen Schlußzeilen lauten:

»Wir armen Bauern werden wohl
im Himmel frohnweis donnern müssen!«

Bekanntlich die von Büchner abgewandelte, aber gleichwohl zitatmäßige Äußerung, Woyzeck in den Mund gelegt, daß die Armen auch im Himmel die Glocken läuten müssen. In unserem Zusammenhang ist aufschlußreicher, daß 1792 in dieser Zeitung häufige Korrespondentenberichte aus Kurhannover und Göttingen erfolgten, die 1793 dann ganz unterblieben. Die Häufigkeit spricht für das Interesse Böhmers an der politischen Situation in Kurhannover und insbesondere Göttingen – auch wenn die Berichte bisweilen den Eindruck machen, sie seien agitatorisch und entsprächen nicht den tatsächlichen Verhältnissen. Sie verraten gleichwohl die Durchlässigkeit der Informationen und dienten, wie Lichtenbergs Tagebücher beweisen, einer genaueren Kenntnis dessen, was sich vielerorts begab. Es ist sicher nicht übertrieben, zu sagen, daß Böhmers Zeitung dazu beigetragen hat, der Universität Göttingen den Ruf eines Horts des Jakobinismus zu bescheren und die Regierung in Hannover entsprechend hellhörig zu machen. Das angeblich von dem Göttinger Professor Kästner stammende Epigramm abzudrucken, ihm dafür rühmend nicht nur die Dichterkrone, sondern den Titel eines citoyen français ehrenhalber zu verleihen, wie es Klopstock und Schiller bereits widerfahren war, mußte jeden, nicht nur den alten Herrn in eine fatale Situation bringen, angesichts der Tatsache, daß fast zur gleichen Zeit auch in Kurhannover von Amts wegen Maßnahmen ergriffen wurden, die die Einflüsse der Französischen Revolution einschränken und ersticken sollten. Am 24. November 1792 erließ die Hannöversche Regierung folgende Verordnung:

Schriften und Lieder, anstössige.

§ 1.
Es ist bekannt, daß an auswärtigen Orten Zeitungen, Wochenblätter, Journale, periodische Schriften, und andre fliegende Blätter und Aufsätze nicht nur eigends zu dem Zweck, um die Meinungen und Gesinnungen von Aufwiegelungen der Unterthanen, Verunglimpfungen der Obrigkeiten, und Umkehrung aller bürgerlichen Ordnung zu empfehlen und auszubreiten, verfasset und ausgegeben, sondern auch überdies ungefordert und unverlangt zudringlicher Weise allenthalben herumgeschickt werden, um sie abzusetzen und recht bekannt zu machen. Von der ganzen Denkungsart und von der bewährten Anhänglichkeit hiesiger Unterthanen ist man genug gesichert,

daß sie dergleichen Grundsätze und Beginnen nicht anders, als um so mehr verachten und misbilligen können, je mehr auch schon die Erfahrung gezeigt hat, wie sehr damit unumgänglich nicht allein das Wohl des Landes überhaupt, sondern ebenfalls der ganze bürgerliche Wohlstand vornehmlich, und die privat Sicherheit, Ruhe und Glückseeligkeit eines jeden einzelnen zugleich untergraben, und über den Haufen geworfen wird. Nachdem jedoch, zum besten des Landes und der Unterthanen auf alle Weise dafür zu sorgen, daß solchen anstössigen und verderblichen Zudringlichkeiten und Versuchen durchaus gesteuert werde: so ist verordnet:

1. daß die Buchhandlungen, Buchdrucker, Colporteurs, Antiquarien und Commissionnairs überall dergleichen Zeitungen, Wochenblätter, periodische Schriften, Journale, Brochüren und fliegende Blätter, die in der vorgedachten bösgesinnten Absicht geschrieben werden, nicht fuhren [sic!], noch annehmen, noch verabfolgen lassen, sondern wenn so etwas ihnen zugeschickt wäre, lediglich solches an den ersten von der Obrigkeit des Orts einliefern sollen, von welchem darauf an Königl. Geheimte-Raths-Collegium zu berichten, und dessen Verfügung darüber zu gewärtigen ist.

2. daß die Postämter und einzelne Postbediente, desgleichen die Zeitungs- und Intelligenzexpeditionen weder Bestellungen auf solche Schriften anzunehmen und zu besorgen, noch was ihnen etwa von selbst zugeschickt wird, auszugeben und zu verbreiten, sondern sofort gerade an Königl. Geheimte-Raths-Collegium einzusenden haben.

3. daß überhaupt kein Bedienter, Unterthan und Eingesessener sich auf eine nahe oder entfernte, directe oder indirecte Art mit der Verschreibung, Ausbreitung und Divulgirung von der Art Schriften und Blätter irgend befassen solle und dürfe, immassen vielmehr einem jeglichen auf seinen Huldigungs- und Diensteid zur Pflicht gemacht ist, wenn dergleichen an ihn addressirt, oder überschickt würde, solches sofort seinem Vorgesetzten im Dienst, oder seiner Obrigkeit, ober auch, wie ihm frei stehet, unmittelbar bei Königl. Geheimten-Raths-Collegio zur zu [sic!] Anzeige bringen.«

Am 11. Dezember 1792 befahlen die Kuratoren der Universität Göttingen, daß der Prorektor über die »Neuerungssucht«, die sich unter den Studierenden der Georgia Augusta angeblich ausbreite, Bericht erstatte und dafür Sorge getragen werde, daß in Vorlesungen und Schriften »die Gemüther, der Ihrem Unterricht anvertrauten jungen Männer, gegen den sich unter dem Nahmen von Freiheits Sinn einschleichenden Geist der Unordnung und Revolutions Sucht zu verwahren und somit das Wohl der Universität, der hiesigen sowohl als der übrigen Deutschen Staaten und Länder ferner wie bisher von Ihnen rühmlich geschehen zu befördern.«

Kästner, damals schon 73 Jahre alt, reagierte umgehend, allerdings nicht mit einer Gegendarstellung in der »Mainzer Zeitung«, die man natürlich nicht zur Kenntnis nehmen durfte, in diesem Fall allerdings zur Kenntnis nahm, schließlich ging es um die bürgerliche und – poetische – Reputation. Ihm, dem berühmten Epigrammatiker, ein so ungeschicktes Sinngedicht zuzutrauen, war schon peinlich genug; ihn daraufhin aber für die Ehrenbürgerwürde der Französischen Republik zu empfehlen, war für den konservativen Hochschullehrer zuviel. Er nutzte das Hausblatt der Göttinger Professoren, die »Göttingischen Anzeigen von gelehrten Sachen«, die in einer »Beylage« zum 184. Stück, am 17. November 1792, »Eine Erklärung von Abraham Gotthelf Kästner« im vollen Wortlaut veröffentlichten, was hier abermals geschehen soll:

»Ich werde, wie man mir zuverlässig erzählt, in der Mainzer Zeitung als Verfasser eines Epigramms genannt, das sich auf neuere, Frankreich betreffende Umstände bezieht. Schon vor einigen Wochen habe ich hier gehört, daß mir so was zugeschrieben würde; wo ich Gelegenheit hatte, versichert, es sey unwahr, und die Befriedigung genossen, daß Leute, die mit meinen Versen einigermaßen bekannt sind, urtheilten: Ich könne dieß nicht gemacht haben. Eine Erklärung ähnlichen Inhalts, habe ich vor mehr Wochen Hrn. Hofr. Zimmermann nach Braunschweig gesandt, sie wird hoffentlich mit dem nächsten Stücke seiner Annalen erschienen seyn, oder noch erscheinen. Die Gesinnungen dieser Verse sind nichts weniger als die meinigen. Das Gute der Franzosen habe ich nie verkannt, zumahl was ich besonders in meiner Lage kennen lernte: ihre Verdienste um die Wissenschaften, welche ohne Anordnung und Aufmunterung ihrer Könige und deren Minister nie so groß geworden wären. Daß ich sonst gern über die Franzosen gelacht habe, zeigen Stellen in meinen Schriften, die mit Beyfügung meines Nahmens gedruckt sind. Empörung, Pöbelwuth durch Factionen zu Greuelthaten gereizt, haben sie mir doch wohl nicht verehrungswerther gemacht? Helvetiern und Batavern, habe ich ihr republicanisches Glück gegönnt, aber gelacht, wenn sie als die *einzigen Freyen*! stolz thaten, und mich in den beyden Provinzen Deutschlands, in denen ich mein Leben zugebracht habe, eben so frey empfunden, als sie. Unter Fürsten würde es sich allemahl so gut leben als in andern Staaten, wenn alle bedächten, was doch immer welche bedacht haben, und noch bedenken, daß ihre Macht, ihr Ruhm, ihr Wohl, auf dem Wohlstande und der Liebe ihrer Unterthanen beruht, wenn sie nicht aus der Acht ließen, was sogar einer von Kaiser Augusts Hofpoeten gesagt hat:

> Regum tremendorum in proprios greges,
> Reges in ipsos imperium est Iovis.

Die Politiker, welche den Vorzug eines Staates größtentheils in seine *Form* setzen, sollten sich aus der Logik erinnern, daß ein Syllogismus in forma richtig seyn kann, und in materia gewaltig pecciren. Es gibt Gelehrte, die viel von Freyheit declamiren, und über das was sie unter ihrer Gewalt haben, Tyrannen sind. Auch von Staaten die für ihre eigne Freyheit sorgfältig wachen, kennt man ziemlich despotische Behandlungen ihrer Unterthanen. Bey vielen die Fürsten nicht gehorchen, läßt sich an Hallers Vers denken:

> Das macht uns noch nicht frey, daß wir die Meister ändern.
> Demokraten, haben immer Demagogen.

Was nur Menschlichkeit ist: Leidende zu bedauern, gesetzt daß sie sich ihr Leiden zugezogen hatten, war ja in dem freyen Paris nicht verstattet.

So viel von meinen politischen Besinnungen hier drucken zu lassen, ist wohl Nothwehre. Etwas zu schreiben, dabey ich mich verstecken müßte, habe ich stets für poltronmäßig gehalten. Manches habe ich Bekannten geschrieben mitgetheilt, zu dessen Drucke sich erst lange darnach Gelegenheit zeigte. Dergleichen findet sich im Anhange zur dritten Auflage meiner vermischten Schriften. Eben daselbst habe ich auch Ursachen angegeben, warum ich nicht Alles dieser Art sammlete. Daß ich bereute etwas gemacht zu haben, oder mich fürchtete es anzuerkennen, ist nicht unter ihnen. Leicht schlich unter das was nur geschrieben vorhanden war, was Fremdes ein. Kenner meiner Art zu denken und zu schreiben, haben das bald ausgeschlossen, ein besserer Epigrammatist als ich, hat auch wohl mir das Seinige nicht untergeschoben. Aber so was Elendes ist meines Wissens mir nie aufgebürdet worden. Meine poetische Ehre überließ ich sicher dem Geschmacke meiner Landsleute, und hielt dieserwegen nicht der Mühe werth, durch öffentliche Rügung dem Dinge Aufmerksamkeit zu verschaffen.

Nur, in sofern mir die Gesinnungen darin sollten zugeschrieben werden, mußte ich erwähnter Maßen mich von dem Wechselbalge lossagen. Den *Schreiber*, der, wie mir gemeldet wird, in der Mainzer Zeitung mich noch damit behelliget, und mir gar dadurch ein Compliment zu machen wähnt, hätte der gemeine Menschenverstand bey der geringsten Ueberlegung an zwo Fragen erinnert: Ob ich Verfasser sey? und ob ich dafür wolle bekannt seyn? Die erstere, mußte er sich in seiner jetzigen Lage nur darnach beantworten: Ob die Zeilen dem ähnlich sind was etwa sonst von mir gelesen wird. Wie er sich dabey verhielt, stellt ein Sprüchwort, in einem etwas niedrigen, aber Seinem Geschmacke völlig anständigen Ausdrucke dar: Er nahm Mäusedr[eck]-für Pfeffer. Die andre Frage betreffend, wußte er doch, daß manche Schriftsteller, witzige und unwitzige, unbekannt zu bleiben wünschen. So war es Schonung die ein Billigdenkender wohl jemanden der ihm gleichgültig ist, widerfahren läßt, einen Nahmen nicht zu nennen, der, mehr als wahrscheinlich, hier nicht wollte genannt seyn. Fand er das Zeug trefflich, so that es ja wohl Wirkung, wer auch der Verfasser seyn mochte. Nach Freyheit Strebende sollen ja nicht sich von Autoritäten lenken lassen. Wirklich aber könnte er mit seinem Allegate, der Sache für die er schrieb, mehr Schaden als

Nutzen gebracht haben. In den Gegenden wo sein Aufsatz verbreitet ward, sind doch gewiß Leute von Geschmack, bey denen das Ding eher Widerwillen erregt als Beyfall. Ich rede begreiflich von dem *Schreiber*. Der in dessen Diensten er schrieb, bekümmerte sich natürlich nicht darum, wie das Wesentliche was zu schreiben war, eingekleidet, und mit was für Zusätzen es ausgeschmückt ward. Ist ihm das seyn sollende Sinngedicht verdollmetscht worden, so traue ich ihm, seiner Nation wegen, zu, daß ihm die Form nicht sehr gefallen hat, wenn er auch mit der Materie zufrieden war. Ob so was bey den Deutschen Witz heisse und Witz eines berühmten Gelehrten, das konnte ihm sehr gleichgültig seyn, wenn ihm nur Wirkung davon versprochen ward. Absichten, wenigstens auf eine Zeitlang zu erreichen, werden ja allerley Mittel gebraucht, auch Fischweiber und Ohnehosen.   Göttingen, den 3. Nov. 1792.«

Kästner ließ es mit dieser Erklärung nicht bewenden. Er unterrichtete Bekannte und Freunde wie den Konrektor Johann Konrad von Einem (1732–1799) in Münden, der selbst schriftstellerte, eigene Sinngedichte Kästner zur Beurteilung vorlegte, im übrigen nur dafür bekannt ist, daß das »kleine Entzücken« der Göttinger Hainbündler seine Tochter Charlotte gewesen. Am 8. November 1792 schrieb ihm Kästner:

»Übrigens, wenn Sie an mir ein Beyspiel nehmen wollen wie es einem Epigrammatisten auf seine alten Tage geht, lesen Sie hier das Gedruckte. Das seyn sollende Epigramm werden Sie schon kennen, und mir es gewiß nicht schuld gegeben haben aber daß es doch Leute giebt die es von mir geglaubt haben, ist eine große Demüthigung für mich: denn da ich doch nicht alle diese Leute für tumm erklären darf, so müssen viele mich als Schriftsteller gar nicht kennen, weil niemand es mir zutrauen kann der mich so kennte. Und so bin ich bey weitem nicht so allgemein gelesen als ich mir gern schmeicheln möchte. Ich hatte schon vor mehr Wochen Hofr. Lichtenbergen gemeldet wessen ich beschuldigt würde, und der hatte bey mehr Gelegenheiten mich gerechtfertigt. Das ist mir auf unerwartete Art zu statten gekommen. Ein Siebenburger der vorige Michaelis von hier abging, schreibt mir aus Wien daß er da mit dem Referenten der Studien Hofr. v. Birkenstock darauf zu reden gekommen, und nach Lichtenbergs Berichte, versichert daß ich unschuldig sey. Das ist dem Hrn. v. B. sehr lieb gewesen schreibt der Siebenbürger ... er heißt Binder ... sogleich seinem hannöverischen Abgesandten, solchen davon zu unterrichten wenn etwa der Wiener Hof deßwegen nachfragen ließe er laßt es selbst mehreren melden daß ich nicht der Verfasser sey. So war ich in Gefahr daß der Reichsfiscal wider mich ex[ec]utirt würde. Und Lichtenbergs Wort diente mir am Kaiserlichen Hofe, welche Sphaeram activitatis L. sich gewiß nicht zugetraut hätte. Ich ward berichtet, das Ding stehe in einem Manifeste darin Custine die Deutschen zur Freyheit aufreize. Darauf bezieht sich der Schluß meines Aufsatzes. Als ich aber das Zeitungsblatt selbst bekam, sah ich wie manche unserer Gelehrten, wiederum vortragen was sie gelesen haben. Es steht blas in der Zeitung, aber mit meinen Nahmen und mir wird dafür nebst der Dichterkrone, auch die Burgerkrone zugetheilt. Hätte ich das gelesen gehabt, so hätte ich Verfasser und Herausgeber jeden einer Narrenkappe werth erklärt.

Ich verharre voll Hochachtung   Ew. W.
                                                   G. 18. Nov. 1792
                                                   Gehorsamst
                                                   Kästner«

Interessant, durch diesen Brief zu erfahren, daß Lichtenberg sich so für seinen Lehrer eingesetzt hat und angeblich über seinen ehemaligen Schüler Johann Binder (1767–1805) sogar bis zum Hof Kaiser Leopolds II. vorgedrungen ist, zugunsten Kästners. Aber Kästner hat auch einen anderen Schüler bemüht, den Geologieprofessor Eberhard August Wilhelm Zimmermann (1743–1815) in Braunschweig, der ihm offenbar zugesagt hatte, in den von ihm herausgegebenen »Annalen der Geographie und Statistik« die von Kästner angekündigte Ehrenerklärung zu veröffentlichen. Sie muß auch erschienen sein; merkwürdigerweise aber ist mir in dem in Braunschweig 1792 veröffentlichten dritten Band, mit dem Zimmermann das für ihn, wie er in seiner Vorrede mitteit, verlustreiche

Unternehmen jener Zeitschrift einstellt, diese Ehrenerklärung nicht unter die Augen gekommen, so daß ich vermute, Zimmermann habe sie als Beilage veröffentlicht, was verständlich wäre, da sich zwischen Geographie oder Statistikberichten und Besprechungen eine Ehrenerklärung für den Subkontinent Kästner sonderbar genug ausgenommen hätte. Daß Zimmermann die Ehrenerklärung für seinen Lehrer abgegeben hat, steht fest, angeblich im vierten Stück seiner »Geographischen Annalen«.

Jedenfalls gewinnt man den Eindruck, Kästner habe alles versucht, jeden Verdacht, ein Katheder-Sansculotte zu sein, von sich abzuwehren, sinnigerweise in gelehrten Zeitschriften und nicht in den Zeitungen, die die Mehrzahl der des Lesens mächtige Bevölkerung in Deutschland in den Tagen und Jahren der Französischen Revolution mit Vorliebe las. Aber Kästner nützte seine Gegendarstellung und die Initiative derer, die wußten, wie er politisch dachte, nichts. Während alle Welt nach Mainz und Paris, auf die sich zusammenballenden militärischen Schauplätze starrte, bangend, hoffend je nach politischer Couleur und Parteinahme, eröffnete ein Wiener Publizist ein Scharmützel gegen Kästner, das mit allen, höchst modern anmutenden, Mitteln der feinen Ehrabschneidung geführt wurde, ganz Biedermann und mit dem Brustton dessen, der auf der richtigen Seite steht und darum einfach recht haben muß.

In der »Wiener Zeitschrift«, Erster Jahrgang, Zwölftes Heft, Seite 381–386, (vermutlich Dezember) 1792 erschien aus der Feder des Herausgebers, Leopold Alois Hoffmann, folgender Kommentar zu dem in der »Mainzer Zeitung« erschienenen Epigramm:

»Probe deutscher
Epigramen-Urbanität;
nebst einigen Worten über Stand und Ehre deutscher Professoren.

Es verdient in den Annalen deutscher Art und Kunst, und daneben freilich auch deutscher Urbanität, weil diese eine Folge von jener sein soll, verzeichnet zu werden, was die Mainzer Zeitung unterm 22ten Oktober des ersten Jahrs der Mainzer Freiheit an Deutschland berichtet. Es lautet so: »Göttingen, vom 14ten Oktober. Unser berühmter Hofrath und Professor Kästner hat so eben ein Epigram verfertigt, das schon *allein* ihn der Dichter – und was noch mehr ist, der *Bürger-Krone* würdig macht. Hier ist es:

> »Um eines einzigen gerechten Mannes willen
> »Ließ einst der Herr der Welten Sodom stehen.
> »Um eines einzigen gekrönten Pinsels willen
> »Soll, spricht ein *deutscher Fürst*, ganz Frankreich untergehen!
> »Die Weltgeschichte hörts – und schaudert – und der Deutsche
> »Nennt ihn, *wie Attila, den Hunnen* – Gottes Peitsche.«

Der berühmte Verfertiger dieses Epigrams wird, seiner Berühmtheit und seiner anderweitigen wohlerkannten Verdienste ohnbeschadet, erlauben, daß man ihm vorerst auch ein Epigram zu Danke giebt, welches gleichfalls von einem sehr berühmten und – alten Manne herrührt. Es liegt aller erforderliche Stachel eines treffenden Witzes darinn; und der Mann, der es gemacht, heißt Phädrus. Hier ist es:

> »Defectus annis, *et desertus viribus.*
> »Leo cum jaceret – – Asinus, ut vidit ferum
> »*Impune laedi*, calcibus frontem exterit.«

Wahrscheinlich hat dieses Epigram dann auch viel beigetragen, daß die Universität von Göttingen ganz unerbeten eine – Salvegarde von Mainz aus erhalten hat. Wie nützlich es ist, wenn berühmte Professoren Epigrame machen können! – Ob indeß der Churfürst von Hannover gedachtes Epigram und die französische Salvegarde eben so wohlgefällig aufnehmen wird, wie die Mainzer Jakobiner, das steht stark zu bezweifeln; denn nach einem ganz kurzen und sehr handgreiflichen Räsonnement ist erwiesen: daß ein Land, in dessen Hauptstädte man Salvegarden schikt, als *Feindesland* angesehen wird, und daß also die der Stadt Göttingen zugefertigte Salvegarde, implicite eine *Kriegserklärung* an den Churfürst von Hannover und die hannoverschen Lande enthält; denn wozu braucht *Freundesland* Salvegarden, zumal solche, die man ihm *unerbeten aufdringt*, und gegen die man sich von Universitätswegen in öffentlichen Blättern dann selbst höchst verwundert zeigt!!!

In der That, der Citoyen Cüstine und sein Schildknappe Böhmer hätten durch ihre unbegreifliche Gütigkeit ihren guten Freunden in Göttingen nicht wohl leicht eine bedenklichere Sottise erweisen können, als mit dieser maskieren Kriegserklärung an den Landesherrn derselben. Dem Epigramatisten aber muß sie schon gar höchst unerwünscht sein, weil dieser nun in doppelte Feindeshand gerathen kann; denn sein Epigram ist wieder nichts anders, als eine Kriegserklärung an die deutschen Armeen, die er Hunnen, und an ihren Heerführer, den er ihren Attila und Gottes Peitsche nennt. Man muß doch begierig sein, wie die hannoverschen Generale und Truppen diese epigramatische Kurzweil aufnehmen werden, wenn sie sich nun mit den übrigen deutschen Hunnen und Attilas gegen die Neufranken vereinigen! Es dürfte dem Poeten fast willkommen sein, wenn sein unzeitiger Witz dann nur für eine poetische Lizenz, und nicht für das gehalten würde, was er ist: für eine grobe *Flegelei* (und ein andres deutsches Wort giebt es für eine solche Animosität, Impertinenz, Insolenz u.d.gl. nicht) gegen Deutschlands Truppen und Deutschlands Feldherren und Fürsten; die Feldherren und Truppen seines eignen Landes miteingerechnet. – Die gefühllose Beschimpfung des unglücklichen und von jedem edlen Herzen tiefbemitleideten Ludwigs des XVI. bedarf keiner Rüge.

Die deutschen Professoren haben nun doch wirklich in Corpore immer weniger Ursache, auf ein gewisses Mirrhen-Bündlein ihrer Kollegen stolz zu sein, die es jezt immer lauter und lauter zu Tage legen, daß sie diejenigen Herren sind, von welchen geschrieben steht: »Sie wollen sich der Meinungen der Menschen bemächtigen, das Oberste zu unterst setzen, und das Unterste zu oberst, Könige in den Staub, *und Schulmeister auf den Thron.*« In Mainz haben sie einsweilen den Anfang gemacht. Zwei Professoren, Dorsch, ein Geistlicher, und Forster, ein Protestant, sitzen nun auf dem Mainzischen Regentenstuhl. Der Professor Böhmer sizt aber noch über ihnen, und dieser scheint die deutsche Kaiserwürde im Auge zu haben, wenn ihm nur erst die Franzosen Deutschland erobern, denn das Mainzi-

sche Regiment muß ihm zu unbedeutend sein, da er es an Dritte ver-
schenkt. Die anderweitigen deutschen Professoren, die bereits öffentliche Kandidaten des Freiheitsistems geworden sind, die Herren Kästner, Weishaupt, Ehlers, Cramer, Ebeling, Brendel, Eulogius Schneider
u. s. w., u. s. w. sind theils schon im Elsaß drüben auf die Regentenstühle gepflanzt worden, theils wollen ihnen in Deutschland herüben
die Franzosen noch einige Regentenstühle leer machen, um – sie
auch drauf setzen zu können.

Es scheint doch, es wäre fast Zeit, daß die übrigen deutschen Professoren, die dem Jakobinersistem nicht zugethan sind, und deren
Zahl doch Gottlob noch die allerstärkste ist, sich endlich gegen das
notorische Unwesen jener Herren Kollegen laut erklären, und an
Deutschland zu verstehen geben möchten: daß Lästerungen und Ent-
behrlichmachung der Fürsten, und Selbstregiersucht anstatt der ab-
gesezten Fürsten, noch nirgend zu den legalen Verpflichtungen eines
rechtschaffenen Professors gehört hat, und will's Gott, auch hinkünf-
tig nicht dazu gehören soll. Daß jene Herren Kollegen sie für eine
solche Erklärung mit einem Hagel von Epigramen und Pasquillen
steinigen werden, das dürfen sie freilich erwarten. Aber das muß sie
doch nicht abhalten, ihren *Stand* und ihre *Ehre* gegen die bis nun
schon zu stark attentirte Herabwürdigung beider durch pflichtver-
geßne Kollegen, vor der Welt sicher zu stellen.«

Von heute aus gesehen, ist es leicht, zu fragen, wer waren
denn schon dieser Leopold Alois Hoffmann und seine »Wiener Zeitschrift«? Geboren 1748, gestorben 1806, laut Lexikon
1790 Professor der Beredsamkeit an der Universität Wien,
1792 seiner mangelnden Lehrfähigkeit wegen amtsenthoben,
aber: in den Jahren 1792 und 1793 ein gefürchteter Denunzi-
ant, der sich vorübergehend der Gewogenheit der gegenrevo-
lutionären Kräfte in Deutschland und Österreich sicher sein
konnte. Die »Wiener Zeitschrift«, die er vom 10. Dezember
1791 bis Mitte 1793 (I–III, Nr. 1–6) in Wien herausgab, war
sein Sprachrohr, das die Unterstützung Leopolds II. hatte, der
ihren Kurs bis zu seinem Tod bestimmte. Und Mitarbeiter dieser Zeitschrift waren unter anderem Kotzebue, Alxinger,

Schreyvogel, Möser und – Johann Georg Zimmermann, der
für die Denkschrift »Über den Wahnwitz des Zeitalters« von
Leopold dem Zweiten eine kostbare edelsteinbesetzte Dose
empfing. Hoffmann stellte, kurzum, für einige Jahre eine pu-
blizistische Macht dar, die er – wie sein Kommentar beweist,
rhetorisch versiert – benutzte, um tatsächliche oder angebli-
che Parteigänger der bürgerlichen Revolution in Frankreich
namhaft zu machen und damit zu erledigen. Mag sein, daß
ihm Kästners Gegendarstellung, als er seinen Artikel schrieb,
noch nicht bekannt gewesen ist; wichtiger war Hoffmann jedenfalls die Denunziation der deutschen Professorenschaft,
für die Kästner nur herhalten mußte. Wie sich dagegen weh-
ren? Kästner tat es auf diese Weise: Er schwieg und ließ seinen
Schüler und Freund Zimmermann für sich erwidern. Dessen
gut gemeinte und redliche Ehrenrettung Kästners erschien,
garniert mit Fußnoten von Alois Hoffmann, in der »Wiener
Zeitschrift«, Zweiter Jahrgang, Erstes Heft, 1793 (nach Hoffmann S. 120 erst im Februar 1793 erschienen), S. 87–89:

Aufforderung
des Herrn Hofraths und Professors Zimmermann in Braunschweig
an den Herausgeber der Wiener Zeitschrift.

»Nie würde ich Euer etc. durch Briefe beschwerlich geworden sein,
glaubte ich mich nicht anjezt aus folgender Ursache dazu genöthigt
zu sehen. Sie haben in dem 12ten Stükke der Wiener Zeitschrift
einen der größten Männer unsers Zeitalters, den Herrn Hofrath
Kästner, eben so gröblich als ungerecht beleidigt. Sie geben ihn nämlich geradezu für den Verfasser eines in doppelter Hinsicht schlechten Sinngedichts aus, schimpfen daher auf ihn in einer lateinischen
Sentenz,[1] und suchen ihn seiner Landesregierung und allen rechtlich
denkenden Männern verdächtig zu machen.[2] Erlauben Sie mir Sie
Selbst zu fragen, ob wohl ein billig Denkender, selbst gegen einen
ganz unbedeutenden Menschen, so verfahren würde, ohne zuvor,
vermittelst der giltigsten Zeugnisse, durchaus seiner Sache gewiß gewesen zu sein? Ihr einziger Beweis gegen Herrn Hofrath *Kästner*, ist

das von Ihnen angeführte Zeugniß der *jetzigen* Mainzer Zeitung. Welch ein Zeugniß! nach Ihrer eigenen Angabe geschrieben von deutschen Jakobinern, die begreiflich Alles anwenden werden, dem übrigen Deutschlande aufheften zu wollen, sie hätten die größten Männer unter ihrem Haufen. Selbst um Ihretwillen halte ich mich überzeugt, daß Sie den Mann, den Sie, ohne irgend weitere Erkundigung einzuziehen, so unwürdig mishandeln, nur höchst oberflächlich kennen müssen. Da ich so glüklich bin, daß mir vielleicht die meisten ausgezeichneten jeztlebenden Männer entweder persönlich, oder doch genauer als durch öffentliche Nachrichten bekannt sind, so bezeuge ich Ihnen heilig, daß gerade bei diesem von Ihnen so unschuldig geschimpften Gelehrten, das Herz eben so edel als sein Geist tief und seine Kenntnisse allumfassend sind, und daß Hunderte seiner uneigennützigen Mittheilung und Unterstützung ihre jetzige gute, den Wissenschaften und dem Vaterlande so nützliche Lage zu verdanken haben.[3] Daß der Herr Hofrath *Kästner* aber, wie jeder richtig denkende Mann, gerade dem entgegen gesezt denkt, dessen Sie ihn beschuldigen, hievon giebt seine hier beigelegte Erklärung den giltigsten Beweis. Das vierte Stük meiner geographischen Annalen wovon er darinn redet, ist aus Nebenursachen verspätet; wäre es früher ausgegeben, so hätte es Ihnen vielleicht zu Gesichte kommen können, (da mehrere Exemplare davon nach Wien gehen) und Sie hätten dann sicher eine so äußerst heftige[4] und unanständige Beleidigung gegen einen solchen Mann zurükbehalten. ln dieser Rüksicht hielt ich mich zu dieser Erklärung verbunden, und fordere Sie zugleich hiedurch öffentlich auf, als ehrlicher Mann Ihr Unrecht öffentlich einzugestehen und eine Ehrenerklärung darüber in Ihr Journal einzurükken, wenn Sie sich nicht anders vor den Augen von ganz Deutschland einer groben Verläumdung öffentlich wollen angeklagt wissen. Einem rechtlichen Manne kann es nie schwer werden, sein aus Unkunde oder Uebereilung begangenes Unrecht geradezu anzuerkennen. In dieser Rüksicht hoffe ich Sie nicht vergeblich aufgefordert zu haben. Ich bestehe mit aller Hochachtung

Euer &c. Braunschweig.
gehorsamster Diener
Eberhard August Wilhelm Zimmermann,
Professor in Braunschweig:«

Dazu Fußnoten Hoffmanns:

1 Die Sentenz gehört ja dem alten Phädrus; nicht mir.
2 Nicht ich! Das ihm Schuld gegebene Epigram that dies Alles.
3 Mich däucht, diese Instanz gehört nicht hieher.
4 *Heftig* war sie wenigstens nicht.

Liest man Hoffmanns abermalige Entgegnung, gewinnt man den Eindruck, daß er die Richtigstellung Zimmermanns mit diebischem Vergnügen abdruckte, um sie nach seiner Weise bürsten zu können – bis zum heutigen Tag ist es ja ein unendlicher Vorzug, durch die eigene Zeitschrift und Herausgeberschaft jeweils bestimmen zu können, was man ausschlachten mag oder nicht weiter zur Kenntnis gelangen lassen will, vor allem aber darauf Wert legen kann, immer das letzte Wort zu haben. Man darf getrost verachten, was ein besoldeter Journalist von sich gibt, unterschätzen sollte man ihn darum tunlichst nicht.

Auf den Seiten 90 bis 102 des gleichen Hefts und Jahrgangs, in dem Zimmermanns »Aufforderung« abgedruckt worden war, zieht Hoffmann erst alle Register. Wie tückisch er übrigens Zimmermanns Stellungnahme in seiner Zeitschrift plazierte, geht auch daraus hervor, daß ihr folgend »Vorläufige Bemerkungen über den Prozeß Ludwigs XVI.« zu lesen waren – den Gegenstand des inkriminierten Epigramms! Hier aber die

Gegenerklärung des Herausgebers.

»Es ist allerdings ein sehr wahrer Grundsatz, womit Sie, Hr. Hofrath, Ihren Brief schließen. Ich bin mit Ihnen vollkommen darüber einverstanden, daß ein rechtlicher Mann sich es nicht müsse schwer werden lassen, ein *Unrecht* anzuerkennen, das er aus *Unkunde* oder *Uebereilung* begangen hat. Nur glaube ich, es müsse einem rechtlichen Manne auch überall hinlänglich bewiesen werden, wie und wo er aus Unkunde oder Uebereilung ein Unrecht begangen haben soll. Erlauben Sie mir, Ihnen zu gestehen, daß wenigstens Ihre Aufforderung, selbst einiger schon oben durch eigne Anmerkungen gerügter *hefti-*

gen Ausdrükke ohngeachtet, keine so überzeugende Beweiskraft enthält, die mir mein Unrecht so ganz einleuchtend darstellen könnte. Mir muß fürs erste schon dies etwas sonderbar scheinen: daß *Sie* Hr. Hofrath, mich zu einer Erklärung in der Sache eines *Dritten* auffordern, und nicht vielmehr *dieser Dritte selbst*. Entweder hat meine Rüge des Mainzer Epigrams *etwas* zu bedeuten oder *nichts*. Im leztern Falle wär Ihr Schreiben eine sehr unnütze Bemühung gewesen. Es scheint aber, meine Rüge habe Sensation erregt, und man halte es für wichtig genug, diese Rüge zu entkräften. Dann ist aber die Zwischensprache eines Vermittlers nicht *entscheidend* genug. Derjenige, den die Rüge angeht, kann sie nur *allein* entkräften. Im gegenwärtigen Falle läßt sich um so weniger eine andere Entkräftungsweise denken, da die ganze Sache auf einem *Faktum* beruht. Das Faktum muß *vertilgt*, nicht bloß *beräsonnirt* werden, sonst bleibt die Kontrovers ewig unentschieden. Wer kann aber dies, als einzig derjenige, dem öffentlich das Faktum Schuld gegeben worden ist? Sie Hr. Hofrath mögen dies wahrscheinlich selbst empfunden haben, da *Sie* es in Ihrem Schreiben nicht auf sich nehmen wollten, das Faktum *unbedingt abzuläugnen* und zu bestreiten. Ich finde wenigstens keine solche *positive* und *kategorische Abläugnung* darinn. – Dies ist billig und klug. Ein Vermittler darf nie über die Gränzen seiner Berechtigung hinaus gehen.

Man muß jedoch in einer andern Rüksicht Ihre Billigkeit, oder Ihre Sorgfalt, keine Uebereilung begehen zu wollen, einigermaßen in Zweifel ziehen, wenn man in mehreren Stellen Ihrer Aufforderung geschrieben findet: *Ich gäbe* Hrn. Hofrath Kästner für den Verfasser jenes Epigrams *aus* – Ich suchte ihn verdächtig zu machen – *Ich* schimpfte und beleidigte ihn – *Ich* bürdete ihm jenes Epigram auf. Heißt das nicht beinahe insinuiren: *Ich* hätte das Faktum *zuerst* zur öffentlichen Sprache gebracht? Ich fand ja das Faktum bereits vor die Augen des deutschen Publikums hingelegt. Ich hob es, seiner auffallenden Wichtigkeit wegen, blos auf. Ich erzählte es weiter, und schrieb eine Erinnerung darüber, welche das Faktum selbst, möge es nun gehören wem es wolle, bei weiten nicht *beleidigend* finden kann, denn das Faktum wird es doch nicht läugnen wollen, daß es ein *boshaftes und abscheuliches* Faktum ist, und also eine ihm angemessene Rüge verdient??

Mein sogemeintes Unrecht könnte also kein andres sein: als daß ich das bereits öffentlich gewordene Faktum *wieder erzählte, so wie ich es vorfand*. Ich werde eines Mangels an Kritik beschuldigt, da ich nicht gleich begreifen wollte, der als Verf. des Epigrams genannte Gelehrte könne aus moralischen, szientifischen und politischen Rüksichten der wirkliche Verf. *nicht sein*. Das scheint doch aber stark und viel gefordert. So fein und strenge hat die Kritik in Deutschland wohl noch sehr selten ihr Amt gehandelt. Ich suche wenigstens vergebens die Muster *dieser* Kritik. Es ist auch eine sehr unsichre und verfängliche Leuchte, welche Sie Hr. Hofrath, in diesem kritischen Labirinth zu meinem Wegweiser aufstekken. Sie fordern, ich sollte die Mainzer Jakobiner *unbedingt* für Lügner halten. Ich thue das in mancherlei Betracht von Herzen gern, besonders da, wo diese Ehrenmänner verläumden, prahlen, faseln und *notorische Lügen* debütiren. Aber Alles ist doch auch nicht Lüge, was sie schreiben. Wer hat ihre schändlichen Invektiven gegen den Landgrafen von Hessenkassel als *Erdichtungen* bewiesen? Wer hat widersprochen, es sei von Mainz aus wirklich eine Salvegarde nach Göttingen geschikt worden? Wer hat die Unächtheit des Briefes dargethan, welchen der Sohn Böhmer an die Universität zu Göttingen geschrieben hat? Wer zweifelt an dem Dasein des Jakobiner-Clubbs zu Mainz, und an den Insulten der Dorsche und Forster gegen ihren Landesherrn?

Diese, und zwanzigerlei diesen ähnliche Fakta hat die Mainzer Zeitung erzählt; und siehe, es war lauter Wahrheit. Wer darf dann dieser Zeitung allen historischen Glauben abstreiten? Aber es kamen noch andre Umstände hinzu, welche im gegenwärtigen Falle die Glaubwürdigkeit des quästionirten Epigram-Faktums bestättigen wollten. Es sind folgende:

Böhmer ist ein gebohrner Göttinger. Forster hat lange Zeit in Göttingen gelebt. Böhmer schreibt einen freundlich ominösen Brief nach Göttingen, und schikt eine *unerbetne* Salvegarde mit. Diese *Aufdringlichkeit von Gefälligseinwollen* schließt jeden Verdacht von bösem Willen und Gehässigkeit auf Seiten Böhmers gegen Göttingen aus; sie giebt nicht einen Schein von Vermuthung, daß Böhmer gerade nur wider den Hrn. Hofrath Kästner eine Beleidigung und — wovon hier eigentlich die Rede ist — einen *Schurkenstreich* habe begehen wollen, dadurch nämlich: daß er ein *abscheuliches* Epigram *erdichtet,* dieses dem Namen des Hrn. Hofr. K. unterschoben, unter diesem Namen es öffentlich bekannt gemacht, und also diesen berühmten Mann den unvermeidlichsten und in allem Betracht höchst verdrüßlichen Verlegenheiten blos gestellt hätte. Konnte dies Böhmers Absicht sein, so mußte er gegen Herrn H. K. im Verhältniß einer *erbitterten Feindschaft* stehen, und ihm durch ein *Falsum* eine niederträchtige *Rache* anthun wollen. Aber sein Brief spricht ja von Göttingen und den Göttingschen Professoren mit entschiedener Hochachtung; er insinuirt sogar eine edelseinwollende Vergessenheit gewisser Feindseligkeiten, die ihm einst in Göttingen begegnet sein mochten; er führt durchaus die Sprache der Freundlichkeit, des Vertrauens, des *guten Willens!!!* Allbekannt ist dann auch des Herrn H. K. Neigung zu Epigramen; man hat hundert und hundert solche Spiele seines schneidenden Witzes gelesen – und gerade ein *Epigram* läßt Böhmer in der Mainzer Zeitung unter der Firma Kästner drukken, und schreibt einen Prolog zu *diesem* Epigram, der – weit entfernt einen *Wink von Feindseligkeit* zu verrathen – eine so vollbakkige Hiperbel von *Lobspruch* enthält, als wenn Herr H. K. wenigstens die französische Konstitution gemacht hätte.

Wenn gesagt werden will: der *poetische* Werth des gedachten Epigrams tauge nichts, und sei der Kästnerischen Muse unwürdig; so heißt das, der Kritik alle beide Augen ausschlagen, damit sie über ihr Urtheil nicht verantwortlich werden dürfe. Ich bitte doch alle Dichter Deutschlands, aufrichtig zu gestehen, ob denn dieses Epigram in Hinsicht auf Diktion, Metrum und poetische Form so gar erbärmlicher Schofel sei, als man uns überreden will! Herr H. K. hat wenigstens schon viel unbedeutendere und wirklich *unpoetischere* Epigrame drukken lassen, als dieses sein soll; und was den inneren Sinn und die *Energie der Gedanken* betrift, so steht dieses Epigram den beissendsten Sarkasmen des Persius und Juvenals an der Seite.

Ich weiß nicht Herr Hofrath, ob es je Ihr Geschäft gewesen ist, Verse zu machen oder zu beurtheilen. Mir ist dieses Geschäft nicht fremde. Ich habe selbst bei mehreren Gelegenheiten Verse drukken lassen. Wenn ich aber Poesie immer als die allerentfernteste Nebenbeschäftigung für mich betrachtete, so war nichts Schuld daran, als mein sehr heikles Gefühl für Poesie, meine sehr strenge Forderung an jeden Dichter, und die Empfindung, daß ich nie Lust, Geduld, Zeit und vielleicht auch nicht Genie genug haben würde, in meinen Versen dasjenige Ideal zu erreichen, welches ich mir in Hinsicht auf Dichtkunst schon sehr frühe bestimmt hatte. Ich glaube dies bemerken zu müssen, um sie [sic!] versichern zu können, daß ich Verse zu *beurtheilen* im Stande bin, wenn mich auch die Welt für keinen Dichter von Profession und von entschiedenem Rufe kennt. Dieser Umstand hat dann verursacht, daß ich in Absicht der poetischen Form, der Diktion und der sarkastischen Gedankenenergie gedachtes Epigram der Kästnerischen *Muse* immer würdig halten konnte. Das *Herz* und der *Karakter* des Dichters kommt aber bei blos *ästhetischen* Beurtheilungen nicht in Betracht, um so weniger, wenn der Beurtheiler nicht, so wie Sie, das Herz und den Karakter des Dichters genau kennt.

Nehmen Sie doch nun, Herr Hofrath, alle diese *Kriterien* zusammen! Kombinieren Sie selbe mit Unbefangenheit und kalter Ueberlegung! erwägen Sie jeden Umstand einzeln nach seiner historischen Wahrheit, und dann in Verbindung und in Beziehung auf das von mir wieder erzählte Faktum; und erklären mir: Ob ich denn so ganz übereilt, so ganz ohne Nachdenken und ohne alle Kunde der streitigen Sache bei dieser Wiedererzählung zu Werke gegangen bin? – Was soll das heissen, wenn mir gesagt wird: Ich hätte den *Mann* respektiren sollen, der so große literarische Verdienste besizt? Es ist hier ja durchaus nicht die Rede von dem *Manne*, sondern von der *Thatsache*. Was kümmert den Geschichtschreiber der Mann, wenn er Fakta zu erzählen hat! Herr Klopstok steht dem Herrn H. K. an litterarischem Ruhme gewiß nicht nach. Hat man dieses Ruhmes wegen seinem Freiheitsschwindel Büklinge machen, und die Sottise nicht weiter erzählen sollen, daß er sich zum französischen Bürger kreiren ließ? Herr Stark und Herr Ritter von Zimmermann sind doch wohl auch Männer von Ruhm und Authorität. Hat man ihren persönlichen Karakter respektirt, da sie in gehässige litterarische Fehden verwickelt wurden, und der Streit Thatsachen galt? – Ich weiß nicht, welche Inkonsequenzen man sich in dem Jahrzehend der höchsten Aufklärung erlaubt! Während die Republikphilosophen das System der *Freiheit* und *Gleichheit* in die großen bürgerlichen Gesellschaften überzupflanzen bemüht sind, reißt man die *litterarische Freiheit* nieder, und statuirt einen empörenden *Sultanismus*. Anbeten soll man einen berühmten Namen, *weil er berühmt ist,* und keine Thatsache erzählen, die den berühmten Namen verdunkeln könnte. Fürsten darf man lästern; aber die Philosophen soll man wie Dalai Lama's anräuchern. Wie *absurd* ist diese Forderung!

Ich eile zu meiner Erklärung. Es war nicht Uebereilung und nicht Unkunde, am allerwenigsten aber *böser Willen*: daß ich das mit so hiperbolischem Lobgeschrei in der Mainzer Zeitung erzählte Kästnerische Epigram-Faktum in der W. Zeitschrift wieder erzählte. Es war Resultat der reifesten Beurtheilung und Kombination der oben dargelegten Umstände. Es war die tiefempfundenste *Indignation* gegen den Verfasser (*sei er wer er wolle und meinetwegen der berühmteste Mann aller vier Welttheile*) eines Epigrams, das gefühllose und ahndungswerthe *Beschimpfungen und Lästerungen* gegen mehrere gekrönte Häupter enthielt. – Wenn jedoch *diese Umstände* bloße *Täuschungen* gewesen sind, so fällt auf die Mainzer Zeitung und ihren Schreiber die Brandmarke eines *Falsums* und einer Schurkerei ohne Namen; *und das muß man der Mainzer Zeitung frei und ohne Bemäntlung beweisen!!* – Der Herr H. K. ist dann nicht blos berechtigt, er ist von seiner Ehre und von ganz Deutschland aufgefordert: von dem General *Cüstine die eklatanteste Genugthuung* für den unter dessen Augen attentirten infamen Misbrauch seines Namens, und für ein, auf seinen Namen begangenes *Falsum* öffentlich zu verlangen – und die philosophischen Menschenrechte in Frankreich werden doch nicht *Falsa* begünstigen, wenn man sie ihnen offiziel denunzirt? – Er wird und soll im Angesicht von Europa standhaft erklären: Er wisse von dem Epigram und dessen Entstehung gar nichts; *er habe es nicht gemacht*; Niemand habe aus *seiner Hand eine Abschrift* desselben erhalten; ganz Göttingen und Mainz müsse dies bezeugen; es sei durch die öffentliche Bekanntmachung desselben von dem Mainzer Zeitungsschreiber, möge es Böhmer oder Forster oder ein anderer Ehrenmann sein, ein schändlicher Betrug und ein förmlicher *Ehrenmord* begangen worden – dann muß ihm der General *Cüstine* und der *Nationalkonvent selbst*, jede Genugthuung geben, und als ausdrükliche Bedingniß dieser Genugthuung denjenigen Menschen namentlich bekannt machen, der, wenn nicht das Epigram verfaßt, doch unter dem Kästnerischen Namen dasselbe öffentlich in die Welt geschikt hat.

Auf *diesen* Menschen fällt dann nicht blos die ganze Rüge der W. Zeitschrift, die ich unter der eben bemerkten *Voraussetzung* bis auf den lezten Buchstaben von dem Namen und der Person des Hrn. Hofraths Kästner mit der aufrichtigsten Bereitwilligkeit zurücknehmen; sondern die schneidende und unvertilgbare Schande eines ehrenmörderischen Falsarius trift *diesen* Menschen noch überdies. Wir erhalten dann ein neues Beispiel von der Wirkung der *französischen Menschenrechte*. Wir sehen, nach welchen Grundsätzen die deutschen Jakobiner die deutsche Menschenglükseligkeit zu befördern suchen; und alle deutsche Gelehrte werden auf eine schauderhafte Art gewarnt, alle Verbindungen und Verhältnisse zu zerreissen, in welchen diese und jene von ihnen einst mit den nun in den Jakobinismus initiirten Mainzer Philosophen gestanden sein möchten.

Ich denke, diese Erklärung ist deutlich und befriedigend. Sie, Hr. Hofrath, sehen nun aber wohl, daß manche Ausdrükke Ihres Briefes sehr überflüßig gewesen sind, weil durchaus nicht von *Beschimpfungen und gröblichen Ausfällen* gegen einen *Unschuldigen* von meiner Seite die Rede war; sondern von *Vertilgung eines Faktums*, das wenigstens nach meiner Wissenschaft damals von nirgendher mit einem Worte widerlegt war, als ich es in der W. Zeitschrift weiter bekannt werden ließ. Wenn ich aber die Kästnerische Erklärung, wie man selbe in der Beilage zum 184ten Stük der götting. gel. Anzeigen 1792 liest, und die mir erst nach der Herausgabe des XIIten Hefts *zugeschikt* wurde, hier nicht in *extenso* mittheile, so geschieht dies darum: weil diese Erklärung nicht der Zeitschrift sondern der Mainzer Zeitung gilt; weil in diesem Heft der Raum dazu fehlt, und weil ich endlich recht dringend wünsche, es möchte jener ersten Erklärung noch eine *zweite* folgen, in welcher meiner obigen Aufforderung Gnüge gethan, und die Schändlichkeit der Mainzer Zeitung zur Notiz des Generals Cüstine und des National-Konvents selbst, mit den lebhaften Farben der Wahrheit und der gekränkten Ehre aufgedekt würde.

Ein Jakobinerstükchen von so superlativ schändlicher Art verdient doch wohl eine schärfere Rüge, als die so schonende und konnivente Erklärung in der gedachten Beilage. Ist ja doch *Ihre* Aufforderung an mich Hr. Hofrath, (die Aufforderung des *bloßen Vermittlers*,) in einem ohne Vergleich *nachdrüklichern* Tone geschrieben, als jene Erklärung gegen die Mainzer Zeitung! Und wer wagt mir zu sagen, das mir von Ihnen zugemuthete aber unbewiesene Unrecht in Weitererzählung der Mainzer Nachricht, sei nur ein Hunderttausend-Theil jenes empörenden Unrechts, welches der Mainzer Falsarius, wenn er wirklich ein Falsarius ist, an dem Hrn. H. K. verübt hat?

Werden Sie denn Hr. Hofrath, nun nicht auch in *Ihrem* Namen, und als *Vermittler*, eine angemessene Aufforderung an die Mainzer Zeitung stellen? Sie hätten ja wohl fast dort anfangen sollen. – Ich habe die Pflicht einer mir abverlangten Ehrenerklärung bereitwillig und streng erfüllt. Man mache nun aber auch die Mainzer Zeitung *widerruffen*! Ihr Ansehen Hr. Hofrath wird diesen Widerruf bei so celebren Leuten, wie Forster und Böhmer, doch wenigstens eben so leicht bewirken können, als gegenwärtige Erklärung bei mir.

Ich bin mit ausgezeichneter Hochachtung etc. etc.
Wien, den 29ten Januar, 1793.
L. A. Hoffmann.«

Und auch dieser Gegenerklärung läßt Hoffmann abermals in geschickter journalistischer Regie einen Artikel »Ueber den Tod Ludwigs XVI. Einige Worte in einem Schreiben an einen Freund« folgen.

Kästner tat gut daran, auf diese Infamie nicht zu reagieren. Im übrigen bekam er die Genugtuung, von einer Seite der unerwünschten Dichter- und Bürgerkrone enthoben zu werden, von der er es schwerlich erwartet hatte: nämlich aus Mainz.

Abgesang

In der »Mainzer National-Zeitung« Nro. XVII, Samstags, 9ten Februar 1793, erfolgt diese Richtigstellung:

»*Strasburg vom* 3. Febr. Sie haben in einem Ihrer Blätter v. J. ein Epigram mitgetheilt, welches in allen neufränkischen Blättern, die dasselbe schon vor Ihnen in einer Uebersetzung lieferten, dem berühmten Kästner zu Göttingen zugeschrieben wurde. Da sich dieser vortreffliche Gelehrte genöthigt gesehen hat, durch 4 gedruckte Oktavseiten die Autorschaft förmlich von sich abzulehnen, so sollte ich fast glauben, daß ein gewisser Köstner (mit einem ö) von dem ich schon mehrere sehr kernhafte Epigramme in *Manuskript* gelesen habe, der Verfasser sey. Auf jeden Fall liefre ich Ihnen hier eine Abschrift, welche viel getreuer ist, als diejenige, welche Sie Ihren Lesern mittheilten.

Attila der Zweite.

Um eines einzigen gerechten Mannes Willen
Ließ einst der Herr des Himmels Sodom stehen.
Um eines einzigen gekrönten *Pinsels* (Ludwig Capets) willen
Soll, spricht ein deutscher Fürst, (der Herzog von Braunschweig)
kann anders ich's erfüllen,
Europens Neu-Athen, (Paris) in Flammen untergehn!
Die Weltgeschichte hörts, und *schaudert,* und der Deutsche –
Heist nun, wie einst der *Hunne* (Attila, König der Hunnen, der bekanntlich vor 1200 Jahren mit seiner Sklavenhorde einen großen Theil des Erdbodens verwüstete) *Gottes Peitsche!*«

Ob Hoffmann diese Richtigstellung gelesen, Kästner, der ja die »Mainzer Zeitung« angeblich von anderen für sich lesen ließ, zur Kenntnis genommen hat? Hoffmann konnte daraufhin wohl nichts mehr erwidern, und Kästner? Wenigstens hat er das Jahr 1793, das Jahr der Hinrichtung Ludwigs XVI., zu einschlägigen Epigrammen, klarstellenden Briefen und einem großen Essay genutzt, die allesamt den fatalen Eindruck erwecken, als wolle er jedermann die Beweise seines staatsbürgerlichen Wohlverhaltens liefern.

Unter dem Datum des 12. August 1793 veröffentlichte Kästner seine »Gedanken über das Unvermögen der Schriftsteller Empörungen zu bewirken«, gewidmet »Dem Durchlauchtigsten Herrn Friedrich August Regierendem Herzoge zu Braunschweig-Oels [...] Meinem Gnädigsten Herrn«.

Kästners Gedanken über die Rolle des Intellektuellen im Banne und angesichts der Revolution bedürfen keiner Erläuterung. Seine Zielsetzung ist in der Dedikation völlig ausgesprochen: »Ew. Durchlaucht schützten in den ersten Monaten dieses Jahres, des Niederdeutschen republikanische Freyheit vor der französischen, die er drückender würde empfunden ·haben, als den Despotismus von dem er sich vor zweyhundert Jahren, unter der Anführung deutscher Fürsten los machte.« Und er unterschreibt das ganze als »unterthänigstgehorsamster Abraham Gotthelf Kästner«. Lichtenberg besaß die Schrift (BL, Nr. 1151); er hütete sich allerdings, dazu seine Meinung zu äußern.

»Billet von Kästner mit dem Sinngedicht auf die Franzosen«, notiert er dafür am 11. April 1793 in seinem Tagebuch (SK 453). Gewiß handelt es sich dabei um folgendes Epigramm, das sich auf einem Quartblatt von Kästners Hand im Nachlaß von Heyne fand und so eingeleitet und ausgeführt wird:

> »Statt eines elenden Sinngedichts, das mir, der Dummkopf Böhmer, und der noch schlechter als Dummkopf Aloys Hofmann schuld gaben, habe ich eins gemacht, zu dem ich mich allemahl bekennen will
> Des Franzen muntres ça ira
> Verkehrt sich nun in ça s'en va
> Ganz Deutsch
> S' wird gehn'n, sang der Franze das vorige Jahr
> Weg geht es: das wird er im jezgen Gewahr
>
> Kästner.«

Kästner war offenbar sehr daran gelegen, klarzumachen, wo er politisch stand. Er ließ dieses Produkt auch andernorts kursieren und an geeigneter Stelle veröffentlichen. Am 14. April 1793 schrieb er an Friedrich Haug (1761–1829), Kabinettssekretär in Stuttgart und unter anderem Verfasser von Sinngedichten, die er 1791 Kästner zur Beurteilung übersandt hatte, mit der Bitte, sie in den »Göttinger Gelehrten Anzeigen« zu besprechen, in seiner Antwort, was ihn selbst noch immer wurmte:

»Bey dem Epigramm ist es was unangenehmes, daß jeder denkt er kann so was machen: Wenn nun der Macher allemahl seinen Nahmen beyfügte, so käme Ehre u. Schande auf seine Rechnung, weil aber das bey solchen Dingen nicht geschehen kann so wird manchmahl ein bekannterer Nahme unschuldig dabey genannt. So ist es mir ohngefähr vor einem halben Jahre mit einem Dinge gegangen das sein Verfertiger für ein Sinngedicht hielt weil er hatte Deutsche und Peitsche reimen können [...] Den ersten Nahmen verdiente der Mensch nicht, aber vom andern Reime die Sache [...] Ich lege was ich deßwegen hie drucken lassen musste bey. Ob gleich diese Erklärung zeitig genug, auch in Wien ist bekannt worden, hat mir doch, blos auf die Autorität der Mainzer Zeitung, der berüchtigte Aloys Hofmann, das Ding Schuld gegeben u. sich dabey sehr grob aufgeführt, auch von Leuten, die ihm deßwegen Erinnerung gethan keine Weisung angenommen. Mit diesem öffentlich mich einzulassen ist zu tief unter mir, er ist so ignorantenmässig witzig daß er, mir eine Stelle aus einem *Alten* vorrückt, von dem Thiere das den entkräfteten Löwen trat [...] als wenn Phädrus in der Bedeutung alt wäre in der ich es bin, der Exprofessor der Eloquenz mag den Unterschied unter antiquus u. senex nicht wissen. Auf ihn selbst liessen sich des angedeuteten Thieres vom Phädrus aufgezeichnete Begebenheiten häufig anwenden, z. E. es wollte einmahl den Schooßhund machen, wie er den *Hofmann* beym Kaiser u. K. v. Preussen, u. erhielt einmahl von einem andern Thiere die Nachricht: Facilis vindicta est mihi, Sed inquinari nolo ignavo sanguine.

In Wien geht ein Epigramm auf ihn herum, das sehr viel Beyfall findet, und leider! auch mir zugeschrieben wird ... als wenn in ganz Deutschland niemand Epigrammen machte als ich.

Schreibt ihm an seine Stirn:	Zwo Spannen niederwärts:
Hie kein Gehirn;	Hier auch kein Herz;

Und auf den St- mit Reverenz:
Bild seiner Eloquenz.

Nur vor ein paar Tagen ist mir folgendes eingefallen

Praesens post futurum.
Des Franzen munteres ça ira
Verkehrt sich nun in ça s'en va.
Ganz auf Deutsch
S' wird gehn! sang der Franze das vorige Jahr;
Weg geht es, das wird er im jezgen gewahr.«

Den Schlußpunkt vor der Öffentlichkeit setzte Heinrich August Ottokar Reichard (1751–1828), der in Dieterichs Verlag seit 1792 den »Revolutions-Almanach« herausgab, eines jener deutschen Druckerzeugnisse, das in Bild und Wort der revolutionären Vorgänge in Frankreich unter dem Vorwand dokumentarischer Treue Propaganda für eine der Obrigkeit genehme Gegenrevolution machte. Dieses Jahrbuch, das Lichtenberg in den Tagebüchern mehrfach kritisiert hat – offenbar wirkte er auch in diesem Fall als eine Art Lektor –, bestand bis 1802, muß also seine getreuen Abnehmer gefunden und gehalten haben. Im »Revolutions-Almanach von 1794«, im letzten Quartal des Jahres 1793 erschienen, meinte Reichard S. 322, einen seiner Brandartikel nicht sinniger beenden zu können als mit dieseln Worten:

»Ich kann diese Miszellen nicht besser schließen, als mit folgendem Inpromtu, eines unsrer verdienstvollesten Gelehrten, und ersten Epigrammatisten. Es paßt so ganz!
Praesens Post Futurum.
Der Franzen muntres ça ira
Verkehrt sich nun in ça s'en va!
Kästner.«

Wer aber, die Frage sei am Schluß gestattet, war jener Köstner, angeblich Verfasser »kernhafter« Epigramme? Ein Straßburger Lokaltalent? Warum hat er zu alledem geschwiegen und auch sonst nichts weiter von sich hören lassen? Wer, liebe Leserin, geneigter Leser, war Köstner?

WELTBÜRGER
ODER VATERLANDSLOSER GESELLE?

Georg Forsters eingedenk

»Zu der großen Zahl eigenthümlicher und bedeutender Menschen, welche gegen den Schluß des vorigen Jahrhunderts im
deutschen Schriftleben hervortraten, gehört auch Georg Forster,
der Weltfahrer und Naturforscher; und zwar zieht er unsere Aufmerksamkeit an nicht allein durch seinen Geist und seine Schriften, durch seine Verbindung mit zahlreichen merkwürdigen Zeitgenossen, sondern in nicht minderem Grade durch sein wechsel-
volles Lebensgeschick, durch jene schweren Verirrungen seiner
letzten Lebensjahre, deren Folgen wie ein Fluch auf sein eigenes
Haupt zurückfielen. So predigt uns Georg Forsters Leben die alte
Lehre, daß die glänzendste geistige Begabung erst auf der Grundlage eines festen bewußten Willens, einer treuen Vaterlandsliebe
den vollen Werth hat.«

So eröffnet der aus Darmstadt stammende Schriftsteller Wilhelm Joseph Buchner 1869 seine Würdigung von Georg Forster. Der Direktor einer Höheren Mädchenschule in Krefeld,
Leiter der »Zeitschrift für weibliche Bildung«, veröffentlichte
seine Würdigung Georg Forsters in dem ominösen »Töchter-
Album«, das Thekla von Gumpert von 1854 an herausgab, er-
folgreich genug in ihrem Streben, die deutsche Jungfrau auf
ihre künftigen gesellschaftlichen und patriotischen Pflichten
vorzubereiten, ohne daß es des Untertitels »Unterhaltungen
im häuslichen Kreise zur Bildung des Verstandes und Gemüt-
hes der heranwachsenden weiblichen Jugend« überdies be-
durft hätte.

Tatsächlich liegt nicht auf Forsters Leben ein Fluch, sondern auf seinem Nachleben, und das durch zweierlei bedingt.
Zum einen ist da die Legende von dem Jakobiner, der sein

Vaterland verläßt und sich den welschen Revoluzzern anschließt, die das deutsche Bürgertum und seine Wortführer im neunzehnten Jahrhundert, selbst Wissenschaftler, die es hätten besser wissen sollen, verstörte; zum anderen, und davon beeinflußt, Germanisten, die in ihren Literaturgeschichten, wenn sie Georg Forster überhaupt erwähnenswert fanden, tunlichst den Schriftsteller vom praktischen Politiker trennen, wobei noch dies hinzu kommt, daß die Literaturgeschichtsschreiber seit dem neunzehnten Jahrhundert bis in die sechziger Jahre dieses Jahrhunderts hinein Literaturgeschichte häufig lediglich als eine Geschichte der schöngeistigen Literatur verstanden – und ein Schöngeist war Forster nun beim besten Willen nicht und wollte es auch gar nicht sein. Die Fülle, der Umfang literarischer Schöpfungen, die sich gerade nicht auf die Abfassung eines Romans, von Gedichten oder Dramen bezieht, sondern alle denkbaren, beschreibbaren Bereiche menschlicher Hervorbringungskraft einbezieht, war dem achtzehnten Jahrhundert durchaus bewußt; im neunzehnten Jahrhundert in Vergessenheit geraten; erst spät in diesem Jahrhundert wieder begriffen worden.

»Vaterlandsliebe«. Der wundersame Born unserer Geschichte, durch sprachliche Äußerung offenbart, das von den Brüdern Grimm unternommene und noch und noch fortgesetzte »Deutsche Wörterbuch« liefert 1956 in Band 12, 1. Abteilung, als ersten Beleg für dieses Wortgebilde, wie könnte es anders sein, Klopstock; alsdann Herder, Klinger, Hebbel und – Heine, den allerdings kleingeschrieben, wie es die Brüder Grimm vorgemacht hatten, mit folgender Variante: »man hat die vaterlandsliebe zu ködern gewuszt und es gab einen preußischen liberalismus«. Buchner seinerseits verwendet dieses Wort wie selbstverständlich, obwohl seine neuere Bedeutung zeitlich nicht so weit her war, ein Wort, das im Laufe des neunzehnten Jahrhunderts immer mehr zu einem Inbegriff des patriotischen Deutschen geworden ist, gleichbedeutend mit dem Gefühl für Rasse, Blut und Boden, *Nation* wird. Dem im achtzehnten Jahrhundert in irgendeinem der Kleinstaaten des Fleckerlteppichs namens Heiliges Römisches Reich Deutscher Nation Geborenen bedeutete es, man denke nur an Lichtenberg, lediglich die Stadt, diese und jene Umgebung, in der man gelegentlich zur Welt gekommen war. Wenn Lichtenberg, selten genug, von seinem »Vaterland« sprach, so meinte er Darmstadt, den Ort, an dem er als Kind und Jugendlicher gelebt hatte. Georg Forster seinerseits wurde 1754 zufällig in Nassenhuben bei Danzig geboren, einem Dorf, das seinerzeit zu Polen gehörte. Er war der älteste Sohn des Pfarrers Reinhold Forster, der mehr an Naturwissenschaften und dem Unterricht seines Ältesten interessiert war als an der geistlichen Unterweisung seiner Gemeinde. Der bezeichnende Buchner berichtet einen Zug aus Georg Forsters Jugendzeit, »welcher in anderer, minder erfreulicher Weise einen Blick in den zukünftigen Charakter des Mannes gestattet.« Demnach ließ sich Georg durch Naschhaftigkeit häufig in einen Bäckerladen verlocken und geriet dadurch in Schulden. »Einst fand er nun auf dem Wege ein Goldstück; alsbald berichtigte er seine Schuld und von dem Überschusse seines Vermögens kaufte er in der Freude des Herzens seiner Schwester Wilhelmine einen goldenen Fingerhut.« Buchner teilt den Leserinnen des »Töchter-Albums« predigtmäßig mit:

> »Wir erkennen in diesem anscheinend bedeutungslosen Zuge nicht allein die offene Gutherzigkeit, welche lebenslang eine treffliche Eigenschaft in Georg Forsters Seele war, sondern auch jene Sorglosigkeit um die Dinge dieser Welt, jenen Mangel an haushälterischer Klugheit, welche auch dem Begabtesten nicht fehlen darf, wenn er nicht allezeit mit Sorgen kämpfen soll; Georg Forster hat diese Unfähigkeit, sich nach der Decke zu strecken, lebenslang mit Kümmerniß und nicht selten mit geistiger Unfreiheit bezahlen müssen.«

Diese Unfähigkeit, sich nach der Decke zu strecken … Das
wäre in der Tat *auch* eine Überschrift über Forsters Leben;
aber die Zeile schmückt doch besser eine gutbürgerliche Men-
talität, unausrottbar bis zum heutigen Tag.

1765 erhielt Reinhold Forster von der Zarin Katharina II.
den Auftrag, die deutschen Ansiedlungen im Wolgagebiet zu
inspizieren, ein Unternehmen, auf das er seinen Sohn Georg
mitnimmt. 1766 ist die Rußlandreise beendigt, Reinhold Forster erhält nicht das ihm zugesagte Gehalt, er übersiedelt nach
England, nimmt abermals seinen ältesten Sohn vorab der großen Familie mit, Georg muß zum Unterhalt beitragen, er
übersetzt aus dem Russischen und Französischen ins Englische, erteilt älteren Schülern französischen und deutschen
Unterricht, während sein Vater am College in Warrington ein
Lehramt für Naturgeschichte inne hat beziehungsweise davon
lebt, Privatstunden zu geben. Einige Jahre später läßt sich
Reinhold Forster in London nieder, wo Georg für kurze Zeit
Lehrling bei einem Textilkaufmann wird. 1772 ist ein Schick-
salsjahr für beide: die britische Regierung fordert Reinhold
Forster auf, Kapitän James Cook auf seiner zweiten Weltreise
als Naturwissenschaftler zu begleiten. Vater Forster sagte zu,
bestand jedoch darauf, seinen Sohn als Gehilfen für Zeichnun-
gen und Präparate von Pflanzen mitnehmen zu dürfen, was
genehmigt wurde. Eine Weltumseglung, die der Erkundung
des Südmeeres galt, vor allem aber auch den legendären Südkontinent aufspüren sollte, die Antarktis. Die Reise führt über
das Kap der Guten Hoffung auf Kreuzfahrten ins südliche Po-
larmeer, nach Neuseeland, durch Polynesien und Melanesien,
zur Osterinsel und über Feuerland zurück. Drei Jahre, von
1772 bis 1775, hindurch versuchte Cook auf seiner zweiten
Reise um die Welt, diesen Südkontinent allen Unbilden des
Wetters und des Meeres zum Trotz zu entdecken; vergebens.
Aber kein Seefahrer vor ihm war so weit in das südliche Polar-

meer vorgedrungen wie er. Jedenfalls kehrten Reinhold und Georg Forster mit Eindrücken nach London zurück, die sich zu Papier bringen und bebildern ließen. Dem stand aber die britische Admiralität entgegen, mit der sich Reinhold Forster überworfen hatte, so daß er des Publikationsrechtes seiner Forschungen verlustig ging. 1777 erschien daher »A Voyage Round the World« in zwei Bänden nach den Aufzeichnungen seines Vaters von Georg Forster verfaßt, ein Werk, das 1778 bis 1780 auf deutsch herauskam und Furore machte.

Es war ja nicht nur die Tatsache, daß da ein junger Mann drei Jahre lang auf Weltumsegelung gewesen war, auch wenn dies für sich selbst genommen im achtzehnten Jahrhundert exotisch genug anmutete, noch dazu in dem bodenständigen Deutschland seinerzeit. Natürlich wußten die Seefahrer bereits einiges von dem, was sie erwartete; Cook hatte aus diesem Grunde Sauerkraut mitgeführt, ein hilfreiches Mittel gegen Skorbut, was aber nicht hinderte, daß der junge Forster sein Leben lang an Mangelkrankheiten litt und daran schließlich auch gestorben ist. Ich glaube, es ist wichtig, sich einmal zu vergegenwärtigen, was eine solche Weltumsegelung, die über Jahre dauerte, an Entbehrungen, Strapazen mit sich brachte, und es ist in diesem Falle hübsch zu lesen, was Buchner 1869 dazu anmerkt: »Heutzutage, wo eine Reise um die Welt nur noch eine etwas langwierige und kostspielige Spazierfahrt ist, wo der Dampf den Menschen allmächtig unterstützt wo vor allen Dingen fast jeder Winkel der Küsten aller Erdtheile untersucht und genau gezeichnet ist, haben wir von dem Wagniß einer solchen Fahrt ins Blaue keine Vorstellung mehr«.

In mancherlei Hinsicht hat der Referent von 1869 Recht behalten, in anderer Hinsicht noch nicht ahnen können, daß eine Reise um die Welt vielleicht noch immer kostspielig, aber nicht mehr langwierig ist, was jedoch, gerade weil mittlerweile

jeder Winkel der Küsten aller Erdteile untersucht und verzeichnet ist, zur Erfahrung ferner Länder und Völker nicht
eben beigetragen hat, wie wir wissen. Touristen bleiben in
der Regel an den Stränden fremder, ferner Küsten und gern
unter sich. Cooks Unternehmen war eben nicht eine Fahrt
ins Blaue hinein, sondern eine Entdeckungsreise, die immer
wieder von Unbilden unterbrochen wurde, so daß er sich mit
seiner Mannschaft mehrfach auf menschenfreundliche Inseln
zurückziehen mußte, die inzwischen bekannt waren, etwa
Tahiti. Der junge Forster beschreibt die Ankunft auf dieser
Insel:

»Ein Morgen war's, schöner hat ihn schwerlich je ein Dichter beschrieben, an welchem wir die Insel O-Tahiti 2 Meilen vor uns
sahen. Der Ostwind, unser bisheriger Begleiter, hatte sich gelegt;
ein vom Lande wehendes Lüftchen führte uns die erfrischendsten
und herrlichsten Wohlgerüche entgegen und kräuselte die Fläche
der See. Waldgekrönte Berge erhoben ihre stolzen Gipfel in man-
cherley majestätischen Gestalten und glühten bereits im ersten
Morgenstrahl der Sonne. Unterhalb derselben erblickte das Auge
Reihen von niedrigern, sanft abhängenden Hügeln, die den Bergen gleich, mit Waldung bedeckt, und mit verschiednem an-
muthigen Grün und herbstlichen Braun schattirt waren. Vor diesen her lag die Ebene, von tragbaren Brodfrucht-Bäumen und un-
zählbaren Palmen beschattet, deren königliche Wipfel weit über
jene empor ragten. Noch erschien alles im tiefsten Schlaf; kaum
tagte der Morgen und stille Schatten schwebten noch auf der
Landschaft dahin. Allmählig aber konnte man unter den Bäumen
eine Menge von Häusern und Canots unterscheiden, die auf den
sandichten Strand heraufgezogen waren. Eine halbe Meile vom
Ufer lief eine Reihe niedriger Klippen parallel mit dem Lande hin,
und über diese brach sich die See in schäumender Brandung; hinter ihnen aber war das Wasser spiegelglatt und versprach den si-
chersten Ankerplatz. Nunmehro fing die Sonne an die Ebene zu
beleuchten. Die Einwohner erwachten und die Aussicht begonn
zu leben.«

Das ist eine schöne Beschreibung von Bord eines stillen Segel-
schiffes aus, das ohne Dampf, wenngleich von anderen Trieb-
kräften gelenkt, auf eine Insel zusteuert, die ja bereits 1606
von einem spanischen Seefahrer entdeckt, von einem englischen Schiffskapitän im siebzehnten Jahrhundert genauer er-
kundet worden war und Bougainville 1768 in die Erinnerung
der europäischen Neugierigen gebracht hatte, weil er sie wegen der angeblichen Sittenlosigkeit der eingeborenen Weiber
»Nouvelle Cythère« taufte, humanistischer Bildung voll auf
Kythera verfallend, die griechische Insel, die dem Kult der
Aphrodite lang, lang ists her, gehuldigt hat. Vor den Touristen
kamen noch Ende des achtzehnten Jahrhunderts die Missio-
nare auf diese Insel, erst englische, dann auch französische.
Georg Forster beschreibt den Zustand von Gesellschaften, die
er nicht aus der Sicht des Europäers wiedergibt, sondern sicht-
lich bemüht, gesellschaftliche Verhältnisse aus dem Grund der
anderen zu begreifen und mitzuteilen, verständlich zu machen. Eben das zeichnet seine Reisebeschreibung aus. Sie ist,
wie er es selbst nannte, eine »philosophische« Reisebeschreibung und grenzt sich absichtlich von der Vielzahl anderer Reisebeschreibungen seines Jahrhunderts ab. Die Unterrichtung
der Daheimgebliebenen über andere Kulturen und Gesellschaften erfolgte verständlicher Weise nur durch Beschreibungen, die Reisende veröffentlicht hatten. Was Kulturen und
Gesellschaften außerhalb Europas betraf, konnte man häufig
nicht zwischen Wahrheit und Dichtung unterscheiden, sollte
man wohl auch nicht. In Lichtenbergs stattlicher Gelehrtenbi-
bliothek zum Beispiel nehmen Reisebeschreibungen aus aller
Welt großen Raum ein; rechnet man die Exzerpte in seinen
Sudelbüchern, die Verweise in seinen Veröffentlichungen
hinzu, läßt sich unschwer sagen, daß dieser Bereich des wissenschaftlichen Fachbuchs für seine geistige Haushaltung
noch vor dem der Physik und anderer Wissenschaften ran-

giert. Jean Paul umgekehrt hat seinem Schulmeisterlein Wuz nicht zu Unrecht, allerdings aus ökonomischen Gründen, nur die Anschaffung des alljährlichen Meßkatalogs erlaubt, nach dessen Titeln sein Schulmeisterlein dann begann, sich selbst die Bücher zu schreiben, deren Titel er gelesen hatte und die seine Phantasie rege machten, unter anderem die Reisebeschreibung von Cook. Auf der einen Seite also im achtzehnten Jahrhundert die verwirrende Kunde und Tatsache anderer Kulturen und Gesellschaften, auf der anderen Seite die Voreingenommenheit aus Ahnungslosigkeit. Georg Forster ist insofern tatsächlich einer der ersten, die der Ethnologie Vorschub geleistet haben, das heißt einer Wissenschaft, die nicht von der Einbildung ausging, daß die europäische Kultur und ihre Vorstellung von gesellschaftlichem Zusammenleben als Maßstab für die Beurteilung anderer Kulturen gelten müsse. Wichtiger in dem Zusammenhang mit Forsters Lebenslauf ist wohl der Hinweis darauf, daß diese Weltreise, die Bekanntschaft mit anderen Kulturen und anderer Art menschlichen Umgangs, ihn auf Dauer auch politisch geprägt hat, im Unterschied zu vielen deutschen Zeitgenossen. Eine Wirkung der von Forster gesammelten Erfahrungen, wahrhaft ›philosophische‹ Anschauung bemerkt man in dem öffentlich ausgetragenen Disput zwischen ihm und jenem deutschen Denker, der sein Gehäus in Königsberg nie verlassen hat: Immanuel Kant. Dem Philosophen, der in der »Berlinischen Monatsschrift« 1786 über die »Menschenrassen« räsoniert hatte – ein Wort, das Forster, wie er schreibt, gar nicht liebt –, entgegnet dieser im »Deutschen Museum« in einer wissenschaftlich und stilistisch vortrefflichen Darlegung. Hie Metaphysiker, hie Anthropologe, der zeigt, daß alles in der Natur zusammenhängt, auch wohl als erster die Möglichkeit massenhafter autochthoner Urzeugungen andeutet und lange vor Darwin eine entwicklungsgeschichtliche Naturauffassung erkennen läßt. Ob alle Menschen nun von Adam und Eva oder mehreren Paaren abstammen, erscheint Forster angesichts einer ihn viel mehr bewegenden Frage akademisch:

»Doch indem wir die Neger als einen ursprünglich verschiedenen Stamm vom weißen Menschen trennen, zerschneiden wir nicht da den letzten Faden, durch welchen dieses gemißhandelte Volk mit uns zusammenhing und vor europäischer Grausamkeit noch einigen Schutz und einige Gnade fand? lassen Sie mich lieber fragen, ob der Gedanke, daß Schwarze unsere Brüder sind, schon irgendwo ein einzigmal die aufgehobene Peitsche des Sklaventreibers sinken ließ? Peinigte er nicht, in völliger Überzeugung, daß sie seines Blutes wären, die armen duldsamen Geschöpfe mit Henkerswut und teuflischer Freude? Menschen einerlei Stammes, die der unerkannten Wohltat einer gereinigten Sittenlehre teilhaftig waren, bezeigten sich ja darum nicht duldsamer und liebreicher gegeneinander. Wo ist das Band, wie stark es auch sei, das entartete Europäer hindern kann, über ihre weißen Mitmenschen ebenso despotisch wie über Neger zu herrschen? War es nicht vielmehr noch immer edles Selbstgefühl und Widerstreben desjenigen, den man bedrücken wollte, das hie und dort den Übermut des Tyrannen in Schranken hielt? Wie sollen wir also glauben, daß ein unerweislicher Lehrsatz die einzige Stütze des Systems unserer Pflichten sein könne, da er die ganze Zeit hindurch, als er für ausgemacht galt, nicht eine Schandtat verhinderte? Nein, mein Freund, wenn Moralisten von einem falschen Begriffe ausgehen, so ist es wahrlich ihre eigene Schuld, wenn ihr Gebäude wankt und wie ein Kartenhaus zerfällt. Praktische Erziehung die jeden Grundsatz durch faßliche und tiefen Eindruck machende Beispiele erläutert und aus der Erfahrung abstrahieren läßt, kann es vielleicht dahin bringen, daß Menschen künftig fühlen, was Menschen schuldig sind, was jede Tierart sogar, mit denen sie doch willkürlich umgehen, an sie zu fordern hat; Köhlerglauben hat es nie gekonnt und wird es nie bewirken.«

Georg Forster war nach 1775 eine Art Wunderknabe, als er nach Deutschland zurückkehrte, herumgereicht von Assemblee zu Assemblee. Er lernte viele Intellektuelle kennen, in Göttingen etwa Heyne, seinen späteren Schwiegervater, Lichtenberg, der sein Freund wurde, mit dem er demnächst ein wissenschaftliches Magazin herausgab, dem er für den Göttinger Taschenkalender hübsche Beiträge schrieb. Tatsächlich aber war die Zeit nach der Weltreise unruhig, bedrängt von der Notwendigkeit, eine besoldete Stelle zu erlangen. 1779 erhält er den Ruf auf ein Lehramt für Naturgeschichte am Carolinum in Kassel, wo er bis 1784 bleibt. Eine merkwürdige Zeit: Georg Forster, der zuvor schon Mitglied einer Freimaurerloge geworden war, schließt sich hier den Rosenkreuzern an, die immer noch glaubten, nach Alchemistenart Gold machen oder den Stein des Weisen finden zu können. Für den Experimentalphysiker Lichtenberg eine befremdende Entfernung bei aller Nähe zwischen Göttingen und Kassel. Das lag wohl an der geistigen Luft der achtziger Jahre des verfließenden »siècle des lumières«. Wie sehr zeitgenössische ›Irrationalismen‹ gerade die achtziger Jahre (auch) jenes Jahrhunderts bewegten und aufklärerische Schriftsteller wie Lichtenberg zur Feder greifen ließen, beweisen seine Aufsätze im »Göttingischen Magazin« etwa über Endzeitpropheten, über die »Schwärmerei unserer Zeiten«, eine vermutlich rechtzeitig hervorgeholte Erklärung eines Kupfers von Hogarth mit dem Titel »Leichtgläubigkeit, Aberglauben und Fanatismus. Eine gemischte Gesellschaft«, erschienen im »Göttinger Taschen Calender« für 1787. Forster gehörte vorübergehend zu dieser Gesellschaft. Aus der geistigen Entfernung wird 1784 die geographische: Forster folgt einem Ruf an die polnische Universität Wilna in Litauen, wohin er sich für acht Jahre verpflichtet. Der unglücklichste Entschluß seines Lebens, wie aus Briefen an seine Freunde in Deutschland hervorgeht: Kein geistiger Austausch mit Kollegen an der Universität, keine Bücher, keine Möglichkeit, sich wissenschaftlich zu entfalten, dazu die Beobachtung unvorstellbarer sozialer Verhältnisse. Soll man sagen, die Heirat 1785 mit Therese Heyne, der Professorentochter aus Göttingen, sei so etwas wie eine Ausflucht gewesen? Lichtenberg zumindest, der von Theresens sinnlichem Temperament wußte – was sprach sich auf dem Campus Göttingen nicht herum? –, auch wenn er beteuert, das Mädchen nicht zu kennen, schwante für diese Verbindung nichts Gutes. Dem gemeinsamen Freund Sömmerring vertraute er noch vor der Eheschließung am 7. Januar 1785 an:

> »F[orster]. ist für die Liebe im eigentlichen Verstand; Th[erese]. für die à la Grenadiere«

und bekräftigt dies am 11. September 1785 mit den Sätzen:

> »Ich glaube auch dieses kleine Feuerschiff [gemeint ist abermals Therese Heyne] wird ein gantz gutes Fischer Boot werden, wenn nur Forster häufig an Bord angeht, den Haupt Leck sorgfältig stopft, und die Feuermaterialien über Bord wirft. Nur der Leck der Leck!«

Lichtenberg sollte recht behalten ...

1788, den Plan einer mehrjährigen Forschungsreise im Auftrag der russischen Regierung vereitelt der Ausbruch des russisch-türkischen Kriegs, wird Forster als Bibliothekar an die kurfürstliche Universität Mainz berufen, auf Vorschlag des Historikers Johannes von Müller, der das Amt zuvor bekleidet hatte. Mainz ist gewiß nicht Wilna, aber eng genug. Der Kreis, den Georg Forster um sich schart, besteht aus wenigen Intellektuellen, alle im Umkreis der Universität. Angesichts der gerade im Erzbistum und Kurfürstentum Mainz eklatanten Trennungen zwischen den überwiegend bäuerlichen und handwerklichen Schichten, dem Bürgertum und einem abgesonderten, auf sich bedachten Adelsstand ist die Tatsache, daß sich ebenda die erste Republik auf deutschem Boden versuchen wollte, unerwartet. Bevor Forster aber politisch aktiv wird, unternimmt er 1790 mit dem jungen Alexander von Humboldt eine Reise, aus der seine geschlossenste literarische Leistung hervorging, die »Ansichten vom Niederrhein, von Brabant, Flandern, Holland, England und Frankreich im April, Mai und Junius 1790«. Wie er darin durch seine Beschreibung gotischer Gemälde in Köln die Kunstgeschichte befördert, die Versenkung in altdeutsche Kunst, die in den nächsten Jahrzehnten prägend wird, anregt, so mit seiner Übersetzung der »Sakuntala« des indischen Dramatikers Kalidasa die Beschäftigung deutscher Schriftsteller der Klassik und Romantik mit dem exotischen Indien.

1792 marschieren die französischen Revolutionstruppen in Mainz ein. Es bildet sich eine »Gesellschaft der Freunde der Freiheit und Gleichheit«, der Forster nach einigem Zögern beitrat. Bald wurde er zum Präsidenten des Mainzer Jakobinerclubs gewählt, wirkte in der Folge mit Reden und Flugschriften für die Grundsätze der französischen Revolution. 1793 reist er als Deputierter des Rheinischdeutschen Nationalkonvents nach Paris, um den Anschluß des Rheinlands an Frankreich zu beantragen. Das Vordringen der Koalitionstruppen macht seine Heimkehr nach Mainz unmöglich.

Als Separatist wurde er in Reichsacht erklärt, was unter anderem zur Folge hatte, daß die Akademien in Petersburg und Kassel Forster als Mitglied ausschlossen. Bemerkenswert denn doch die Haltung der Societät der Wissenschaften in Göttingen, das »Promemoria« Heynes an die Regierung in Hannover, die darauf gedrungen hatte, Forster auch aus der Göttinger Akademie auszuschließen. Hier Heynes Antwort:

> »Da die Societät kein politisches Corpus sey, sondern eine blos wissenschaftliche Gesellschaft, blos in Beziehung auf das Wissenschaftliche: so würde es so gar eine Vermessenheit von ihr und selbst von übeln Folgen seyn, wenn sie sich erdreistete, in politischen Hinsichten ihren Mitgliedern eine öffentliche Note anzu-

hängen und sie auszuschließen. Es widerspräche dieses selbst dem ganzen Sinn, Zweck u. Geiste einer wissenschaftlichen Gesellschaft, bey welcher es blos auf wissenschaftliche aber nie auf politische Gegenstände ankomme. Die Societät würde sich also hier in etwas mischen, was ihr nicht zukomme, und worüber sie eher Verweise von Hannover aus verdienen müßte.«

Die Landesregierung verfolgte diese Angelegenheit darauf hin nicht weiter, was ihren politischen Menschenverstand bezeugt. Bemerkenswert bleibt aber, daß es sich dabei, betrachtet man die neuere Geschichte deutscher Wissenschaftler und der wissenschaftlichen Einrichtungen – denkt man zum Beispiel an das Verhalten so und so vieler Universitätsangehörigen während des Dritten Reichs –, um eine eindrucksvolle Stellungnahme angesichts des Versuchs der Obrigkeit handelt, auf die Universität, ihre Institutionen und ihr Personal politisch Einfluß zu nehmen!

Georg Forster ist am 10. Januar 1794 in Paris gestorben. Buchner zufolge »einsam, heimathlos«, tatsächlich an »skorbutischer Gicht«, Schlaganfall, was wußten denn die Ärzte ... Buchner, der für eine Vielzahl anderer Schriftsteller, Germanisten, Historiker steht, resümiert:

»So hatten sich Georg Forsters Irrthümer schwer gerächt. Er hatte die Freiheit dem Vaterlande vorgezogen; er hatte die Freiheit nicht gefunden, das Vaterland verloren. Lebenslang unstät von einem Orte zum andern getrieben, fand er, landflüchtig und geächtet, in fremder Erde ein ungekanntes Grab. Dieses trübe Ende versöhnt uns mit den Irrthümern und schweren Verschuldungen seines letzten Lebensjahres; wir sehen an Forster, wie auch der Edle und Hochgesinnte ohne die feste Stütze einer treuen Vaterlandsliebe haltlos schwankt. Denn der Mensch ist nicht blos Bürger der Welt, bestimmt, alle seine Brüder mit gleicher Menschenliebe zu umfassen; er ist auch Bürger eines Staates, Angehöriger eines Volkes, berufen, dessen Macht und Ehre hochzuhalten und dem Fremdling gegenüber mannhaft zu vertheidigen.«

Der unselige Forster, begabt, deutsch, aber politisch verirrt. Dieses Urteil ist noch verständlich im Rahmen der konterrevolutionären Maßnahmen, die von den Regierungen in allen deutschen Kleinstaaten ergriffen wurden. Die Reaktion von Lichtenberg auf die Frage Sömmerrings hin, der fragte, ob er nicht einen Nachruf auf den gemeinsamen Freund Georg Forster verfassen wolle, erscheint indes weniger verzeihlich:

> »O wie gerne, wie gerne hätte ich ihm ein Paar Bogen gewidmet, wäre ich noch das Kinderlose und wegen der Zukunfft unbekümmerte frey denckende und frey schreibende Wesen, das ich ehmals war. Jezt muß es beym frey *dencken* sein Bewenden haben. Sapienti sat.«

Der junge Friedrich Schlegel war es dann, der 1797 in einer seiner »Charakteristiken« an Georg Forster, den er als einen »gesellschaftlichen Schriftsteller« zu beschreiben versuchte, die »echte Popularität« gerühmt hat, welche nicht »blos in konsequenter Mittelmäßigkeit besteht«. Und Georg Gottfried Gervinus war nicht weniger von der Bedeutung dieses Schriftstellers überzeugt, als er ihm 1843 einen großen Essay widmete, um dem Verkannten und Unbeachteten sein Recht werden zu lassen, hat doch »das öffentliche Urteil in Deutschland eine solche Reihe von Ungerechtigkeiten nacheinander begangen, ohne ihn bis jetzt wieder in das Ansehen hergestellt zu haben, das ihm gehört«.

Gervinus ging es in seiner Ehrenerklärung für Forster vor allem darum, einen Charakter zu zeichnen, »der den schwierigen Übergang von der Idee zur That, von dem Grundsatz zu dessen Ausübung, vom Wissen zum Handeln gefunden hat«. Er schrieb über Forster, aber sein Adressat war das deutsche Bürgertum vor 1848, und Gervinus wußte gut genug, daß »in unserem Volke Sinn und Begriff« einer solchen Einheit von Theorie und Praxis »kaum erst wach zu werden« begonnen-

hatten.« Im Vormärz, und Gervinus war es, wenn er so schrieb, durchaus bewußt, daß »in unserem Volke Sinn und Begriff« für diese Einheit von Theorie und Praxis »kaum erst wach zu werden« begonnen hatten.

Es ist unbestreitbar: nicht die bürgerliche Wissenschaft der Literatur hat Forster wieder eingänglich gemacht, sondern seit Ende der fünfziger Jahre Germanisten aus der DDR, die im Auftrag der Akademie der Wissenschaften in Ost-Berlin mit der Herausgabe der sämtlichen Schriften, Tagebücher, Briefe eine neuerliche Beschäftigung und desto intensiver mit diesem Schriftsteller der Aufklärung in die Wege geleitet haben. Daß dabei Forster als *jakobinischer* Schriftsteller in der begleitenden, der Sekundärliteratur herausgestellt und übertrieben wurde, gehörte zum damaligen Geschäft; daß die westdeutsche Germanistik nachzog und sich Forsters anschließend annahm, gehört zu den Üblichkeiten dieses Faches in Ost und West.

Georg Forster war wohl kein Jakobiner, sondern ein auf Grund seiner Weltläufigkeit und Einsicht überzeugter Anhänger der Aufklärung, und das hieß für ihn ein Verfechter der Humanität, die sich ihm beim besten Willen nicht mit der Schreckensherrschaft, der Herrschaft der Guillotine vereinbaren ließ. Am 15. November 1793, wenige Wochen vor seinem Tod, schreibt Forster an Ludwig Ferdinand Huber, den Liebhaber und späteren Ehemann seiner Frau:

»Die Größe der Zeit ist Riesengröße, wie Sie bemerken; aber eben darum fordert sie die ungewöhnlichsten Opfer. Ich glaube endlich, daß ich alles opfern kann, was sie nur fordert, wenn meine Humanität dabei gerettet wird. Meine Kartoffeln selbst schälen und kochen? – Was kann man nicht alles, wenn man es nur will? Nur zur Milderung dieser spartanischen rauhen Schale gehört die Labung des Geistes in den süßen Gefühlen der Mitteilung. Sehen Sie nicht, daß die Ohnehosenschaft wirklich herrschend im Geiste der Menschen werden muß? Die Verachtung des Geldes, des Reichtums, der Habe ist nicht mehr Neid, nicht mehr Heuchelei, der Reiche selbst ist davon angesteckt, der Reichtum, den er nicht mehr genießen kann, ist fast wie gar keiner, sein Wert ist hin. Luxus und Aufwand ehren ihren Mann nicht mehr, sie entehren ihn. »Nun denn, wenn es so ist, zum Teufel mit dem Gelde!« muß jeder Reiche sagen, der noch ein bißchen vernünftig ist. Ich muß essen, wohnen, mich kleiden wie ein Sansculotte, was darüber ist, ist tot und unbrauchbar. Meinetwegen mögen sie es hinnehmen, ja, ich will es hingeben; so habe ich Ehre und guten Namen davon, und das ist ein Schild in dieser Zeit, der mehr wert ist als die toten Batzen. In dieser Revolution im Denken liegt die Kraft der Republik.«

Es tut gut, in heutiger Zeit derartige Reflexionen eines politischen Schriftstellers zu hören, der die Verteilungskämpfe der Gegenwart nicht vorhersehen konnte, auch nicht so weit sah wie wenige Jahrzehnte später Georg Büchner. Er ist, bei allem Respekt vor Gervinus und seinem für seine Zeit in Deutschland unkonventionellen politisch-historischen Engagement nicht der gewesen, den Gervinus in ihm sehen möchte, eben nicht der Denkende und Schreibende, der zur Tat schreitet, sondern, weil ihm Taten und deren Folgen zu denken gaben, der Zögernde, auch Resignierte. Das wird in einem Brief an seine Frau Therese vom 21. August 1793 ganz offenbar:

»Mich überzeugt jeder Tag und jede Stunde mehr, daß meine politische Laufbahn beendigt ist. Dieselbe Redlichkeit und Ehrliebe, womit ich bisher meinen Grundsätzen treu geblieben bin, überzeugt mich, daß, so sehr ich nach meiner vormaligen Kenntnis der Dinge Recht hatte, oder wenigstens glauben konnte, Recht zu haben, indem ich aus dem Privatgang eines Schriftstellers heraustrat und mich in die wirkliche Handhabung öffentlicher Geschäfte begab, ich jetzt eben so sehr Unrecht haben würde, darin zu beharren, wenn nicht, was unmöglich scheint, die ganze Richtung, die man dem Rade der Staatsmaschine gegeben hat, in kurzem eine wesentliche Änderung erleidet. Ich bin ein eifriger Freund der Freiheit und der Republik, ich wünsche das Heil des Menschengeschlechts und ich würde nie eine Feder in die Hand nehmen wollen, wenn ich Hoffnung hätte, daß eine rauhe, selbstverleugnende Tugend der allgemeine Sinn werden könnte; keine Maßregel sollte mir zu streng scheinen, die man gegen innere und äußere Feinde des Vaterlandes nähme; ich würde die überflüssigen und unnötigen sogar gut heißen, wenn sie den Freiheitsgeist einflößten, bestärkten und zur höchsten Höhe spannten. – O, meine Freunde! verlaßt Euch auf meinen ruhigen und durch so viele Erfahrung geschärften Blick; das alles sind süße Träume, die der unsittliche Zustand des Menschengeschlechtes vernichtet. Hätte ich vor zehn Monaten, vor acht Monaten gewußt, was ich jetzt weiß, ich wäre ohne Zweifel nach Hamburg oder Altona gegangen in ein Lehramt und nicht in den Klub. Das ist ein Wort, dessen Stärke ich wohl und ganz erwäge, indem ich es ausspreche. Es ist schlechterdings unmöglich, daß ein Mann von meiner Denkungsart, von meinen Grundsätzen, von meinem Charakter sich in einem öffentlichen Posten erhalten und folglich dem Staat nützen könne [...] Meinungen sind nicht frei, haben keine Impunität und können sie in dem gewaltsamen Zustand der Dinge nicht haben; hiermit spreche ich mir also selbst das Urteil, sobald ich in einen öffentlichen Wirkungskreis trete. Tugend, Redlichkeit, gute Absicht, Aufopferung sind nichts, das Schiboleth ist alles, und kann der freie Mann dies sein Alles sein lassen? Ohne dasselbe ist ewiges Mißtrauen, Verleumdung, Verfolgung, Gericht, folglich die Unmöglichkeit, Gutes zu wirken; mit demselben, so gern ich zugebe, ja sogar behaupte, daß man nicht Gutes wirken könne, wenn man nicht in Verbindung mit andern wirkt, denen man oft auch in anderen Dingen, die man nicht billigt, nachgeben muß – mit demselben, sage ich, kann, wenn Leidenschaft und Immoralität im Spiel sind, eine moralische Verantwortlichkeit über uns kommen, deren sich kein vernünftiger Mann unterziehen kann, so lange er noch an Tugend glaubt.«

Bestürzt las ich nach alledem in einem wie üblich tadellosen »Marbacher Magazin«, erschienen 1993 und Forsters Frau Therese gewidmet, daß »Landesverräter« Forster in Paris geblieben sei, »verarmt«. Womit wir wieder am Anfang wären.

WO IST ANSCHEL?

Rekonstruktion eines jüdischen Lebenslaufes am Ende der Aufklärung

Am Anfang stand ein verständlicher, aber nicht sehr erheblicher Ehrgeiz. Im Personenverzeichnis zu dem von mir 1967 herausgegebenen Band von Briefen Georg Christoph Lichtenbergs hatte ich unter *Anschel (Amschel)* nur vermerkt: *jüd. Student der Medizin, dann Arzt (auch Lichtenbergs) in Göttingen.* Das war zwar um sieben Wörter mehr, als Leitzmann und Schüddekopf 1904 in ihrer Briefausgabe zu Anschel mitgeteilt hatten, die lediglich vermerkten: *Student in Göttingen.* Das war wohl wahr, aber es genügte mir nicht, als ich daran ging, den Briefband für eine Neuauflage zu überarbeiten. Ich begab mich auf die Suche nach Daten aus dem Leben dieses Menschen.

Erste Anhaltspunkte und lange Zeit beinahe auch die einzigen bot Lichtenberg selbst, die Briefe und Tagebücher, in denen er Anschel erwähnt. Der eine Brief ist an Johann Daniel Ramberg gerichtet, mit Datum vom 18. März 1795:

>»Verehrungswerther Freund,
>Ein hiesiger gelehrter Jude, Nahmens Amschel, wird Ihnen ein Memorial mit einem Briefe zugeschickt haben, worin er sich auf eine Empfehlung von mir bezieht. Eigentlich solte meine Empfehlung das Memorial begleiten, und ich wartete also auf dasselbe, und siehe nun schickt er es unmittelbar an Sie und glaubte ich würde mit derselben Post schreiben. Alles dieses erfahre ich erst heute. Ich thue also was ich kan und was ich versprochen habe.
>Ich weiß Ew. Wohlgeboren lieben das Volck Gottes nicht, so wenig als Ihr gehorsamer Diener. Aber dieser Mensch ist wahrlich eine Ausnahme. Er ist ein Mensch von kaltem Blute und sehr feinem Bemerckungs Geist; auch hat er das Accessit bey 2 Preiß-

fragen hier erhalten, und bey der lezten verlohr er den Haupt-
preiß aus einer seltsamen Ursache: weil sein Aufsatz zu weitlauff-
tig war, und vielleicht weil man das Volck Gottes nicht liebt, (dieses unter uns). Der Mensch wenn er angestellt werden könte,
würde für weniges dienen, er will blos lernen und verlangt nicht
mehr als blos um nicht zu verhungern. Er ist aus Bonn und nun
gantz von seiner Vaterstadt abgeschnitten. Er gienge gerne nach
Hauß, das müste aber über Basel geschehen wozu er das Geld
nicht hat, und doch könte Dieses leicht eine Reise von einem Vier-
thel Jahre werden. An *ungewöhnlicher* Begünstigung hat es ihm
auch hier seiner Talente wegen nicht gefehlt. Er hat als Jude hier
einen Freytisch gehabt, welches gewiß ein seltner Fall ist, und wo-
bey ihm wahrscheinlich manches Cubick Zöllchen Schweine
Schmaltz über die Zunge passirt seyn wird.

Können Ew. Wohlgebohren etwas für den wahrlich verdienst-
vollen armen Teufel thun, so würden es Ihnen ausser mir auch
gewiß dereinst Moses und die Propheten gedencken

salvavi animam meam.«

Der Schreiber des Briefes schickt seinem Schreiben ein Postskript nach:

»Noch muß ich sagen, daß HE. v. Zimmermann den Herrn Anschel an Ew. Wohlgebohren ausdrücklich verwiesen hat, ich habe
Z's Brief selbst gelesen.«

Der Brief bedarf einiger Erläuterungen. Lichtenberg schreibt
ihn in Erwartung der Französischen Revolutions-Armee, die
1795 schon bis Nauheim vorgedrungen ist und das Kürfür-
stentum Hannover bedroht. Da sind die »Neufranken« für
Lichtenberg längst zu »West-Hunnen« geworden. In diesem
politischen Augenblick also das Engagement für einen aus
dem »Volke Gottes«. Bezeichnend diese Anspielung auf das
2. Buch Mosis: Exodus 19.5, womit sich Lichtenberg auf den
einstimmt, der ihm seit 1772 persönlich bekannt war und von
dem er offenbar wußte, wie er über Juden dachte: Johann Daniel Ramberg, heute höchstens noch bekannt als der Vater des

berühmten Malers und Karikaturzeichners Johann Heinrich Ramberg (1733–1820), war als Kriegssekretär und Kommerzienrat bei der Hannöverischen Regierung tätig, nach dem Tode Schernhagens 1785 der einzige Vertraute, den Lichtenberg in den Kreisen der Hannöverischen Ministerialen besaß.

Gerade weil Lichtenberg beim Empfänger latenten Antisemitismus voraussetzt, erfolgt seine Schilderung der *Ausnahme* Anschel. Sein höchstes Lob wird auf dem Papier zuteil: Ein Mensch von »sehr feinem Bemerckungs Geist«. Des weiteren der Hinweis auf das Akzessit bei zwei Preisfragen der Göttinger Akademie der Wissenschaften für die hiesigen Studierenden. Dabei handelte es sich um die Preisfrage des Jahres 1793: »Welche Art, die Extracte aus Pflanzen zu verfertigen, die Kräfte der Pflanzen am wenigsten verändert und am besten concentriret?« Den Preis erhielt am 4. Juni Carl Just Ludwig von Crell, der sich am 25. Oktober 1792 als Medizinstudent immatrikuliert hatte. Die Preisfrage für 1794 lautete: »Eine kurze Geschichte des Sterbens, die Ursachen, die davon abhangenden verschiedenen Todesarten, und die Zeichen, woran man sie erkennt.« Der Preisträger war in diesem Fall der am 28. April 1792 immatrikulierte Medizinstudent Carl Himly (1753–1834) aus Braunschweig, dem der Preis von der Medizinischen Fakultät am 4. Juni 1794 zugesprochen wurde. Aufschlußreich Lichtenbergs Andeutung, daß Anschel nur deswegen nicht den Preis erhielt, weil er Jude war und offenbar nicht sein durfte, was nicht sein kann. Gegenüber Heyne äußerte er am 12. Juli 1794 in Zusammenhang mit den seinerzeit üblichen Behandlungsmethoden bei vom Blitz getroffenen Personen – im Göttinger »Gewitter-Jahr« 1794 war das just akut – seine Kritik dezidierter und zugleich einschränkend: »Die Vorschläge des Juden *Anschel* bey der Sache waren vortrefflich, und er hat sich, bey dieser Gelegenheit wenigstens, seinem Sieger bey der Preißfrage, als *sehr* überlegen gezeigt.«

Aufschlußreich aber auch die differenzierte Behandlungsweise der »gelehrten Mitglieder« der Georgia Augusta, die jüdischen Glaubens waren. Die Matrikel der Göttinger Universität verzeichnet in den Jahren 1780 bis 1800 relativ viele jüdische Studenten, und Lichtenbergs Einschreiblisten im »Staatskalender« der Jahre 1789 bis 1799 notieren getreulich Hörer jüdischer Konfession. Daß aber Anschel in den Genuß eines Freitisches kam, ist von Lichtenberg zu Recht als ungewöhnlich hervorgehoben worden. Über die Vergabe von Freitischen entschied in Göttingen ein einziger Mann: Christian Gottlob Heyne; und daß es bei der Vergabe nicht immer mit rechten Dingen zuging, Söhne begüterter Eltern in den Genuß eines Freitisches kamen, geht aus Andeutungen Lichtenbergs andernorts hervor. Typisch des weiteren, daß Lichtenberg sich nicht entgehen läßt, das Späßchen auf das jüdische Speise-Verbot von Schweinefleisch zu machen, das bereits seine Satire »Timorus« garnierte. Bemerkenswert am Ende auch das Postskript, der Hinweis auf Zimmermanns schriftliche Verwendung für den »armen Teufel« von jüdischem Kollegen. Bei dem Schreiber des Briefes, der leider nicht erhalten ist, handelt es sich um den berühmten hannöverschen Leibarzt Johann Georg von Zimmermann. Daß dieser sich für Anschel verwandte, spricht für die Wertschätzung, die dessen Begabung genoß, sollte – bei der Reputation Zimmermanns – auch für eine glückliche Wendung der elenden Lebensumstände Anschels sprechen. Daß diese Erwartung aber trog, läßt sich aus einem anderen Schreiben Lichtenbergs schließen.

Am Sonntag, dem 29. März 1795, schrieb Lichtenberg nach Berlin, wo er einen weiteren »Wertesten Freund« wußte: Christoph Friedrich Nicolai. In diesem Brief bildet Anschel nur einen unter anderen Gesprächsstoffen, aber was er hier von dem jüdischen Gelehrten berichtet, geht in einigem Wissenswerten über das hinaus, was er Ramberg anvertraute:

»Einliegenden Brief bitte ich dem Herrn HofR. Hertz gütigst zustellen zu lassen. Ich empfehle ihm darin einen seiner Glaubensgenossen, einen jungen Arzt von gantz vorzüglichen Talenten. Der arme Mensch heißt Anschel, ist aus Bonn und nun von seinem Vaterland abgeschnitten. Er hat seine Studien vollendet, ist aber noch nicht Doctor. Bei dem hießigen Preiß-Institut hat er zweymal hintereinander das Accessit erhalten. Viele können nicht recht begreifen, warum er nicht den Preiß erhalten hat. Seine 2te Schrifft ist gedruckt unter dem Titel: Thanatologia sive in mortis naturam, caussas, genera ac species et diagnosin disquisitiones. Bey Dietrich 1795, 240 Seiten in 8vo. Daß man ihn für etwas ausserordentliches hält, läßt sich daraus abnehmen, daß man hier etwas ausserordentliches für ihn gethan hat, man hat ihm nemlich einen Freytisch gegeben, den er auch noch bis Michaëlis behält. Hier hatte man ihm Hofnung gemacht, daß er vielleicht bey dem Feld Lazareth angestellt werden könte, es ist aber an andern Orten unmöglich befunden worden, vielleicht blos unchristlich. Doch weiß ich dieses nicht gewiß. Wäre nicht so was in Berlin oder bey Ihrer Armee möglich, und könten Sie etwas durch Ihr Ansehen und Ihre Bekanntschafft dazu beytragen? Sehen Sie das ist die neue Schuld. Wenn mich nicht alles trügt, so ist er gewiß etwas ungewöhnliches. Er hat mir bey meiner hundertköpfigen Kranckheit besser in die Seele und aus der Seele gesprochen als fast irgend jemand. Auch als Accoucheur ist er in diesen Tagen von Osiander öffentlich gerühmt worden. Ich sage nun nichts weiter als: salvavi animam meam.«

Bevor ich auf diesen Brief eingehe und ein Fazit der Bemühungen Lichtenbergs ziehe, seien auch die Notizen aus den Tagebüchern zu Rate gezogen.

Verhältnismäßig häufig erscheint Anschel in Lichtenbergs Eintragungen, die er seit 1789 bis zu seinem Tode in die Seiten des »Staatskalender«-Tagebuchs schrieb.

Anschel suchte Lichtenberg demnach offenbar am Himmelfahrtstag des Jahres 1793, am 9. Mai, zum ersten Mal auf. Lichtenberg notierte von diesem Besuch (SK 470): »Hernach ein gewisser Herr Anschel aus Bonn (vermutlich ein Jude) er brachte mir einen Gruß von Gren, ein sehr einsichtsvoller Mensch.« Was Anschel mit Gren zu tun hatte, wird weiter unten noch beschäftigen. Aufschlußreich, daß Lichtenberg neben dem Vermerk: Jude – das war ihm offenbar auch im Kolleg des Merkens wert – vornehmlich feststellt, daß dieser Antrittsbesuch einen Studenten präsentierte, dem er lediglich auf Grund ihres Gesprächs ein hohes Prädikat verleiht: viele Einsichten zu haben. Lichtenbergs positive Voreingenommenheit datiert demnach bereits von der ersten Begegnung und wird während der weiteren Zeit, wenn man an die brieflichen Äußerungen denkt, höchstens bestätigt und dadurch vertieft.

Am 9. Juni besucht Anschel den Professor erneut, diesmal zusammen mit einem Herrn Dengel. Einen Monat später, am 11. Juli 1793, notiert Lichtenberg: »HE. Dr. Harrison bey mir und HE. Anschel«. Dann ruht der persönliche Kontakt beinah fünf Monate gänzlich. Erst am 19. Dezember 1793 findet sich wieder eine Eintragung auf den jüdischen Studenten: »Um Mittag der Jude Anschel bey mir und viel artiges von seinen Versuchen erzählt.« Und bereits am 4. Januar 1794 abermals: »Morgens Anschel von seinen Versuchen.« Welche Versuche könnten gemeint sein? Anschel hat sich Lichtenbergs Briefen zufolge an zwei Preisfragen der Göttinger Akademie beteiligt. Die Preisfrage von 1793 zielte auf Pflanzen ab; die von 1794 auf den Tod und seine Arten. Machte er Lichtenberg Versuche mit dem Tode vor? Es paßte ganz ins Bild des späten achtzehnten Jahrhunderts, aber es geht zeitlich nicht zusammen. Das Thema der neuen Preisfrage wurde erst am 4. Juni 1794 verkündet; Anschel demonstriert Lichtenberg demnach seine Experimente an Pflanzen.

Die nächsten Eintragungen vermerken nur lakonisch Besuche: am 10. und 29. Juni, am 22. August. Wie stark sich aber Anschel selbst Lichtenberg verbunden und verpflichtet fühlt, geht aus der Eintragung des 24. November 1794 andeutend hervor: »Anschel schickt die Dedication«. Das kann sich nur auf die Widmung beziehen, die Anschel seiner »Thanatologia« voraussetzen wollte. Er hat die Schrift Lichtenberg dediziert, und es entsprach gewiß den Gepflogenheiten jener Zeit, nicht nur das Einverständnis des Gönners einzuholen, sondern diesem auch den Text der Widmung zur Genehmigung vorzulegen. Er lautet in der gedruckt vorliegenden Fassung:

> »Viro Illustrissimo, Doctissimo Ac Celeberrimo Georgio Christophoro Lichtenberg Profess. Phys. Et. Mathem. Publ. Ord. Reg. Magn. Britan. A Consil. Aulae, Goettingensis, Londinensis, Et Petropolitanensis Scientiarum Academiae Et Naturae Curiosorum Societatis Gedanensis Sodali,
>
> FAUTORI
> PIA MENTE VENERANDO
> HUNC
> SUUM QUALEMCUNQUE LABOREM
> IN DEVOTI AC GRATI ANIMI TESSERAM
> VERECUNDISSIME
> CONSECRAT
>
> PERPETUUS CULTOR
> SALOMON ANSCHEL.«

Das nach Lichtenbergs Tode angefertigte »Verzeichniß derjenigen Bücher« aus seiner Bibliothek, die versteigert werden sollten, weist auch ein Exemplar der ihm gewidmeten Schrift von Anschel auf.

Erst über ein Vierteljahr später liest, hört man neuerdings von Anschel im Tagebuch Lichtenbergs, und diese Eintragung ist ungewöhnlich kurz, ungewöhnlich persönlich und von völlig anderem Kaliber als die sämtlichen Eintragungen zuvor. »Anschel klagt«, heißt es unter dem 6. März 1795. Aus Lichtenbergs Brief an Ramberg vom 18. März 1795 kann man unschwer schließen, was Anschels Klagen zum Anlaß und Gegenstand hatte; das Schreiben an Nicolai rundet lediglich das Bild.

Da ist ein junger Wissenschaftler, der seine Studien beendet hat und kurz vor der Promotion steht, bereits hervorgetreten ist durch Schriften, die preiswürdig gewesen wären, ärztliche Fähigkeiten besitzt, die öffentlich und privat gerühmt wurden, und dieser Mann findet keine Stellung, weil er Jude ist. Und weil er noch dazu arm ist, muß er sogar froh sein, irgendwo etwas zu finden, was ihm zumindest erspart zu verhungern, da die Gewährung des Freitisches im Herbst 1795 endigt. Tatsachen, die dem Vernunftzeitalter Hohn sprechen, wenn sie schon nicht das christliche Mitleid rege machen sollten. Lichtenberg rät – aus welchem Beweggrund auch immer – Anschel zumindest an, für den ihm persönlich bekannten Vertreter der Regierung in Hannover ein Memorial aufzusetzen, das er mit seinem Empfehlungsschreiben zu senden versprach. Ungeschickt wie alle, die es besonders gut machen wollen, schreibt Anschel aber offenbar, ohne daß Lichtenberg davon wußte, selbst an Ramberg und schickt diesem sein Memorial, wobei er sich auf eine Empfehlung von Lichtenberg bezieht, die dieser noch gar nicht formuliert hat. Brief und Memorial Anschels sind nicht erhalten. Lichtenberg erhält erst am 18. März von jenem Mißverständnis Kenntnis. Im »Staatskalender« notiert er nichts davon. Lediglich der Brief an Ramberg »wegen Anschel« wird vermerkt. Rambergs Antwortschreiben erhält Lichtenberg, wie aus dem »Staatskalender« hervorgeht, am 24. März 1795. Es ist im Nachlaß nicht erhalten. Sein Inhalt läßt sich aus den Andeutungen erraten, die Lichtenberg gegenüber Nicolai macht. Offensichtlich konnten Juden zwar Ende des achtzehnten Jahrhunderts – auch in Jura – promovieren, aber nicht in den Staatsdienst treten, nicht einmal im Rahmen der Armee, für die in der Regel

nichtakademisch ausgebildete Feldscher gut genug sein mußten. Wie strikt diese Weisung gehandhabt wurde, erhellt
schließlich auch daraus, daß nicht einmal das von Lichtenberg
erwähnte Empfehlungsschreiben des in Hannover weit ein-
flußreicheren Leibarztes Zimmermann für Anschel etwas
hatte ausrichten können. Erst jetzt, wo Lichtenberg in Händen
hat, daß seine eigene Regierung, daß das englische Regiment
1795 zu einer Ausnahme nicht bereit war, schreibt Lichtenberg an den ihm befreundeten Berliner Aufklärer und über
ihn an den berühmten Arzt und Vorkämpfer der Juden-Eman-
zipation Marcus Herz (1747–1803). Herz, Schüler und Ver-
ehrer Kants, hatte 1774 in Halle promoviert; er übernahm anschließend in Berlin die Leitung des 1756 eröffneten jüdischen
Krankenhauses, an dem er einen Kreis angehender Mediziner
um sich sammelte: als Lehrer und auch materieller Förderer
einer ganzen jüdischen Ärztegeneration.

Lichtenberg wußte demnach, warum er gerade Marcus
Herz um Hilfe ansprach.

Am 21. April 1795 erhält Lichtenberg aus Berlin Antwort,
»Briefe von Nicolai und Herz«, wie er im »Staatskalender«
notiert. Auch sie sind im Nachlaß nicht erhalten. Daß ihr Inhalt nicht verheißungsvoller war, verdeutlicht die nächste Eintragung im Tagebuch vom 22. April, wo »der arme Anschel
bey mir« ist, gewiß, um die negativen Antworten zu erfahren.
Danach ist Lichtenberg mit seinem Rat und Anschreiben zu
Ende. Die Verbindung zu Anschel hält gleichwohl noch immer
an. Unter dem 18. September 1795 notiert Lichtenberg: »Morgens Herr Anschel und HE. Heiligenstein bey mir.«

In Lichtenbergs Tagebuch des Jahres 1796 ist von Anschel
nicht mehr die Rede. Wenn Anschel nicht noch 1796 in Göttingen war, wäre die letzte Notiz im »Staatskalender« über
Anschel die Eintragung vom 6. Oktober 1795: »HE. ANSCHEL
ALS D^r zum ersten mal bey mir.« Es ist aber kaum denkbar, daß

Anschel so unhöflich gewesen ist, sich nicht von seinem – sei es auch vergeblichen – Gönner persönlich zu verabschieden, ehe er Göttingen endgültig verließ. Jedenfalls ist Anschel nach dieser Eintragung aus dem Tagebuch verschwunden. Unheimlich genug: Lichtenberg, der sonst getreulich notiert, wer von ihm Abschied nimmt, Empfehlungsbriefe erbittet, den Namenszug des verehrten Lehrers ins Stammbuch begehrt, schweigt sich über Anschel ferner aus – salvavi animam meam, zu deutsch: Die liebe Seele hat Ruh ... War das so wörtlich zu verstehen?

Ohne Zweifel hat Lichtenberg sich wie kein anderer unter seinen Göttinger Kollegen für den klugen Judenjungen eingesetzt, aber nicht eben aus besonderer Neigung zu dem von ihm apostrophierten »Volk Gottes«. Lichtenbergs Schriften sind voll von Äußerungen, Beobachtungen über Juden, Jüdisches in Physiognomie und Brauchtum, Lebens- und Handlungsweise. Die Notizen fügen sich zu einem widerspruchsvollen, ja heiklen Bild zusammen. Sein Titel könnte lauten: Antisemitismus als Alterserscheinung der Aufklärung.

So weit also war ich gekommen. Was ich von Anschel wußte, hatte ich von Lichtenberg allein.

Mit dem Augenblick, wo er aus Lichtenbergs Gesichtskreis und damit aus dessen Briefen und Tagebüchern verschwand, entschwand er damit aus meinen Papieren. Das beunruhigte mich mehr und mehr und weit über die Tatsache hinaus, daß ein Kommentator mißmutig wird, wenn sich ihm ein Text in dem und jenem oder einer Person nicht weiter erschließen will. Da war die außerordentliche Wertschätzung Lichtenbergs: nicht eben häufig hat er einen jungen Gelehrten derart unverblümt gepriesen und empfohlen. Da waren die mehreren Fakten, die Anschel als Arzt und gelehrten Schriftsteller auswiesen. Plötzlich verschwindet er aus Göttingen, ohne jede bürgerliche Zukunftsaussicht: wohin mochte er sich unter diesen Umständen gewandt haben, da sich alles gegen ihn verkehrte? War es denkbar, daß er nach 1795 keine Zeile mehr geschrieben und veröffentlicht hatte? Signalisierte dieser offenbare Gang in die Anonymität das endgültige Scheitern als bürgerliche Existenz und als gelehrter Schriftsteller, als begabter, belobigter Arzt? Vielleicht erklärte auch nur die Tatsache eines unversehenen Todes irgendwo außerhalb Göttingens die Tatsache solcher wie undurchdringlichen Namens- und Leblosigkeit. Ob ich wollte oder nicht, begann mich Anschels Leben zu beschäftigen. Es entfernte sich aus dem Rahmen eines Kommentars und wurde mir zu einer hartnäckigen Frage, die ich erst nicht formulieren mochte: war das, was Anschel widerfuhr, das, was Menschen jüdischen Glaubens in Deutschland überhaupt erfahren haben, das Normale und gar nicht Ausgezeichnete? Ich meinte plötzlich, daß ich in dem Maße, wie ich Anschel auf die Spur kam, erkennen würde, wie Deutsche, Christen mit Juden im achtzehnten Jahrhundert umzugehen pflegten. Ich gab sozusagen eine Vermißtenanzeige auf, der ich anschließend selber nachging.

Ich ging in zwei Richtungen Anschels Lebenslauf entlang: in das achtzehnte Jahrhundert zurück und in Richtung auf das neunzehnte weiter. Ich verließ auf diesem Wege Lichtenberg, aber noch nicht Göttingen: ich ließ mir in meinem Vorgehen Zeit. Was ich hier nun niederschreibe, hat vor Jahren seinen Anfang genommen. Ich verfuhr keineswegs systematisch, sondern folgte häufig Einfällen, die mir unversehens kamen, vergaß auch zwischendurch den ganzen Fall, um plötzlich wie entbrannt, ja einer Schuld bewußt, die ich nicht fassen konnte, erneut in Büchern nachzuschlagen, Briefe dahin und dorthin zu schreiben, durch Funde und Antworten erregt, weiter und tiefer zu steigen, in die Person, seine Zeit, und hin und wieder ging ich jetzt auf Reisen zugleich mit anderem zu Anschel: in Bibliotheken, Archive. Im achtzehnten Jahrhundert verschwand ja niemand so vollends, der studiert hat, Akademiker war. Irgendwo hat er sich eingeschrieben und ist damit aktenkundig geworden, sollten auch die Urkunde der Geburt und das Zeugnis nachmaliger Zelebrität fehlen.

Der erste über Lichtenberg hinausgehende Hinweis auf Anschels akademische und bürgerliche Existenz fand sich in der Göttinger Bibliothek, dem Folianten von »Matrikel der Georgia Augusta«, die 1937 erstmals gedruckt erschien – noch 1954 habe ich mich wie Generationen von Studenten vor mir in Göttingen handschriftlich in ein riesiges bibelförmiges Buch einschreiben müssen, wie es Theodor Salomon Anschel am 22. Oktober 1792 mit zwölf weiteren Studenten getan hat. Bei seinem Namen steht dieser Vermerk: »Bonn, med., ex ac. Bonnens. et Hal.; ob paupert. test. approb. rem. iur. fisc.« – ob paupertatem testimonio approbato remissa juria fisci, auf deutsch: wegen erwiesener Armut die Gebühren an die Staatskasse erlassen. Diese Stichworte ergeben doch immerhin so viel: Anschel, der erstmals Vornamen bekam, stammt – wie auch Lichtenberg wußte – aus Bonn. Dort hat er die Universität besucht, dann in Halle studiert. Er hat sich als Student der Medizin eingeschrieben. Das überrascht nicht: das ganze achtzehnte Jahrhundert hindurch war der Arztberuf neben dem des Juristen der einzige Juden zugängliche akademische Beruf. Wegen nachweislich bezeugter Armut – bei Nichtjuden fehlt meistens der ausdrückliche Zusatz: testimonio approbato – werden ihm die staatlichen Gebühren – die iuria fisci – erlassen. Der »arme Teufel«, von dem Lichtenberg geschrieben hat, nimmt Gestalt an.

Über ein halbes Jahr liegt zwischen dem Tag seiner Einschreibung und dem Tag, an dem er das erste Mal in Lichtenbergs Tagebuch auftaucht. Er kommt, wie man weiß, mit einem »Gruß von Gren« für Lichtenberg, das heißt mit einer Empfehlung jenes Physikers, der an der Universität lehrte,

169

von der Anschel der Göttinger Matrikel zufolge gekommen war.

Ich nehme mir vor, aufs Geratewohl nach Halle und Bonn zu schreiben. Nach Bonn schreibe ich, nach Halle – reise ich, nicht um Anschels wegen. Vorher aber nutze ich die Gelegenheit eines Gesprächs in Göttingen, den Katalog der Bibliothek unter A nachzuschlagen. In der Tinte und Handschrift eines früheren Bibliotheksbeamten lese ich tatsächlich:

ANSCHEL, Salomon
Abhandlung über das Kommerz zwischen Seele und Körper von Moses Mendelssohn. Aus dem Hebräischen übersetzt von S[alomon]. A[nschel]. Bonn 1788.

Der zweite Titel, den der Katalog von Anschel notiert, ist: »Thanatologia. Gottingae 1795«. Ich bestelle beide Werke. Die Übersetzung ist in mehrfacher Hinsicht fulminant: möglicherweise bestand ein Kontakt zwischen dem Berliner Philosophen und Anschel. Und das Erscheinungsjahr ist ein Hinweis darauf, daß Anschel schon vor Göttingen ›wer‹ war; Bonn heißt doch wohl deshalb der Druckort, weil er seinerzeit noch dort wohnte; übrigens ist auch die Fähigkeit zu beachten, aus dem Hebräischen zu übersetzen. Als die Übersetzung vor mir liegt, stelle ich fest, daß sich Anschel als »Kandidaten der Philosophie auf der Universität zu Bonn« vorstellt. Das bedeutet, er hat bereits in Bonn sein Studium zu einem gewissen Abschluß gebracht. Interessant die Dedikation, die der Übersetzer seinem Werk vorausschickt:

»Sr. Hochwürden Excellenz Franz Wilhelm Freiherrn von Spiegel zum Diesenberg und Kahnstein etc. kurfürstl. geheimen- und Konferenzrath, Hofkammerpräsidenten, der Hohen Domkirchen zu Münster und Hildesheim Kapitularherrn und Universitätskuratoren«.

Offenbar war der Freiherr von Spiegel Kurator der Universität Bonn. Anschels Vorwort meint man entnehmen zu können, daß von Spiegel ihm nicht nur sein persönliches Wohlwollen geschenkt hatte, sondern auch sein Studium förderte. Die Verbindung eines katholischen Würdenträgers mit dem namenlosen siebzehnjährigen Übersetzer und dem beispielhaften jüdischen Philosophen ist jedenfalls ein bemerkenswertes Denkmal aufgeklärten Denkens und Tuns. Der »Vorbericht des Uebersetzers« gibt einige nennenswerte Auskünfte über Anschel, weswegen ich ihn mitteilen möchte:

»Gegenwärtige Abhandlung hat Mendelssohn in einem Briefe an einen seiner Freunde in hebräischer Sprache geschrieben, worinnen der Verfasser besonders über *Leibnitzens System*: von der *vorherbestimmten Harmonie*, ein weiteres Licht zu verbreiten suchet. Diese nebst einer anderen Schrift, in welcher Mendelssohn diejenigen, die der deutschen Sprache unkündig sind, einen Vorgeschmack von der trostreichen Lehre seines Phädons genießen lassen wollte, ließ Herr David Friedländer aus den Nachlässen dieses, durch den Tod ihm entrissenen Freundes zum Vorscheine kommen. Bei der in der Philosophie so ungemein beliebten Denkart des Verfassers; bei dem lauten Beifalle, der jede Mendelssohnsche Schrift begleitete, muß man sicher einer Übersetzung dieser Schrift mit Verlangen entgegen sehen, und mein Wunsch, auch diese Schrift in unserer deutschen Muttersprache lesen zu wollen, muß meines Erachtens auch der Wunsch eines jeden Lesers Mendelssohnscher Schriften seyn. Indessen ist unsere Sprache zum wissenschaftlichen Fache bekanntermaaßen weit mehr ausgebildet und verfeinert, als die hebräische; es wird daher ein einsichtsvolles Publikum keine zu wörtliche Übersetzung fodern, und mir gern erlauben, daß ichs mein vorzüglichstes Augenmerk seyn lasse, den wahren Sinn meiner Urschrift deutsch zu umfassen. Meinen wohltätigen Gönnern, die mich durch Subskription in den Stand setzten, diese Schrift zum Druck zu befördern, sage ich den verbindlichsten Dank. Da Ihre Absicht nicht so sehr seyn konnte, eine dem Geiste Mendelssohns entsprechende Übersetzung von einem Kandidaten zu erwarten, als mich vielmehr in meiner akademischen Laufbahne gütigst zu unterstützen; so werde ich mich Ihnen nicht dankbarer zeigen können, als wenn ich durch unermüdeten Bestreben mich zu befähigen suche, dereinst etwas Besseres zu liefern.«

Über die »Thanatologia« ist an anderer Stelle zu berichten.

Halle.

Ein Besuch aus Anlaß des 75. Geburtstags meines Schwiegervaters. Da er ein verdienter Wissenschaftler, Mitglied der Universität war, fand die offizielle Ehrung im Gästehaus der Hochschule statt. Das war merkwürdig genug. Vier Menschen aus der Bundesrepublik, umgeben von mehreren Menschen aus der Deutschen Demokratischen Republik, von denen uns die meisten kannten, weil wir regelmäßig zu Besuch kamen. Aber diesmal ging es um die offizielle Ehrung durch die Partei, die Überreichung von Medaillen und Urkunden in Folioformat, und ich beobachtete in dem Raum eine lächerlich angestrengte Art, die aus dem anderen deutschen Land, um Gottes, nein um der Partei willen nicht einmal zu ignorieren – so, als wäre ein Gespräch über Bäume schon ein Indiz für Fäule. Unser Sohn, elf Jahre, machte aus dem Ritual noch das beste. Er stellte mit Hilfe seiner jüngeren Schwester zwischen Empfangssaal und Vorraum, die durch eine offene Tür verbunden waren, Stühle auf und war ebenso verdutzt wie ich, daß jeder, der den Saal verließ, einen Stuhl aufhob, sich durch die entstandene Lücke zwängte und den Stuhl anschließend wieder in die sinnlose Reihe zurückstellte. Mein Sohn und ich schauten uns an; wir sagten nichts, aber lachten wie Verschwörer. Beim Festmahl in engerem Kreis hatte ich eine junge Wissenschaftlerin von der Universität zur Tischdame. Wir kamen ins Gespräch, unterhielten uns anregend; am Ende brachte ich die Rede auf Anschel in Halle. Sie gab mir daraufhin Name und Anschrift des Stadtarchivars, riet mir jedoch, ihn lieber nicht persönlich aufzusuchen, sondern an ihn zu schreiben, allerdings ohne sie selbst zu erwähnen.

Nach meiner Rückkehr aus Halle habe ich postwendend nach Halle geschrieben.

Gestern traf, unerwartet rasch, die Antwort des Bonner Archivdirektors ein. Tatsächlich existiert Material über Anschel; einer Studie über die Bonner Juden und ihre Nachkommen bis 1930 entnehme ich, daß er gegen 1797 in Bonn war: Ein aktiver, kämpferischer Republikaner – wer hätte das gedacht! 1798 wird er als Professor der Physik an der Universität in Mainz geführt, wo er noch 1807 nachweisbar bleibt. Kurios dabei ist jedoch, daß ihn die Studie sich am 22. Oktober 1792 in Bonn immatrikulieren läßt, während er zum gleichen Datum in Göttingen eingeschrieben wurde!

In jedem Fall ist ein neuer Forschungsort avisiert: Das MAINZ nach der Republik, eine tolle Sache, und immer noch etwas unfaßbar, daß es sich tatsächlich um den gleichen Anschel handeln soll. Übrigens ist er der Studie zufolge zur christlichen Religion übergetreten! Allmählich kommt eines folgerichtig zum andern. Die Studie teilt von Anschel mit:

>»Dr. med. Franz-Karl Friedrich Anschel (getauft), früher Salomon Anschel, b. Bonn 1771. In Mainz Professor für Physik 1798 und für Philosophie 1805, noch 1807«.

Endlich ein Zeichen, daß Anschel leibhaftig existiert hat und noch 1807 am Leben war; aber kein Hinweis auf seinen Vater und dessen Beruf, nur soviel, daß die Anschels schon vor 1720 in Bonn ansässig gewesen sind. Die Anmerkung zu dieser lakonischen Biographie bietet mehr Aufschluß. Demnach hat Anschel mit Unterstützung des Kurfürsten Maximilian Franz zu Köln an der Universität zu Bonn, die aus der 1777 gegründeten Akademie hervorgegangen war und an der Juden studieren, aber nicht promovieren durften, sein Studium aufgenommen. Er war Schüler von Eulogius Schneider, Professor der Schönen Wissenschaften, auf dessen Gedichte er 1790 subskribiert, und damit stellt sich zum ersten Mal ein Zusammenhang zwischen dem gesellschaftlichen Außenseiter Anschel und jenem Manne her, der einer der beredtesten Wortführer der Menschenrechte und der Forderungen der Französischen Revolution werden sollte. Ob es der überzeugende Eindruck dieses politischen Kopfes oder die Erfahrung war, die er am eigenen Leibe und der eigenen Person in Göttingen zu spüren bekam, ist nicht auszumachen. Fest steht, daß Anschel, auf welchen Wegen und mit welchen Mitteln auch immer, von Göttingen aus tatsächlich zurück nach Bonn gegangen ist, wo er von Anfang an zusammen mit dem »Student Anschel« (gemeint ist wohl sein Bruder Voss, der sich später als Arzt in Helmstedt niederließ, wo ihn Crell 1810 ohne Examen zum Dr. med. promovierte) der »Freiheitsgesellschaft« angehörte. Ende 1797 schrieb er:

> »Mit jedem Tage kommen wir dem erhabenen Zweck der Schöpfung näher [...] Freiheit siegt, solange es Endzweck der Natur ist, der Menschheit ihr Dasein zu erhalten.«

Der Überlieferung zufolge war er Sekretär des Distriktbüros Bonn der ›Cisrhenanischen Conföderation‹, beteiligte sich am 22. September 1797 an dem Zug der Cisrhenanen zum Hofgarten und an der Ausrufung der Cisrhenanischen Republik. »Von dort ging der Zug unter einer Begleitung von Grenadieren, des Stadtkommandanten und von Offizieren zu Pferde nach dem Judentor, wo dasselbe mit einer Axt in Stücke zerhauen und so den Juden zu erkennen gegeben worden, daß sie von nun an in die allen Menschen zukommenden Rechte wieder eingesetzt wären.« Dazu kam es wie folgt: Während die Bonner Juden sich im allgemeinen von der republikanisch-cisrhenanischen Bewegung fernhielten – sie hatten am

30. April 1793 die Rückkehr des Kurfürsten Maximilian Franz mitgefeiert und durch ihre beiden Vorsteher am 26. September 1797 erklären lassen, die Gemeinde sei für die Beibehaltung der älteren Staatsverfassung bis zur Entscheidung des Friedens –, schlossen sich einige von ihnen (1798 noch klagten die Cisrhenanen über die schwache Beteiligung der Bonner Juden) unter Anschels Führung, der den Regierungskommissär Rethel ärztlich betreute, den Cisrhenanen an. Sie veranlaßten auch, daß der Zimmermeister Steinfeldt bereits am 21. September 1797 anfing, die Pforte an der Judengasse einzuhauen. »Weil er aber so geschwind damit nicht fertig wurde, wurde dieses am 22. September vollführt und beide Tore sowohl oben als unten der Judengasse der lieben Freiheit zu Gefallen und das Wappen des Kurfürsten Max Heinrich [gestorben 1688] zerschlagen, obschon diese Tore zur Sicherheit der Juden selbst in den vorigen Zeiten hingestellt und bewacht worden wären.«

Angesichts dieser politischen Aktivität, die Anschel in Bonn entfaltete, war es fast selbstverständlich, ihm in der Korrespondenz deutscher Jakobiner aus anderen Orten wieder zu begegnen. So schreibt Johann Heinrich Gerhards aus Koblenz am 8. August 1797 an Michel Venedey in Andernach:

»[...] Anschel glaubt mit dem affichiren der Proklamation nicht so zu verfahren; man müsse seine Art zu wirken, nicht sehen lassen [...]«.

Pauperisiert, deklassiert, in seiner Begabung herabgesetzt und nicht seinem Können entsprechend honoriert, wird Anschel Ende der neunziger Jahre zu einem intellektuellen ‚Radikalinski‹ oder war es immer gewesen, nur tunlichst verborgen unter blumigen Dedikationen an hofierte Gönner und um des Freitisches willen?

Daß Anschel 1798 in Mainz anzutreffen ist, liegt ganz im

Zuge seiner politischen Überzeugung: *die* Stadt, in der nach der Wiedereinnahme durch die Franzosen 1795 die Gewähr für eine Verwirklichung des Beschlusses der Nationalversammlung vom 27. September 1791 geboten war, die Juden den übrigen Staatsbürgern gleichzustellen und die früheren Beschränkungen völlig aufzuheben.

Ich nehme mir vor, in Mainz an Ort und Stelle weiter nach Anschel zu sehen. Mit dem Taxi vom Hauptbahnhof zur Stadtbibliothek, die am Rhein liegt und mir von früher bekannt war. Der Katalograum ist inzwischen völlig verändert. Eine kleine Aufsichtsperson fragte mich überrumpelnd resolut, was ich suche. Und sie ließ sich auch nicht aus der Fassung bringen, als ich ohne weiteres sagte: Anschel. Sie schlug in irgendeinem der vielen verwirrend akkurat beschrifteten Kästchen nach, fand darin einen Buchstaben und mehrere Zahlen vor, die sie veranlaßten, zu einem anderen Kasten zu eilen, den sie aufzog, abblätterte, um mir dann vollendet triumphierend zwei Belege für Herrn Anschel vorzuzeigen, die ich dankbar notierte: eine Arbeit über diesen jüdischen Gelehrten anfangs des neunzehnten Jahrhunderts, geschrieben anno 1936, und einen Aufruf Anschels selbst von 1798 in der »Mainzer Zeitung«, wonach er unbemittelte Bürger kostenlos behandelte. Ich vertiefte mich danach für eine Stunde – die Bibliothek schloß mittags – in das Stichwort: Juden in Mainz und Mainzer Universität. Seltsam war, daß über die Zeit, wo diese Institution zum Beispiel unter dem Begriff Zentralschule existierte und nur noch aus der medizinischen Fakultät bestand, nicht geschrieben worden ist: die Universität hört sozusagen 1798 oder Jahre vorher auf und existiert erst wieder nach dem Zweiten Weltkrieg: auch wenn sie 1977 fünfhundertjähriges Bestehen feierte. Das Stichwort JUDEN war faszinierend genug. Die Anordnung, Abfolge der auf den Karteikarten notierten Abhandlungen ersparten beinah weiterführende Lektüre, so sprachen sie für sich: von Doktorpromotionen der Protestanten und Juden, der Emanzipation von Juden unter Custine bis hin zu Artikeln über Judenhetze, Antisemitismus in Mainz und einem offenbar dafür berüchtigten Blatt Ende des neunzehnten Jahrhunderts.

Als geschlossen wurde, ging ich eher enttäuscht an den Rhein. Es war schwül und böig. Ein wahnwitziger Autoverkehr auf der Rheinstraße und auf den Bürgersteigen Kinder und Jugendliche, die in der üblichen Massenhaftigkeit über mich hinweg fluteten. Ich überlegte, während ich auf den Rhein starrte, daß es fast nicht mehr vorstellbar wäre, das Gesamtwerk einer Geschichte der Juden in Deutschland zu schreiben, das sämtliche Quellen und besonderen Arbeiten aus allen deutschen Regionen und Städten angemessen verarbeitete, und ganz zusammenhanglos fiel mir die Karnevalssitzung »Mainz bleibt Mainz«, Jockel Fuchs und die gutgelaunten, gut ins Bild gepaßten Spitzenpolitiker ein, die bei diesem Anlaß niemals fehlen. Ich ging dann stadteinwärts, erwischte ein Taxi, das mich zur Universitätsbibliothek fuhr. Das Unigelände wie üblich sich ankündigend durch einen Kordon von parkenden Autos, aber auch durch viel Grün und Baumbestand vor und zwischen Gebäudetrakten. Die Bibliothek und das Gelände selbst erstaunlich voll von Studenten. In der Bibliothek: Das Personalregister verzeichnet Anschel nicht. Eine Bibliothekarin, die ich fragte, verweist auf Kaiser, Heinsius und diverse ausländische Bibliographien, im übrigen aber auf Doktor R., den ich sogleich aufsuche, da ich nur noch wenig Zeit zur eigenen Fahndung habe. Er hört mir zu und entwickelt frappierende Nachschlagpläne, die er auch alsbald ausführt, nachdem er mir noch Wissenswertes zur Geschichte der Mainzer Universität mitgeteilt hat, etwa daß die Archivalien der alten Uni ans Hessische Staatsarchiv in Darmstadt gelangt sind und daß das Universitätsarchiv nur die Neugründung archiviert; daß die Stadtbibliothek den alten Bücherbestand auf Dekret der französischen Machthaber übernehmen mußte, wobei es geblieben ist bis auf den heutigen Tag.

Ich eilte Herrn R. zu den Nachschlagewerken nach. Fast überall Fehlanzeigen bis auf diese Publikation: »Anfangsgründe der Naturwissenschaft«, 1801 in Mainz erschienen. In dem »Lexikon medizinischer Schriftsteller« von Cannisen wird Anschel mit keiner Silbe erwähnt, es sei denn, er ist mit einem Ansel identisch, der 1831 in Paris publizierte. Sollte Anschel nach Frankreich gegangen sein, etwa nach 1815, als die beginnende Restauration die Emanzipation der Juden zurückzunehmen begann und Wissenschaftler, die unter der französischen Regierung ernannt waren, häufig entlassen und diffamiert, geächtet wurden? Es wäre immerhin denkbar, da es fast nicht vorstellbar ist, daß Anschel im neunzehnten Jahrhundert weiter nicht veröffentlicht haben sollte. Zum Schluß schauten R. und ich noch in die Festschrift zur Jubelfeier der Universität, in der wir tatsächlich den Namen dieses Mannes im Personenverzeichnis entdeckten: ohne jeden Vornamen allerdings und sinnigerweise verdruckt in den Buchstaben sowohl im Text wie im Register, aber jeweils anders verkehrt: das Los des Fremden bis zum heutigen Tag, möchte man sagen.

Als nächstes bestelle ich nun den Artikel über Anschel und schreibe vielleicht nach Darmstadt. Nicht auszudenken, wenn Anschels Lebenslauf mich tatsächlich nach Paris führte. Und jetzt fällt mir wieder ein, daß ich aus Halle allein keine Nachricht habe. Ich müßte auch der Widmung im Mendelssohn nachgehen, Freiherr von Spiegel – ist es der Halberstädter mit dem ominösen Weinfaß – der Pückler-Muskau des achtzehnten Jahrhunderts, wie man ihn genannt hat? Aber kenne sich einer in dem Stammbaum derer von Spiegel aus. Franz Wilhelm Freiherr von Spiegel zum Desenberg-Canstein (1752 bis

1815) gehört zu der westfälischen Linie, er war katholischer Geistlicher und Staatsbeamter, übrigens auch schriftstellerisch tätig. Ein Mann von reichen Kenntnissen, der neben anderen Ämtern 1786 von Kurfürst Maximilian Franz die Würde des Präsidenten des Bonner Akademierates erhielt: in dieser Eigenschaft hatte er wesentlich Anteil daran, daß die Stiftung der Universität zu Bonn – der Hauptstadt Kurkölns – in die Tat umgesetzt wurde. Am 20. November 1786 erfolgte ihre Eröffnung.

Inzwischen habe ich die Fotokopien aus Mainz erhalten. In der »Mainzer Zeitung, Nro. CXVI. Den 17ten Messidor im 6ten fränkisch-republikanischen Jahre. Donnerstags den 5ten Julius 1798« (ohne Paginierung) steht tatsächlich diese Annonce:

»Da bei den jetzt herrschenden Fieberkrankheiten viele unbemittelte Einwohner hiesiger Stadt, um die Verlegenheit, die Bemühungen des Arztes nicht vergelten zu können, zu vermeiden, sich selbst helfen zu müssen glauben, und ihre Gesundheit äußerst mißhandeln oder gar zu Grunde richten, so gebe ich ihnen nochmals die öffentliche Zusicherung, daß sie sich ohne Zurückhaltung an mich in des Gold und Silberarbeiters *Baier's* Behausung an der Judengasse Lit. D. Nro. 326. wenden können, und ich ihnen in diesen so wie in jeden anderen Fällen die nöthige der Kunst abhängige Hülfe unentgeldlich zu leisten fortfahren werde.

Dr. Anschel«

Entweder hatte Anschel bereits zuvor schon einmal seine kostenlose Hilfe annonciert oder er wirkte seit längerem als Armenarzt, wie übrigens eine Reihe anderer promovierter jüdischer Ärzte im achtzehnten Jahrhundert. Da für jüdische Ärzte im achtzehnten Jahrhundert keineswegs unbeschränkte Berufsfreiheit bestand, sie als Physici und Militärärzte nicht zugelassen wurden und nur dort eine Praxis eröffnen konnten, »wo sie sowohl von staatlichen und städtischen Behörden als auch von der jüdischen Gemeinde aufgrund ihrer Diplome oder einer Anstellungsprüfung« eine Konzession erhielten, schloß die jüdische Gemeinde in der Regel mit den Ärzten befristete Verträge, die sie »gegen ein jährliches Pauschalhonorar zur unentgeltlichen Behandlung einheimischer und durchreisender Armer verpflichteten.«

Interessant, daß Anschel sich auch in Mainz nicht aus dem Dunstkreis der Judengasse entfernt hat, bezeichnend, daß er sowohl praktische Nächstenliebe wie weiterhin das Dasein eines Hungerleiders praktiziert.

Adolf Kober ist für seinen Aufsatz »Ein aus dem Judentum stammender Professor des Rheinlandes im Anfang des 19. Jahrhunderts« in die Archive der Stadt Mainz gestiegen. Überraschend das Erscheinungsdatum dieses Aufsatzes: 1936, und ebenso verblüffend die Objektivität der Darstellung. Wie war das in der Nazizeit möglich? Wer war der Verfasser, welche Rolle spielte die in Breslau erscheinende »Monatsschrift für Geschichte und Wissenschaft des Judentums«, die 1936 bereits im achtzigsten Jahr erschien?

Zeithistoriker haben mich inzwischen aufgeklärt. Demnach hat die nationalsozialistische Regierung *interne* kulturelle Aktivitäten der Juden bis 1938 durchaus gefördert, da sie aus ihrer Sicht der erwünschten Abgrenzung nur zustatten kamen.

Adolf Kober (1879–1958), geboren in Breslau, wo er auch studiert hat, war von 1908 bis 1918 Rabbiner in Wiesbaden, anschließend, bis zu seiner Emigration nach Amerika 1939, Rabbiner in Köln; der maßgebliche Historiker des rheinischen und insbesondere Kölner Judentums.

Die »Monatsschrift für Geschichte und Wissenschaft des Judentums«, ab 1920 von Isaak Heinemann (1876–1958), Professor am Jüdischen Theologischen Seminar Breslau, herausgegeben, erschien bis in den 83. Jahrgang 1939.

Von Kober erfährt man endlich Tag und Monat der Geburt Anschels: es ist der 16. Juni (1771); sein Vater war Samuel Anschel. 1785/86 Schüler der dritten Klasse der Akademie, am 14. Oktober 1786 an der philosophischen Fakultät in Bonn immatrikuliert, war Anschel in den Jahren 1788 bis 1791 (was nicht sein kann, wie noch zu zeigen ist) Hörer der medizinischen Fakultät. 1786 und 1787 studierte er auch Logik, 1787 und 1788 Physik. An welcher Universität er zum Abschluß gelangte und promoviert wurde, konnte Kober nicht feststellen. Daher klafft eine Informationslücke bis zu der Zeit, wo Anschel wieder in Bonn ist, also gegen 1796. Kober vermutet Anschel an der Spitze der cisrhenanischen Bewegung, die die Anregung zur Abschaffung des Judenleibzolls auf der linken Rheinseite im September 1797 durch General Hoche gegeben hat, Anschel, Arzt des französischen Kommissärs der Stadt Köln, der mit dem Präsidenten der Mittelkommission in Bonn, Shée, befreundet war, welcher im August 1797 an Lazare Hoche den Antrag auf Abschaffung des von den Juden bezahlten Leibzolls gestellt hatte. Im übrigen hat Anschel als Sekretär der »Volksgesellschaft«, die sich Ende September 1797 aus den »Freunden der Freiheit« und ihrem cisrhenanischen Distriktbüro in Bonn entwickelte, die Schritte, die zur Durchführung der cisrhenanischen und republikanischen Bestrebungen vom September bis November 1797 erfolgten, eifrig unterstützt.

Um das Jahr 1798 setzt Kober Anschels Übersiedlung nach Mainz an. Gründe für die Übersiedlung weiß auch er nicht zu nennen: War es die Hoffnung, in der größeren, von republikanisch-neufränkischem Geist erfüllten Stadt beruflich besser zu reüssieren, hatten ›Gesinnungsgenossen‹ ihm Hoffnung auf eine feste Anstellung gemacht? Am 19. März 1798 richtete er an die Mainzer Munizipalität die Bitte um Aufnahme in den Bürgerverband; aber erst 1811 ist sie erfolgt. Juli 1798 wohnte er bei dem Gold- und Silberarbeiter Baier an der Judengasse, wie auch aus der Annonce hervorging; er firmierte aber nicht nur als Armenarzt, sondern hat sich – später – auch um die Stelle eines Gefängnisarztes beworben. Im gleichen Jahr noch nahm sein Schicksal einen anderen Verlauf. Regierungskommissar Rudler eröffnete am 21. November 1798 die Zentralschule in Mainz, die oberste Bildungsstätte für das Departement, die gleichzeitig für höhere Schüler wie für Studenten bestimmt war. Anschel gehörte zu den ersten dreizehn berufenen Professoren. Die Kandidatenliste der Zentralschule von 1798 besagt über ihn: »Médecin de talens qui font espérer qu'il excellera dans la physique en s'applicant particulièrement à elle; son patriotisme est connu et éprouvé par des persécutions et sacrifices«. Am 1. November 1798 wurde er zum Professor für Chemie und Experimentalphysik ernannt.

Als 1803 das Lyceum eröffnet wurde – die »Vorschule für die Militärschule« –, kamen von der Zentralschule nur zwei Lehrkräfte herüber, darunter Anschel, der dort Physik und auch Geometrie lehrte. Er war seit etwa 1803 Mitglied der im Departement 1802 genehmigten Gesellschaft für Künste und Wissenschaften in der Abteilung für Physik und Mathematik. Für die Jahre 1807, 1811, 1812 und 1813 sind metereologische Beobachtungen bezeugt, die Anschel angestellt hat.

Auch privat änderte sich sein Leben. Am 4. Juni 1808 heiratete er Marie Therese, die Tochter des Spezerei-Händlers Jean Adam Schreck, geboren 1782. Da sie Katholikin war, ihre Kinder Joseph, geboren 1812, und Katharina, geboren 1813, katholisch getauft worden sind, ist anzunehmen, daß Anschel vor seiner Eheschließung zum Christentum übertrat. Im »Régistre civique de la ville de Mayence« 1807, in den Heiratsakten wenigstens ist sein Vorname Salomon verschwunden, heißt er nunmehr François Frédéric Anschel. 1811 erhält er das über ein Jahrzehnt zuvor beantragte Bürgerrecht, und man könnte sagen, Franz Friedrich A. hat sich mit den gesellschaftlichen Verhältnissen endlich arrangiert, und zu seinem persönlichen Fortkommen.

Am 10. Januar 1814 ist er gestorben, woran, ist nicht bekannt. Ein beunruhigender, ein viel zu früher Tod, der nur insofern rechtzeitig genug kam, um nicht mehr erleben zu müssen, wie mit der beginnenden Restauration nach dem Wiener Kongreß 1815 die politischen Errungenschaften der Judenemanzipation auch in den Bundesländern, die vorübergehend auf die Französische Constitution eingeschworen waren, sukzessive rückgängig gemacht wurden. Wer weiß, ob er in Amt und Würden hätte bleiben dürfen.

Kober schreibt davon, daß Anschel eine »reiche schriftstellerische Tätigkeit« entfaltet habe, »die von der Vielseitigkeit seiner Begabung und seines Wissens Zeugnis« ablege. Aber er nennt außer der bereits mitgeteilten Übersetzung, einer »Ode an Hrn. Jos. Klaud. Rougemont, Dr. der AG usw. zu Bonn«, die daselbst 1791 erschien, und der »Thanatologia« lediglich noch ein Werk: »Anfangsgründe der Naturwissenschaft«, erschienen Mainz Germinal, 9ten Jahres, das ist 1801. Als ein bemerkenswerter Lyriker stellt sich Anschel mit dieser Ode nicht heraus; er bestätigt nur sein – nötiges – Talent, verbindende Widmungen versiert aufzusetzen.

Anschels ›Todeslehre‹ hatte ich inzwischen zu Gesicht bekommen. Sie beeindruckt zunächst durch Umfang, Belesenheit, Gründlichkeit und durch ihr – Latein. Das war, folgt man den Darstellungen, im achtzehnten Jahrhundert zwar für Medizinstudenten noch die obligatorische Fachsprache, aber gerade deshalb für jüdische Studenten angesichts ihrer sehr divergierenden Schulbildung häufig ein erhebliches Hindernis. Anschel beherrscht wie selbstverständlich auch diese Sprache.

In den drei Teilen seiner Abhandlung erörtert er zunächst den Begriff von Tod und Leben, wie er bei den alten Griechen

von Thales bis Hippokrates und den alten Ägyptern gebräuch-
lich war, gibt dann selbst eine Definition des Todes, diskutiert
neuere Literatur, stellt die unterschiedlichen Todes-Arten, ihre
Anzeichen, ihre Gestalten dar – vom Fötus im Uterus bis zum
Tod im Greisenalter. Viele Seiten hindurch geht er – dem
praktischen Arzt zuliebe – ins völlige Detail, behandelt den
Tod durch Blitzschlag ebenso wie den bei und durch Podagra
und Melancholie, vergißt schließlich auch nicht das den Zeitgenossen des achtzehnten Jahrhunderts entsetzende Phänomen des Scheintods und das lebendig Begrabenwerden.

Eine stupende Stoffsammlung alles in allem eher als eine
neue Einsicht in Tod und Leben – die Diagnose nimmt den geringsten Teil ein. »Dr der Thanatologie« notierte sich Lichtenberg 1777 in einem seiner Sudelbücher, so, als kenne er schon
Anschel in Person und Themenstellung. Aber da ist es noch
nur der spöttelnde Ausdruck seiner Auffasssung von Beruf
und Begabung der Ärzte im allgemeinen, den Menschen zu
Tode zu heilen. Und auch in bezug auf diese Schrift Anschels,
die ich für seine Doktorarbeit hielt, ist Seltsames zu vermel-
den: Offenbar war sie gar nicht eine Dissertation, sondern
wahrscheinlich als Antwort auf die für das Jahr 1795 gestellte
Preisfrage der Medizinischen Fakultät: »Eine kurze Geschichte des Sterbens« abgefaßt, und die in Göttingen bis
heute bewahrten Dekanatsakten der Medizinischen Fakultät
enthalten keinerlei Hinweis darauf, daß Anschel an der
Georgia Augusta promoviert hat, erwähnen nicht einmal seinen Namen.

Was aber die »Anfangsgründe der Naturwissenschaft« betrifft: Der erste Teil behandelt die »Allgemeine Naturwissenschaft«. Man möchte meinen, Anschel nutze die Gelegenheit,
hier noch einmal auf seine Lehrer Lichtenberg und Gren zu
sprechen zu kommen. Aber er schreibt so, als existierten vor
Germinal 9ten Jahrs des neufränkischen Kalenders keine

Compendien – dabei war das von Lichtenberg mehrfach auf-
gelegte Lehrbuch, der »Erxleben«, den er zuletzt 1794 über-
arbeitet und auf den neuesten Stand gebracht hatte, das am
weitesten verbreitete naturwissenschaftliche Lehrbuch an den
deutschen Hochschulen des achtzehnten Jahrhunderts. Aber
man vermißt auch, gerade wo es um die Einführung in die
»Allgemeine Naturwissenschaft« ging, jegliche Auseinandersetzung mit Kant und dessen »Metaphysischen Anfangsgrün-
den der Naturlehre« (1786), die Lichtenberg seinen Vorlesungen der neunziger Jahre zugrunde legte; und die neue romantische Naturphilosophie eines Schelling (1797) ist offenbar
noch nicht bis Mainz gedrungen. Am Ende war er vielleicht
doch eher der »einsichtige« Doktor der Medizin und Chir-
urgie gewesen, der kundige »ausübende Arzt«, als den er sich
neben seinem Rang als Professor der Physik und Chemie auf
dem Titelblatt seiner »Anfangsgründe« unterschrieb. Wenigstens ist eine Fortsetzung seines Lehrbuchs nicht erschienen,
und es ist müßig zu rätseln, warum sie unterblieb. Interessanter ist jedenfalls die Widmung, die Anschel diesmal einem
Werk aus seiner Feder vorangestellt hat:

»Dem großen Physiker / J. A. C. Chaptal / Mitglied des National-
instituts, / Fränkischen / Minister des Innern / und / Staats-
rathe.«

Jean Antoine Claude Chaptal (1756–1832), ein französischer
Chemiker und Arzt, war Professor in Montpellier und an der
Pariser École des Arts, 1800 bis 1804 Minister des Innern. Man
rühmt ihm nach, daß er sich um die Entwicklung der französischen chemischen Industrie verdient gemacht hat. Chaptal:
das war im neunten Jahr des neufränkischen Kalenders eine
wissenschaftlich reputierliche, ganz sicher aber politisch at-
traktive Adresse. Freiherr von Spiegel, Lichtenberg, Chaptal –
drei Dedikationen, drei Welten, ein und derselbe Supplikant

und immer noch ein »armer Teufel«? Sich gut zu stellen mit denen, die Macht, die Einfluß haben, gehört wohl notwendig zu seinem Überlebenskonzept.

Dennoch bleibt mit Kober festzustellen: Anschel ist in Deutschland »der erste aus dem Judentum stammende Professor an einer Universität des 19. Jahrhunderts«.

Erster Nachtrag

Am Ende habe ich noch Auskunft aus Halle erhalten, aber erst, nachdem ich auf Empfehlung eines israelischen Historikers – ich hatte ihm von meinem bisherigen Mißerfolg berichtet – an einen anderen, ihm bekannten Wissenschaftler in Halle geschrieben hatte. Deutsch-deutscher Austausch auf dem Papier und via Tel Aviv – die Wege des Herrn sind wunderbar.

Salomon Anschel hat sich am 17. Oktober 1790 unter dem Prorektorat von Johann Reinhold Forster in Halle als Medizinstudent immatrikuliert. Als Anschel nach Halle kommt, ist er nur ein weiterer jüdischer Student unter vielen, die bereits vor ihm dort studiert und auch promoviert haben.

1703 wurde in Halle der erste jüdische Medizinstudent immatrikuliert, 1724 der erste jüdische Student zum Dr. med. promoviert; 1784 wurden die Sonderbestimmungen für die Promotion jüdischer Kandidaten endgültig aufgehoben. Die brandenburgisch-preußischen Universitäten Frankfurt an der Oder und Halle öffneten bereits im ausgehenden 17. Jahrhundert jüdischen Medizinstudenten den Zugang zu den Hochschulen, wesentlich früher als andernorts; Duisburg folgte 1708. In Wien wird 1798 der erste jüdische Medizinstudent promoviert, in Jena 1781, in Freiburg 1791. In Mainz fand übrigens 1787 die erste und für lange Zeit einzige Promotion eines jüdischen Kandidaten der Medizin statt. Die im Vergleich zu anderen Hochschulstädten größere Liberalität hat offenbar viele jüdische Studenten nach Halle gezogen. Die berühmtesten unter ihnen sind die Mediziner Marcus Herz, David Veit, der übrigens auch in Göttingen studiert hat und bei Lichtenberg hörte, schließlich David Ferdinand Koreff.

Aber nicht nur die Liberalität zog jüdische Studenten der Medizin nach Halle, sondern auch der Ruf dieser Fakultät, der durch Stahl und Hoffmann begründet worden war und später im achtzehnten Jahrhundert durch Philipp Friedrich Theodor Meckel (1755–1803) und Johann Friedrich Gottlieb Goldhagen (1742–1788) fortgesetzt wurde.

Anschel kam jedoch nicht mit einer Empfehlung Meckels, sondern mit Grüßen von Friedrich Albert Karl Gren zu Lichtenberg, und das beweist, daß Anschel auch in Halle nicht nur sein Fach studiert hat, beweist zugleich, welche Anerkennung sich dieser Student auch andernorts erworben hatte. Gren (1760–1798), Sohn eines Hutmachers in Bernburg an der Saale, Apothekerlehrling, der auf Veranlassung Crells 1782 als Student nach Helmstedt geht, aber schon ein Jahr später in Halle weiterstudiert, wo er Medizin und Naturgeschichte hört. 1787 wird er bereits zum außerordentlichen Professor der Medizin ernannt, 1788 erfolgt der Ruf als Professor philosophiae naturalis. Er liest in der Folge medizinische Kollegs, beschränkt sich aber später auf Pharmakologie, Physik und Chemie. Auch wenn er der Begründer der Pharmakologie an der Universität Halle gewesen ist, Zeitgenossen wie Lichtenberg war er wichtiger und bedeutend als Vermittler physikalischer Erkenntnisse, die er in seinen Zeitschriften, dem »Journal der Physik« (1790–1794) und dem »Neuen Journal der Physik« (1795–1798), zugänglich machte.

Lichtenberg stand mit Gren in Briefwechsel, der leider verschollen ist. Mit einem Gruß von Gren bei Lichtenberg erscheinen, spricht dafür, daß Anschel nicht nur auch in Halle sein medizinisches Studium um das der Physik erweitert und vertieft hatte, sondern daß er auch Gren als etwas Besonderes erschienen war.

Zweiter Nachtrag

Ganz am Schluß, beinahe automatisch, schlage ich im MEU-SEL nach, ärgerlich, das nicht schon früher getan zu haben. Denn dieser penible Sammler hat tatsächlich Anschel verzeichnet. Allerdings weiß er nicht, wann er geboren ist, und kennt auch keine weiteren Schriften.

Dritter Nachtrag

Nach allem, was ich nunmehr von Anschel weiß, fällt es mir schwer, sein Leben und Schicksal wieder auf den eingeschränkten Umfang eines Kommentars, die lakonischen Daten im Personenregister zu reduzieren.

WELSCHE WOLLUST UND
TEUTSCHE TUGEND

Ein Unterhaltungsstoff für mehrere Jahrzehnte

Keine Parole ist in den Papieren deutscher Schriftsteller zwischen 1775 und 1819 derart häufig wie das Wort Tugend; es sei denn das Wort Wollust. Dem zeitgenössischen Weltweisen war es ein Ekel. Wieland etwa erklärte sich am 15. Juli 1798 »von seiner Seite gegen den Gebrauch des Wortes Tugend und machte es überall lächerlich, weil er den Unsinn dieses so sehr gemisbrauchten unverständig gelallten Wortes haßte und es für den Alltagsgebrauch zu vornehm hielt.« So notiert es Böttiger, der beflissene Buchführer literarischer Zustände und Zeitgenossen Weimars. Wielands Äußerung in Ehren: das bürgerliche Lesepublikum seiner Werke hätte schwerlich erwartet, daß er der Tugend das Wort rede. Er hieß einmal der »Wollustsänger«, und dieser Beiname war kein wohlmeinender Titel.

1773 trägt Ludwig Christoph Heinrich Hölty seinen Freunden aus dem Göttinger Hain etwas vor, das Voß 1775 in dem von ihm herausgegebenen Musenalmanach veröffentlicht, an Stelle der handschriftlichen Überschrift »An meine Freunde« dann demonstrativ unter dem Balken »Der Wollustsänger« – Wieland kraft Ode in Klopstockischer Syntax zermalmend. Was hatte Wieland den Hainbündlern getan? An noch unbeweibten Studiosi der Theologie und Altphilologie, dem sittigen Ehestand so fern wie einer vorehelichen Syphilis, die unter den Studenten in Göttingen grassierte, übrigens nicht Wielands wegen. Der hatte 1765 »Komische Erzählungen« veröffentlicht, die reizende Erotika waren, und 1774 das Versepos »Idris und Zenide« dem deutschen Lesepublikum

vorzutragen gewagt, das Skandal machte, beschreibt Wieland
darin doch eine Nymphe, die einen Mann, nackt wie Gott ihn
geschaffen hat und obendrein körperlich anziehend, beobachtet, wie er ins Wasser steigt, und, von sinnlicher Anziehung
hingerissen, dem Mannsbild leibhaft nachstellt, gottlob ohne
den von dem Weib, jegliche Konvention mißachtend, begehr-
ten Vollzug. Hölty, fünfundzwanzigjährig, sammelte seine
poetischen Energien in einer Ode, Klopstocks religiöses Pathos
und dessen Syntax gegen den vermaledeiten »Wollustsänger«
schier überanstrengend:

> Schande ladet auf sich der Mann,
> Auf sein sklavisches Volk, welcher den Otterleib
> seiner Götzin, der Buhlerei,
> Hüllt in Göttergewand und die bezauberte
> Unschuld vor dem Altar würgt!

Und fortfährt:

> Mädchenseelen, durch dich verführt,
> Wimmern gegen dich hin, wimmern und starren Fluch!

Quintessenz der Aufklärung: Keine Belletristik in die Hand
der Jungfrau, die Leserin ist schon in Gefahr der Versuchung,
leider auch nur wiederum belletristisch vor Augen geführt.
Dem Freunde Voß wenigstens donnert Hölty zur Bestärkung
entgegen:

> Laß uns beugen das Knie, mein Voß,
> Daß nie unser Gesang Satan frohlocken hieß
> und kein Tropfen des Seelengifts
> Fleckt die Palme, die uns lohnend die Tugend wand!

Bekanntlich haben die Hainbündler ungefragt für eine Unzahl
deutscher Jungfrauen, ehe sie noch durch Wieland verführt
werden konnten, »Idris und Zenide« feierlich verbrannt, von
Schriftsteller zu Schriftsteller, oder doch auch da schon einer

bestimmten Ideologie gehorchend? Aus einer Ode Höltys, die im Göttinger Musenalmanach für 1773 erschien und »An Teuthard« gerichtet ist, Bardenname für den Lyriker Johann Friedrich Hahn, geht hervor, daß Wieland nicht als deutscher Autor einer anderen Epoche und verpönten Schreibweise angeodet wurde, sondern als ›Importeur‹ fremdländischer, sprich: französischer Lebensart und Frivolität:

»Afterschwester« der Muse ist für Hölty da die gallische Literatur der Gegenwart,

Die, in den goldenen Sälen Lutetiens [das ist Paris],
Ihr Liedchen klimpert. Schande dem Sohne Teuts,
Der's durstig trinket, weil es Wollust
Durch die entloderten Adern strömet!

Kein deutscher Jüngling wähle das Mädchen sich,
Das deutsche Lieder hasset und Buhlersang
Das Galliers in ihrer Laute
Tändelnde Silberakkorde tönet!

Angesichts dieses Zustandsberichts kann Hölty nur sagen: »Schwing deine Geißel, Sänger der Tugend!«

Mag Wieland also 1798 auch für sich selbst gesprochen haben, er wußte, worauf der Gebrauch des Wortes *Tugend* hinaus wollte, und: er stand mit seiner Kritik nicht allein.

Schon 1761 hatte Justus Möser vorgeschlagen, anstelle des Wortes Tugend für den täglichen Gebrauch und menschlichen Verkehr die Vokabel *Tugendartigkeit* einzuführen. Tugendartigkeit – das meint die im Alltag geübte Tugend, die Konventionsformen tugendgemäßer Lebensführung, böse ausgedrückt: die tagtägliche Praxis doppelter Moral des Bürgers und Mitbürgers. Neben Wollustsänger und Tugendapostel findet sich der Schriftsteller, der solche Konvention satirisiert. Johann Friedrich Jünger widmet dem Thema in seinem komischen Roman »Fritz« (1796–1799) eine Digression unter dem

Motto: »Ein Wort über Moralität und Geistesprodukt«. Er vertritt darin folgende Meinung: »Ungeheuer von Tugend, wie ich sie nennen möchte, Grandisons und Pamelas schrekken den furchtsamen Wanderer vom Wege der Tugend mehr zurück, als sie ihn zur Fortsetzung seiner Reise ermuntern [...]«. Die Anspielung ist evident: Richardsons Romanhelden, Vorbilder bürgerlichen Lebens wie Argenis und Rodogüne der höfischen Gesellschaft des barocken Absolutismus. Ihren fatalen Anspruch und ihre groteske Idealität verhöhnte Johann Karl Wezel Jahrzehnte vor Jünger. In dem Roman »Tobias Knaut« (1773–1776) findet das ätherische Liebespaar erst zueinander, als die blaublütige Sentimentale Freudenmädchen geworden ist; auch danach besteht sie darauf, à la Clarissa entführt zu werden! Aber es ist bezeichnend für die deutsche Szene, daß die eigentliche Persiflage des Ungeheuers von Tugend 1791 im französischen Ausland geschrieben wurde: de Sades »Justine, ou les malheurs de la vertu«. Die deutschen Literaten dagegen versuchen, Moralität und Belletristik angenehm und nützlich zu verbinden. Das Ergebnis sind die Luisen bürgerlicher Trauerspiele und Idyllen, Käthchen und Mimilis.

Tugend und Wollust, das ist – vom Manne her gesehen, der die Vorschriften erließ – lediglich Erscheinungsform und -weise des Frauenzimmers. Tugend: das Weib, wie es sein sollte; Wollust: das Weib, wie es ist. Der Unterschied zwischen Tugend und Wollust reduzierte sich somit auf den Unterschied zwischen Lust und Unlust der Sinne, auf den geringen Grat zwischen Verführbarkeit und gelungener oder mißglückter Verführung. Die verführte Unschuld verlor den – männlichen – Artikel *Mensch*. Fortan hieß sie *das* Mensch und im Plural: die Menscher. So fein unterschied der bürgerliche Kodex in Menschenrechten. 1782 geht Johann Michael Ambros mit seiner in Wien erscheinenden Schrift noch weiter, die den

»Beweis« führen will, »daß die Weibsbilder keine Menschen sind«. Wohl widersprach dem 1791 ein Anonymus – mit schwachen Belegen. Aber folgt man den Büchern der Zeit, so ist die Frau das von Gefühlen bestimmte, unintellektuelle, kindsmäßig reagierende Wesen, das darum durch alle sinnlichen Erscheinungen, alle ›Sensationen‹ verführbar ist. In den einschlägigen Roman-Vehikeln der Aufklärer gibt es immer wieder die Szene, in der ein unschuldiges Blut verführt wird, und zwar nicht mit Gewalt, sondern durch Belletristik oder eindeutige Correggios. Der Unterschied zwischen der berufsmäßigen Verführerin und der verführten Unschuld liegt dem Leser offen zutage. Es ist der Unterschied zwischen ordentlicher und unordentlicher Toilette. Schiller charakterisiert die Lady Milford mit folgenden Bühnen-Anweisungen: »Ein Saal im Palais der Lady Milford; zur rechten Hand steht ein Sopha; zur Linken ein Flügel. Lady in einem freien, aber reizenden Negligé, die Haare noch unfrisiert, sitzt vor dem Flügel und phantasiert.« Sopha, freies, aber reizendes Negligé und unfrisierte Haare – Attribute der Wollust, die wenig verändert in allen Werken der Zeit die ›femme fatale‹ vorankündigen. Die Requisiten der Tugend sind ebenso einsichtig; man nehme etwa diese Szene aus Vossens 1795 veröffentlichter »Luise«: Die Heldin will aus dem Bette ihrem Verlobten entgegenstürzen, die Pfarrerstochter dem bestallten Pfarrer, und wird von ihrer Mutter daraufhin und obendrein in Hexametern angeherrscht:

> »Mädchen, du bist wahnsinnig! Zum Bräutigam geht man
>   ehrbar,
> So war's Sitte vordem, mit niedergeschlagenen Augen,
> Schritt vor Schritt nach der Tabulatur althöflicher Demuth,
> Leis' antwortend den Gruß, in Züchtigkeit halb sich verneigend.
> [...] Ziehe die Schuh' an!
> Und wie das Halstuch hängt! Ei, schäme dich, garstige Dirne!«

Luise, »lieblich errötend«, ordnet daraufhin »schnell die Um-
hüllung des schön aufwallenden Busens, / Ihres entflogenen
Haars achtlos ...«

Man sieht, den ›wallenden Busen‹ unterschlug auch der
moralischste der deutschmeinenden Autoren des achtzehnten
Jahrhunderts nicht, so viel und so lange es die Schicklichkeit
immer erlaubte. Aber diese Szene war die Unschuld selbst,
denn ihre Sinnlichkeit führte höchstens in die Arme eines
Bräutigams und ins schickliche Ehebett, nicht aber deutsche
Jünglinge auf das ominöse ›Sopha‹ der Rokoko-Kurtisane.
Denn eins ist fast durchwegs feststellbar: entsprechend der
geistigen Auffassung von der Frau pflegte man sie als ›Jungfer
Fröhlichin‹ zu zeichnen, wie sie Theodor Johann Quistorp in
seiner 1745 erschienenen Komödie »Der Hypochondrist«
benamste: ein unbeschwertes, sinnenlustiges Geschöpf, eher
fünfzehn als fünfundzwanzig, ein langwieriges, aber zumeist
lohnendes Objekt der ehemännlichen Erziehung. Seine sinnlichen Umrisse waren dementsprechend leicht und deshalb
wieder und wieder gezeichnet. Etwa so: »Julie war nichts weniger als schön, aber sie war gesund, und die Rundung ihrer
Gliedmaßen gab ihrem Baue etwas Wollüstiges.« Der Erfinder
dieser ebenso nichts wie alles sagenden Formel war der oben
erwähnte Johann Friedrich Jünger.

Und wie reagiert der unerfahrene Jüngling auf unver-
sehene weibliche Reize? Es »empört' ihm das Herz bangath-
mende Wollust«. So Voß von dem Pfarrer-Bräutigam Walter
beim Anblick seiner bräutlich geschmückten Luise, die ihrerseits zusammen mit Amalia gezeichnet wird, wie sie am Alko-
hol nippen: »Jüngferlich, beide verschämt, mit gekünstelter
Miene der Einfalt«.

So geistert nur eine verquere Idealität durch die Körper der
Helden und Heldinnen aus Papier und Druckerschwärze, und
eine vermaledeite Sinnlichkeit zog den Heldinnen durchs sit-

tige Gemüt, griechisch gewandet oder altdeutsch betucht, gleichviel. Der Verlauf des neunzehnten Jahrhunderts beweist, daß die Moral erst eigentlich an Fürsprache gewinnt und ihre Herrschaft in dem gleichen Maße absolut wird, wie man die Sinnlichkeit dämonisiert, die Frau zum wilden Weib, zum Tier, zum Mythos Dirne ausartet.

Der ›Wollustsänger‹ des Jahres 1799 ist Friedrich Schlegel. Es erübrigt sich, an dieser Stelle abermals den Gehalt seiner »Lucinde«-Arabesken, Schleiermachers beifällige »Rhapsodien« und die wütende Reaktion der Zeitgenossen auszubreiten. Es ist in der deutschen Literatur nach Wieland und Heinse und neben Goethes »Wahlverwandtschaften« das rare Exempel positiver Sinnlichkeit, von Sittlichkeit und Wollust. Die »Lucinde« war und ist zu lesen als eine Schrift der Revolution im Gesellschaftlichen, indem sie die aus freier Wahl und Liebe geschlossene Vereinigung gegen das Rechtsinstitut bürgerlicher Ehe stellte.

Nicht die Entrüstung über Schlegels Schrift soll hier beschäftigen, sondern eine bestimmte Artikulation dieser Entrüstung. Johann Daniel Falk hat sie für viele deutsche Zeitgenossen verbindlich formuliert. In dem von ihm zu Weimar herausgegebenen ›Taschenbuch für Freunde des Scherzes und der Satire‹ veröffentlichte er 1801 eine Parodie des Goetheschen »Jahrmarkts von Plundersweilen«. Sie ist eine drastische Polemik gegen die Romantische Schule, insbesondere Tieck und Friedrich Schlegel. Die Satire erfolgt in Bild und Wort: einem kolorierten Kupferstich, den Falk kommentiert. Die Szene zeigt ein Budenpodest, auf dem Tieck als Hanswurst, eine Pritsche in der Hand, auf seinem Gestiefelten Kater reitet. Ein zweiter Hanswurst steht auf dem Podest vor dem Vorhang, hinter dem sich das Lucinde-Drama abspielen soll. Dieser Hanswurst ist Rambach, neben Feßler Herausgeber des ›Archivs der Zeit‹, jenes Journals also, das aus Tiecks und Bernhardis Kräften so eifrig gegen Falk agitierte. Rambach kündigt das ›drastische‹ Drama Lucinde an: »Ist, nach der neusten Art, Zoten mit Bombast gepaart.« Nach der Aufführung übt das Publikum Kritik. Einzig ein ›Unbekannter‹ ist nicht von der Partie der Romantiker und ihrer ›Judenweiber‹. Er äußert sich über die Personen der »Lucinde« und ihren Charakter folgendermaßen:

> »Unmöglich kann eine frivole Anwendung der Poesie das Höchste der Kunst seyn! Der Ernst der Zeit und die ehrwürdige Gestalt der Dinge um uns herum fordern eine große, kräftige Generation! Die Kunst, die uns zu ihrer Bildung die Hand bietet, sey uns willkommen! Fort mit allen Spielen einer üppig-regsamen Phantasie! Fort mit allen müßigen Speculationen, die den Menschen in seiner ursprünglichen Bestimmung, dem Handeln abziehen! Jene seyn auf ewig in die Gymnäceen weichlicher Morgenländer; diese in den Schatten der Studirstuben verbannt! [...] Der heilige Ernst deutscher Kunst zeige den andern Völkern den wahren Gipfel höchster Poesie!«

Bei diesem Kernsatz läßt es Falks ›Unbekannter‹ nicht bewenden; er beschwört zum Schluß nicht, wie man denken sollte, die moralische Kraft der eigenen germanischen Ahnen, sondern das alte Rom, die mater Gracchorum:

> »Cornelias heiliger Schatten steige herauf, und eine traurig zärtliche Stimme aus ihrem Scheiterhaufen hervorströmend, lehre uns und unsre Kinder die Tugend der Matronen und die Würde römischer Mütter! Dieß sind die Beispiele, deren das neunzehnte Jahrhundert, deren die erschlaffte Moral der Neuern bedarf, nicht aber der Lucinden, (...)«.

Falks ›Ungenannter‹ greift damit Argumente wieder auf, die von der Generation des ›Göttinger Hains‹, jener Deutschnationalen des Jahres 1775, her bekannt sind. Die ›frivole‹ Anwendung von Kunst umschreibt die ›welsche‹ Art der Kunstübung; aber es ist aufschlußreich zu lesen, daß Falk erstmals auch der Suprematie der deutschen Kunst gegenüber dem Ausland das Wort redet. Diese Überzeugung findet sich unverblümt in Adam Müllers »Vorlesungen über die deutsche Wissenschaft und Literatur«, gehalten zu Dresden im Winter 1806. In dem Programm dazu teilte Müller mit, was ihn zu dieser ›Unternehmung‹ bestimmte. Es war das Erlebnis der »Erschütterung« des deutschen Gemeinwesens, das seiner Meinung nach »die Anregung des Nationalgefühls und die Anfrischung vom Bewußtsein der Nationalgröße« besonders notwendig machte. Nur so ist es verständlich, daß Müller es bereits für entschieden hält, »daß die verschiedenartigsten Geisteserzeugnisse des Auslandes sich nach und nach an diesen deutschen Stamm werden anschließen müssen und daß, wie germanische Völker den Staatskörper dieses Weltteils gegründet, so germanischer Geist über kurz oder lang ihn beherrschen werde.«

Falks ›Ungenannter‹ reiht sich, so könnte man sagen, bereits in die Front jener deutschen Intellektuellen ein, die den ideologischen Kampf gegen Napoleon und seine ›Fremdherrschaft‹ aufnehmen und eine ihrer vordringlichsten Aufgaben in der Selbstertüchtigung des deutschen Volkes sahen: psychischer und moralischer! – das Zitat des alten Rom war in diesem Zusammenhang ebenso zuträglich wie die Beschwörung und der Neubau germanischer Walhallen. Und schließlich ist Falks ›Ungenannter‹ in seiner Argumentation ein Vorgriff auf das, was das Bürgerliche Gesetzbuch Jahrzehnte später in gleichem Zusammenhang das ›Gesunde Volksempfinden‹ nennen wird. Nur im Zusammenhang mit diesem Aufsatz bleibt es übrigens unerheblich, daß sich die deutschmäßige Kunst, hygienisch und ethisch begründet, bereits auch antisemitisch entäußert.

Die frivole Anwendung der – welschen – Kunst und der heilige Ernst deutscher Kunst stehen als bereits vorgegebene

Glaubenssätze hinter einem Essay, der zuerst in der ›Polyanthea‹, dem von Karl von Reinhard herausgegebenen Göttinger Musen-Almanach für das Jahr 1806, erschien, eigentlich Furore aber erst 1810 machte. Es handelt sich um den Aufsatz »Erotique comparée, ou Essai sur la manière essentiellement différente dont les poètes français et allemands traitent l'amour«. Dieser Essay erschien 1810 in der Zeitschrift »Vaterländisches Museum« unter dem Titel »Von dem wesentlich verschiedenen Charakter der erotischen Poesie bey den Franzosen und Deutschen, nach Herrn Karl v. Villers, von Herrn Dr. Zimmermann zu Hamburg« übersetzt. Die Bedeutung dieses Aufsatzes liegt nur zum Teil in seinem Thema, zum gewichtigeren Teil jedoch in der Person des Autors, dem Ort und der Zeit seines Erscheinens begründet. Charles de Villers (1764–1815), ehemals Leutnant in einem französischen Artillerieregiment, floh bei Ausbruch des Revolutionskriegs 1793 nach Deutschland, wo er bei dem Condéschen Heer Dienste nahm. Der im übrigen schriftstellerisch tätige Emigrant zeichnete sich dadurch vor anderen Emigranten aus, daß er sich ernstlich bemühte, die Kultur seines Gastlandes in sich aufzunehmen und ihre wesentlichsten Erscheinungen seinem eigenen Vaterland nahezubringen. Ihm ist die erste Kant-Studie in französischer Sprache zu verdanken. In der Emigranten-Zeitschrift »Le Spectateur du Nord« schrieb Villers, der 1811 in Göttingen Professor für Französische Literatur wurde, wiederholt über die zeitgenössische deutsche Literatur und Sprache.

Es nimmt nicht wunder, daß Mme de Staël die Bekanntschaft und Freundschaft dieses Mannes suchte, der nachgewiesenermaßen erheblichen Anteil an der Schrift »De l'Allemagne« hat. Die Bedeutung seines Wirkens haben deutsche Zeitgenossen dankbar anerkannt: »Er ist eine wichtige Person durch seinen Standpunkt zwischen den Franzosen und Deutschen, [...] da er wie eine Art von Janus bifrons herüber und hinüber sieht.« So Goethe am 22. Juli 1810 an Reinhard; Villers selbst, den Voß 1802 mit »altdeutschem Handschlage« grüßt, hat sich allerdings wesentlich parteiischer geäußert, gegen seine ehemaligen Landsleute ausgesprochen und für die Deutschen erklärt, »les véritables Grecs de l'Europe moderne«, wie er sie am 25. Juni 1802 gegenüber Mme de Staël definierte. Desto grotesker mutet es an, daß dieser Mann 1814 im Zuge der Hannöverschen Restauration seines Lehrstuhls an der Göttinger Universität enthoben wurde!

Da den deutschen Zeitgenossen die Funktion und Einstellung Villers' bekannt war, kommt es nicht von ungefähr, daß er – 1810 – unter den Mitarbeitern des »Vaterländischen Museums« firmiert. Zum besseren Verständnis der Zeitverhältnisse sei kurz auf diese Zeitschrift eingegangen. Ihre Gründung geht auf das Betreiben des Buchhändlers und Verlegers Friedrich Perthes in Hamburg zurück, der bekanntlich auch zu den Gründern des Börsenvereins der deutschen Buchhändler zählt. Perthes (1772–1843), übrigens ein Schwiegersohn von Matthias Claudius, war ein unter Buchhändlern seinerzeit nicht einmal seltenes Muster von fortschrittlichem ökonomischem Denken und literaturpolitischer Tatkraft. 1796 gründete er mit Johann Heinrich Besser in Hamburg eine Buchhandlung, die als die erste reine Sortimentsbuchhandlung in Deutschland gilt. Aber da er – mit dem Titel seiner bekanntesten Schrift zu reden – den Buchhandel als »Bedingung des Daseyns einer deutschen Literatur« auffaßte, war er sich auch der Verantwortung wohl bewußt, die der deutsche Buchhändler damit übernahm, daß er diesen Beruf ausübte. Folgerichtig war er 1810 Verleger und Herausgeber des »Vaterländischen Museums«, das bereits 1811 sein Erscheinen einstellen mußte. Perthes seinerseits, der sich als Hamburger Senator am Widerstand gegen Napoleon beteiligte, mußte nach England fliehen, von wo er 1814 nach Hamburg zurückkehrte. Der Titel der Zeitschrift signalisierte dem Zeitgenossen und bedeutet noch uns zu einem Teil bereits die Herkunft, das Engagement, die Frontstellung.

So liest man denn auch in der »Ankündigung« der Zeitschrift: »Das *vaterländische Museum* ist einzig durch die drängenden Umstände einer Zeit veranlaßt worden, dergleichen von so ausgebreiteter Gewalt, von einem so in die geringsten Umgebungen eingreifenden Umschwunge der Dinge seit der Völkerwanderung her keine gefunden werden kann.« Nicht der Tagespolitik will sie sich widmen, sondern die »wahre politische Richtung, das Interesse für Staat und *Geschichte*«, den »reinen Sinn für *geschichtliche* Wahrheit« befördern und unumwunden aussprechen. Ferner will die Zeitschrift eintreten »für Erhaltung *deutscher Bildung* und für Bewahrung *deutsch-eigenthümlicher Art und Wissenschaft und Kunst*«. Die Herausgeber »befürchten nicht, uns dadurch den so neu aufgekommenen Vorwurf der Germanomanie zuzuziehen.« Im Gegenteil: »des Wissens aller Art kundige Männer« werden sich in diesem Forum vereint bemühen, »den Charakter des von Natur viel und tief forschenden, Gott und Menschen treuen Deutschen, in seine alte Würde herzustellen.« Wo alles und jedes auf die Besinnung zum Deutsch-Eigentümlichen abzielt, ist es verständlich, daß auch die Wahl des Titels eine Anspielung darstellt:

> »Den Titel wählten wir mit dankbarer Erinnerung an das *deutsche Museum*, wo trefliche und wackere Männer gleichfalls strebten, deutsche Bildung und Ansicht zu vereinigen.«

Germanomanie, politisches Reizwort jener Jahre in Deutschland, aber ja doch historisch eine Tatsache. Verbürgt ist sie durch Saul Aschers »Skizze zu einem Zeitgemälde«, die er 1815 unter dem Titel »Die Germanomanie« veröffentlichte.

Der promovierte Jude heizte damit 1817 die Bücherverbrennung auf dem Wartburgfest der Urburschenschaft an, begleitet von den Worten teutscher Studenten:

> »Wehe über die Juden, so da festhalten an ihrem Judentum und wollen über unser Volkstum und Deutschtum schmähen!«

Der Kreis schließt sich – von Boie, der 1776 bis 1791 das »Deutsche Museum« herausgab, bis Friedrich Schlegel, dem Redakteur des »Vaterländischen Museums« und mutmaßlichen Verfasser der »Ankündigung«. Zu den Mitarbeitern, toten und lebenden, gehören neben anderen Klopstock, Jean Paul, Claudius, Christian und Friedrich Leopold Graf zu Stolberg, Fouqué, der Göttinger Historiker Heeren, Adam Graf von Moltke, Oehlenschläger, der Germanist von der Hagen und Friedrich Schlegel selbst. Die Thematik der Beiträge, auf die hier nicht weiter eingegangen werden kann, macht die Zeitschrift zu einer Fundgrube deutscher Ideologie am Vorabend der Befreiungskriege und in der Tat zu einem Sammelbecken an – Germanomanie. Ein Beispiel stehe für viele! Die Zeitschrift druckt »Zwei Reden« des Historikers Karl Dietrich Hüllmann ab, »gehalten in der neu eingerichteten deutschen Gesellschaft zu Königsberg«; ihr Thema: »Preußen werde Großdeutschland« – meines Wissens der erste Hinweis auf diese politische Formel – und: »Volk und Sprache müssen Deutschland verewigen«. Beiträge von derartiger politischer Brisanz machen es begreiflich, daß die Zeitschrift, die erhebliches Echo fand, bereits 1811 wieder verboten wurde. Friedrich Schlegel schrieb am 17. Februar 1811 an Perthes:

> »Lange ist hier kein literarisches Ereignis mit so allgemeiner Teilnahme aller Gutgesinnten aufgenommen worden, als das Aufhören des vaterländischen Museums. Es sind schon mancherlei Anfragen an mich ergangen, ob es denn nicht möglich sei, es fortzusetzen und von neuem beginnen zu lassen.«

Der Aufsatz von Villers paßte jedenfalls vortrefflich in das Konzept der Zeitschrift. Der Übersetzer des Essays, Friedrich Gottlieb Zimmermann, damals Collaborator, später Professor am Johanneum zu Hamburg, gehörte zur Redaktion des »Vaterländischen Museums«. Perthes urteilte am 10. Mai 1814 gegenüber Villers so über ihn: »Dr. Zimmermann empfiehlt sich – er hat sich brav in dieser Prüfungszeit benommen; charakterfester wie ich ihm zutraute.« Es ist nicht nötig, den Gedankengang Villers' im einzelnen wiederzugeben. Seine These ist, daß die Franzosen der Liebe gegenüber Naturalisten, um nicht zu sagen Materialisten sind, während die Deutschen in der Liebe wie überall einer idealistischen Tendenz zuneigen. Diese These belegt Villers mit einer probaten Auslese von Autoren. Anstelle einer nichtssagenden Aufzählung möchte ich auf die Stufenleiter, die »Echelle de la poésie française et allemande« zurückgreifen, die Villers sich selbst entworfen hatte. Diese Stufenleiter umfaßt folgende Regionen: obenan steht der ›Ciel empyrée‹ – das Empyreum, nach Dante der Aufenthaltsort der Seligen; ihm folgt die ›Domaine de l'ange‹ – das Gefilde des Engels; die Erde ist die dritte Region, gefolgt von der ›Domaine de l'homme‹, dem Terrain des Menschen. Danach geht es moralisch abwärts. »Marais, vicus, lieux bas« bezeichnen die erste Station der Tiefe, zu deutsch etwa: Sündenpfuhl. Die tiefste Region ist schließlich die »Domaine de la bête« – das Revier des Viehischen.

Anhand dieser Skala ordnet Villers die Erotiker Frankreichs und Deutschlands. Im Empyreum sitzen deutscherseits Klopstock, Schiller, Goethe, Herder, Hölty, Baggesen, Voß, Stolberg, Anzer (gemeint ist wohl: Unzer) und andere. Unter die Engel werden Ewald von Kleist, Göckingk, Hagedorn, Dusch, Lessing und Geßner versetzt. An der Erde klebt, laut Villers, die Menge deutscher Liebesdichter wie etwa Wieland, jene also, die die Franzosen und Italiener nachgeahmt haben, was keineswegs positiv bewertet wird. Auf dem Terrain des Menschen tummeln sich Rost und Thümmel. Im Sündenpfuhl badet allein Heinse, und zwar nicht deshalb, weil er den »Ardinghello« geschrieben, Petron und andere verdeutscht, sondern weil er einiges von Grécourt übersetzt hat! Auf dem Gebiet der viehischen Liebesdichtung hat die deutsche Literatur, Villers zufolge, keine Namen und Werke aufzuweisen.

Bei der französischen Literatur ist es genau umgekehrt. Im Empyreum ist für Franzosen kein Platz! Unter den Engeln wenigstens findet man Corneille und Racine; auf Erden die Vielzahl erotischer Schriftsteller wie Dorat, Bertin. Menschlich, allzumenschlich werden Lafontaine, Crébillon fils und Vergier eingestuft. Im Sündenpfuhl steckt ›Grécourt etc.‹. Zur Erinnerung: Grécourt, in Grécourts Manier, war während des achtzehnten Jahrhunderts ein Synonym für wollüstige Poesie und sträfliche Reizung der Sinne. Tatsächlich war Abbé Jean-Baptiste-Joseph Willart de Grécourt (1683–1743) ein zager Hedonist. Auf dem Gebiet viehischer Literaturexzesse – wo die Deutschen angeblich nichts aufzuweisen hatten – versammelt Villers schließlich eine »Foule d'érotiques licencieux tels qu'aucune littérature n'en offre l'exemple«. Und aus dieser Menge werden namentlich zitiert: Piron, Bussy, Robbé und »l'auteur de Justine« – de Sade!

Die Auswahl zeigt auf den ersten Blick, daß Villers Partei nahm. Er unterschlägt zum Beispiel Autoren wie Rousseau, den Verfasser der ›Nouvelle Héloise‹, für die er wohl eines Platzes im Empyreum versichert gewesen wäre, oder Choderlos de Laclos, obgleich ihm dessen »Liaisons dangereuses« nicht unbekannt gewesen sein können. Auch die Liste der deutschen Gewährsleute stellt eine Klitterung dar. Es ist leicht, Idealismus behaupten, wenn man die ›auteurs licencieux‹ deutscher Zunge schweigend übergeht. Für das achtzehnte Jahrhundert sind das wenigstens »Der im Irrgarten der

Liebe herumtaumelnde Cavalier« von Johann Gottfried Schnabel und die mit ›idealen‹ Devisen Jean Pauls verblümten sexuellen Kraftakte eines Althing. Während Schnabels Produkt als ein Buch galt, das die Jungfrau, den Jüngling unwillkürlich verführte, war ›Althings Manier‹ ein Prädikat, so bekannt und verrucht wie ›à la Grécourt‹. Dabei wußte der zeitgenössische Leser, die zeitgenössische Leserin vermutlich nicht, daß Althing mit bürgerlichem Namen Christian August Fischer hieß, geboren 1771, gestorben 1829, Doktor der Philosophie, Professor, wenn auch nur vorübergehend, der Kulturgeschichte, der schönen Wissenschaften, der Staatengeschichte und der Statistik in Würzburg war. Mit Worten Jean Pauls begründete er ein Erotikon wie die »Sechs Dienstnächte einer jungen Dame«, erschienen um 1800: »Es schadet einem Autor an der Moralität wenn er zu tugendhaft schreibt, wenigstens suchen allezeit Skribenten, die ein reines Leben führen wollten, wie Martial, Katull, Sanchez, die unreinsten Werke zu verfertigen, um mit ihnen wie mit gut angebrachten Ventilatoren oder Schiffspumpen, oder Abzugsgräben den Sünderstoff aus ihrer Seele abzuführen.« Villers war *dieser* Jean Paul wohl entgangen, kam *dieser* Gedankengang auch nicht gelegen.

Am auffälligsten ist jedoch das Fehlen des Namens jenes Autors, in dessen Zeitschrift Villers seinen Essay veröffentlichte: Friedrich Schlegel! Nach seiner Bedeutung und dem Rufe nach, den er besaß, hat Villers ihn kennen müssen, und ein Werk wie die »Lucinde« war ihm in Hamburg gewiß nicht unbekannt, wenn man selbst in Ungarn Schlegel als Verfasser des besagten Werkes kannte. Wenigstens schreibt Karl August Varnhagen von Ense: »In Ungarn aber sei ihm widerfahren, daß man wohl von ihm gewußt, aber nur als von dem Verfasser der Lucinde und daher gezweifelt habe, ob man ihn bei den Damen einführen könne.« Was wird Villers veranlaßt haben, die »Lucinde« totzuschweigen? Rücksichtnahme auf den Autor womöglich, sicherlich jedoch Rücksichtnahme auf das Prinzip seiner Wertskala und den an ihr nachgewiesenen »heiligen Ernst der deutschen Poesie«. Falls sich der Wahlgermane Villers die zeitgenössische Entrüstung über die gewagten Gedankengänge der »Lucinde« zu eigen gemacht hatte, wäre sie notwendig in einer Sphäre anzusiedeln, für die Villers in der deutschen Literatur aus schmeichelhaftem Vorurteil nichts zu finden vermochte.

In diesem Zusammenhang stellt sich die Frage, wieso die zeitgenössische Gesellschaft Schlegels Intention eigentlich derart mißverstehen konnte oder mußte. Die »Lucinde« ist ja in der Tat ein grunddeutsches Erotikon. Es praktiziert nicht, es reflektiert Liebe, redet keinesfalls der Ausschweifung und sexueller Libertinage das Wort, sondern schwärmt sozusagen von einer neuen »Sittlichkeit der Wollust«. Diese Formel ist der Titel eines Werks von Ernst Friedrich Ockel, das 1772 erschienen war. Entsprechend einem anderen Verhältnis zum Körper und Geschlecht, aber auch bedingt durch ihre andere Herkunft und den in der Regel anderen Adressaten hat es in Deutschland wenige Autoren gegeben, die es wagten, auf dem Papier andere Beziehungen zwischen Mann und Frau zu imaginieren. Diese Werke gehören aber zu den besonderen künstlerischen und gedanklichen Leistungen des achtzehnten Jahrhunderts. Ich denke an Wielands Einübungen im Liebesspiel, Lichtenbergs Briefe über die Macht der Liebe, Heinses schon beschworenen »Ardinghello«, Hippels Entwurf einer bürgerlichen Verbesserung der Weiber und, nicht zu vergessen und zu missen, Mozarts »Don Giovanni«. Betrachtet man den Zustand der deutschen bürgerlichen Gesellschaft zwischen 1775 und 1819, liest man ihre Entgegnungen auf die oben genannten Schriften und Tonwerke, gelangt man zu dem Schluß, daß alle diese Versuche, die zum Teil noch Gutzkow 1835 völlig aktuell geblieben zu sein schienen, es nicht vermochten, eine Gesellschaft zu bilden und soweit zu erziehen, daß sie aus dem unbedingten, leidenschaftlichen Ja zur Sinnlichkeit und Liebe den Grund zu einer lauteren Sittlichkeit gelegt hätte. Statt dessen konstatierten aufmerksame Zeitgenossen der deutschen Gesellschaft schon Jahre vor Erscheinen der »Lucinde« eine Neigung der Deutschen, unaussprechlich zu denken, was so deutlich für sich selber sprach. Anläßlich der Aufführung von Goldonis »Diener zweier Herren« 1794 in Weimar äußerte Goethe zu Wieland, »daß die ursprüngliche vis comica in den Obscönitäten und Anspielungen auf Geschlechtsverhältnisse liege und von der Komödie gar nicht entfernt gedacht werden könne. Darum sei Aristophanes der Gott der alten Komödiendichter, sagte Wieland, und darum hätten wir eigentlich gar kein Lustspiel mehr. [...] Darum ist eben mein Aristophanes kein solcher Schweinigel (Verweis auf die Aischologien und Ithyphallika in den Mysterien) als ihn unsere Überlieferung achten will.« So notierte es der allgegenwärtige Böttiger.

Bedenklicher als diese Situation und Haltung der bürgerlichen Gesellschaft war, daß ihre emanzipierten Vorredner nachträglich zum Teil ihre eigenen Positionen verließen, sie leugneten und schließlich sogar bekämpften. Friedrich Schlegel ist das bestimmende Beispiel. Varnhagen schreibt an der gleichen, oben zitierten Stelle: »Diesen berüchtigten Roman und das sinnliche Treiben, das ihm zugrundeliegt, wollte er damals noch keineswegs preisgeben, wie er späterhin zu tun doch gezwungen war, indem er sowohl er selbst als auch die Forderung der Welt sich in entgegengesetzter Richtung steigerten.« Entsprechend plädierte Schleiermacher 1816, um der Forderung der restaurierten Welt zu genügen, wieder für das unauflösbare Sakrament der Ehe. Dem Selbstgefühl der bürgerlichen deutschen Gesellschaft mundete daher, wie sich

schließen läßt, der Essay des Franzosen nur zu gut. Das Echo
auf seine Veröffentlichung bestätigt diesen Eindruck. Der Verfasser empfing schmeichelhafte Dankschreiben unter anderem von Goethe, Jean Paul, Friedrich Heinrich Jacobi, Johannes von Müller. Und Caspar Freiherr von Voght teilt Villers
seine Freude angesichts des – ideologischen – Sieges über eine
Nation mit, die sonst alle Welt besiegt.

Auch Mme de Staël hatte mit Hilfe ihres Deutschland-Bu-
ches zeigen wollen, in erster Linie ihren Landsleuten, daß die
französische Nation sich ein Beispiel an der moralischen Kraft
der deutschen nehmen sollte, um weiterhin die erste Nation
zu bleiben. Eine Schrift wie die von Villers war eine Genugtuung für die belesenen Angehörigen eines Volkes, das keine
Nation war und in seinen Ländern überwiegend von der französischen Militärmacht beherrscht wurde. Es verwundert
nicht, daß in die Auseinandersetzung mit dem westlichen
Nachbarn, die niemals rein schöngeistig gewesen war, mehr
und mehr ein militanter Ton kommt, und es gibt wohl nichts
Aggressiveres als, zuzeiten, den enragierten Moralisten. Das
altdeutsche Habit für den deutschen Jüngling, die hingebende
Pose der sich selbst vergessenden Magd für die deutsche Jungfrau waren Erscheinungen der Zeit. Der Erfolg des »Käth-
chens von Heilbronn«, 1810 am Wiener Burgtheater uraufgeführt, erklärt sich aus dieser Phase ideologischer Aufrüstung.
Politisch direkter waren, wenngleich sprachlich umschrei-
bend, Unternehmungen wie der ›Tugendbund‹ in Preußen
und Jahns Turnkunst.

Sie nachzuschreiben, ihnen nachzudenken, das Wartburgfest 1817 nicht versäumend und danach auf den tadellosen
Mörder, Brutus im Kopf und den Dolch im Gewande, Sand
sein Name, zurück zu kommen, jenen Studenten der Theologie, der mit solchem Brustton, der politischer Tugend in
Deutschland (aber nicht nur da, wie unser Jahrhundert lehrt)

zu eigen ist, darauf beharrt, recht zu tun, weil er recht habe, ist eine Geschichte für sich. Sie wäre fort und immerfort zu führen mit der einäugigen Dokumentation von Peter Brückner, vorgelegt 1975, die so tut, als wäre die Burschenschaft anno 1817 ein Vorläufer der – *linken* – Studentenbewegung von 1968 und die Ermordung Kotzebues dem Regime Metternichs nur der Vorwand für gewünschte Restriktionen gewesen; aber für den Politologen Brückner war sie der willkommene Anlaß, Vergleiche mit Staat und Universität in Deutschland 1975 zu suggerieren. Der Belletrist Tankred Dorst seinerseits meinte 1971, Carl Ludwig Sand sei für ein »Szenarium« an der Zeit, und das Fernsehen fand dies auch – Dolchstoßlegenden wie gehabt und an der neueren deutschen Geschichte bildschön vorbei.

Militante Tugendliche, tugendartige Lüsternheit, Wollust als eine andere Tugend ausgerufen: in dem Jahr, in dem die Heilige Allianz zwischen Preußen, Österreich und Rußland besiegelt wird, erscheinen hierzulande zwei Texte, die am Ende noch einmal den Eingang beschwören. Der eine Text trägt den Titel »Schwester Monika«, der andere heißt »Mimili«. Als Verfasser der anonym erschienenen »Schwester Monika« vermutet man E. T. A. Hoffmann – mit fragwürdigen Gründen. Dem Stil nach handelt es sich bei dem Autor ohne Zweifel um einen in den antiken und modernen Kollegen bewanderten Schriftsteller; die wirre, nicht zu Ende geführte Handlung aber ließe nur auf einen Hoffmann schließen, der denn doch zu tief in die Punschbowle geguckt hatte, als er seine Monika zu spielen begann. Hier geht es jedoch nicht um Autorschaft, sondern um eine Botschaft, wie sie Ockel Jahrzehnte zuvor schon einmal auf den Begriff gebracht hatte: die Sittlichkeit der Sinnlichkeit. »Schwester Monika« ist kein reizendes Lehrbuch sexueller Ausschweifungen, auch wenn der Schauplatz und die auf ihm liegend, kniend, mit Vorliebe

poklatschend agierenden Elevinnen der Liebe und überwältigende Militärs, Nonnen und Mönche und ihr Raum das
Schriftsteller seit dem Mittelalter zu Vermutungen veranlas-
sende Klosterleben sind, der andere Schauplatz sozusagen die
ebenso verschwiegene Eremitage der Aristokratie des ›ancien
régime‹ ist, das Schloß, der Landsitz noch von keiner bürgerlichen Revolution aufgescheucht, sondern von der Brise Libertinage angehaucht, durchlüftet. »Schwester Monika« ist der
Versuch, die Triebe auf Gedanken zu bringen, etwa auf den,
daß »das Physisch-Geschlechtliche« überall, »selten das Gött-
lich-Intelligente, soweit es dem freien Menschen imputiert«
und »an ein Gleichgewicht zwischen Natur und Religion, Freiheit und Notwendigkeit« nicht zu denken sei, »solange die
Tierseele über die Gottseele in vernünftigen Menschen siegt
und Gesetze ihn zur verständigen Maschine bilden.« Oder auf
diesen Gedanken, daß alles, »was der Mensch im Kleinen«, die
»Welt im Großen« sei und »alle Teile ein »zusammenhängen-
des Ganzes« bilden. Christliche Heilsbotschaft ist das wahrlich
nicht, aber schon so etwas wie Fourier und Saint-Simon avant
la lettre, wenn eine »Schöpfungspalingenesie«, soll heißen die
wollüstige Vereinigung der Leiber allen »Verstand, alle Bos-
heit und alle Tugend des Anstandes und der Schamhaftigkeit
vernichtet« und sie »als völlig unnötig, gleich abgeworfenen
Kleidern, in süßer Untätigkeit vor uns liegen.«

Aber, läßt der Anonymus Aurelie ihren Hymnus auf den
Kosmos der Liebe, die eben nicht viehisch ist, schließen, seit-
dem »die Schwanzperücken Mode geworden, gibt es keinen
Herkules mehr, und der ungeheure Lockenwald aus dem Zeit-
alter der schönen Valérie ist wahre Satire auf unsere kahlen
Busenritter.«

Seitdem die Schwanzperücken Mode geworden: 1783 erscheint Lichtenbergs »Fragment von Schwänzen«, sein satiri-
scher »Beytrag zu den Physiognomischen Fragmenten« von

Lavater, eine Revue ausnehmender Zöpfe, wie sie Studenten – Burschen – seinerzeit trugen.

»Mimili« dagegen spielt in der Gegenwart von 1815. Sein Verfasser ist hinlänglich bekannt, Heinrich Clauren sein Deckname als Schriftsteller, in Wirklichkeit hieß er Carl Gottlieb Samuel Hain (1771–1854). Er läßt seinen Helden Wilhelm, den »Herrn Ritter vom eisernen Kreuz« nach siegreich bestandenem Befreiungskrieg Urlaub in der Schweiz machen, und das »Ziel meines Wunsches« war, die Jungfrau – zu besteigen: »Daß ich ihr so nahe kommen, in ihrer Nähe so glücklich sein würde, ahnete ich nicht.« Die eine Jungfrau meint das Bergmassiv, die andere das sechzehnjährige Mimili, Tochter eines Bergbauern, die schwyzerdütschsprechende Unschuld vom Lande, die Zweideutigkeit ist von Clauren gewollt und Kennzeichnen seiner Erzählweise. Da küssen sich Ritter und Maidli inbrünstig, aber immer in Züchten, wogen Busen, werden Kleidungsstücke der Mimili, verrutscht, genau beschrieben, gibt es Schilderungen wie diese von einer Mimili, an deren Busen Wiesenblumen wogten, »in ihrer Mitte ein kleiner Strauß würziger Erdbeeren. Eßt, genießt, sagte sie und bot mir des Busens herrliche Fülle, sie sind reif ...« Das geschah frühmorgens. Man stelle sich daher des deutschen Ritterkreuzträgers Gewissenskonflikt vor, als gegen Abend Mimili, die in der Kammer nebenan schläft, mit der ihr laut Clauren eignenden Unschuld dem geliebten Ritter anvertraut, sie lasse ihre Kammer unverriegelt. Aber Wilhelm schiebt seinen schnöden männlichen Begierden selbst den Riegel vor: »Die Gewalt der Tugend, die unendliche Gewalt der Tugend lernte ich in dieser Nacht erkennen.« Am Ende ehelicht er Mimili, die nach einem Probejahr immer noch Jungfrau wie er Krieger, aber treu ist, und gebiert übers Jahr riegellos einen Silli, zu deutsch einen Sohn.

Wilhelm Hauff hat 1827 eine »Kontroverspredigt über H.

Clauren und den Mann im Monde« gehalten, die er »Allen Verehrern der Claurenschen Muse« widmete. Zu Recht geißelt er darin Schriftsteller wie Clauren, welche »ihre Dichtungen auf eine gewisse Sinnlichkeit« bauen, »die sie, wie es unter einem gewissen Teil von Frauenspersonen Sitte ist, künstlich verhüllen, um durch den Schleier, den sie darüber gezogen haben, das lüsterne Auge desto mehr zu reizen.« Man erinnere sich an die von Möser vorgeschlagene Definition der ›Tugendartigkeit‹, an Herders ›feines Bordell‹ alias Kotzebues Schauspiele; Hauff hat das feine Gespür dafür, was da in der von Claurens Icherzähler beteuerten Unschuld vor dem unberührten Massiv der jeweiligen Jungfrau im »Kostüm der Natur« gespielt wird. Aber Hauff erinnert auch an einen Hainbündler und an Falks ›Ungenannten‹, wenn er am Ende seiner Kontroverspredigt von der papierenen Kanzel herab sein »schämet euch, ihr Jünglinge«, donnert, »wenn ihr wahre Liebe in diesem Handbuche der Sinnlichkeit wiederfinden wollet. Errötet, wenn ihr es in seiner Schule nicht verlernt habt, errötet vor euch selbst, ihr Jungfrauen, eure Phantasie mit diesen lüsternen Bildern zu schmücken. Es gibt eine moralische Keuschheit, eine holde, erhabene Jungfräulichkeit der Seele. Man darf darauf rechnen, daß ein Mädchen sie verloren hat, wenn sie Claurens Erzählungen gelesen.«

Hauff hatte gut reden; Clauren selbst merkt stolz an, daß für seine »Mimili«, ungeachtet ihre Geschichte schon im »Freimütigen« gestanden hatte und ungeachtet jede der darauf erschienenen zwei Auflagen dreitausend Exemplare stark gewesen war, doch »jetzt« – 1818 – »eine dritte, ebenso starke Auflage nötig sei« und, wenn er auf *ein* Buch zehn Leser rechne, es wohl ihrer hunderttausend sein mögen, »die von dem einfältigen Maidli da oben in der Schweiz, der Jungfrau gegenüber, wissen«.

1846 stellt der Düsseldorfer Maler Johann Peter Hasen-

Johann Peter Hasenclever, Die Sentimentale. 1846

clever (1810–1853), Freund Freiligraths, Hauptvertreter der realistischen Malerei in dieser Stadt, ein Ölgemälde aus, das er »Die Sentimentale« nennt: eine einsame Frauengestalt, in die Betrachtung des vollen Mondes vertieft, auf dem Tischchen hinter ihr, im Zwielicht, Goethes »Werther« und am Fenster, mondbeschienen, Claurens »Mimili«! Eine »gemalte Persiflage« auf den rührseligen Geschmack der zeitgenössischen Leserin hat man dieses Gemälde genannt. Aber diese Persiflage ist so gelungen, daß sie dem nachgeborenen Betrachter nur noch als ein Stimmungsbild aus guter, alter Zeit erscheinen will, mitsamt der halb entblößten fleischigen weiblichen Rückenansicht, auf der das Licht des Malers, das Augenmerk des Betrachters liegt: Wollustartigkeit, wie sie im Bilde steht.

REISEN IN ZELLEN
UND DURCH DEN KOPF

Auch ein Beitrag zur Aufklärung

Wenn Jemand eine Reise tut – fast wagt man es schon nicht mehr auszusprechen, so sehr versteht sich nun von selbst, was Claudius 1786 die Leserinnen, Leser des von Voss herausgegebenen Musenalmanachs glauben machte – so kann er was erzählen. Der Wandsbecker Bote hatte gut reden; außer Darmstadt, Kopenhagen, Hamburg hat er von der Welt nicht viel gesehen. Sein Urian reiste an Dichters Statt. Das ist, wenigstens für Deutschland, bemerkenswert. Georg Forster wird nach seiner Weltumsegelung mit Cook in den Städten der deutschen Provinz bestaunt, als sei er selbst ein Eingeborener von Otaheiti, nur bleichgesichtiger als Omai, und desto interessanter. Hält man sich an das Gedicht von Urian, an die diversen Beschreibungen von Reisen, an die Reisenden selbst, so erscheint das achtzehnte Jahrhundert ameisenmäßig bewegt und belebt. Auf Schusters Rappen oder zu Pferd, in der Postkutsche, per Schiff sieht man Reisende aus vieler Herren Länder (mit Vorliebe aber Briten) unterwegs: der eine und andere kehrt am Ende von fremden Ufern bereichert zurück – so, häufig aber auch so.

Über den philosophischen, ökonomischen, statistischen, politischen, sentimentalischen, hypochondrischen, den Vergnügungs- und den Bildungs-Reisenden sollten aber nicht die anderen vergessen werden – die überwältigende Mehrheit übrigens –, die wie der Wandsbecker Bote daheim bleiben, in eigenen und fremden vier Wänden, krankheitshalber, aus Armut oder auch von Rechts und Staats und Berufs wegen und aus Mangel an Gelegenheit und Geld. Diesen Zeitgenossen blieb nur übrig, anhand der Beschreibungen anderer auf den Flügeln ihrer Phantasie zu eingebildeten Reisen aufzubrechen, die jedenfalls preiswerter waren und womöglich ertragreicher sind.

Unter den Reisenden des achtzehnten Jahrhunderts begegnet einer, der in mehrerer Hinsicht Aufmerksamkeit verdient. Dieser Herr, Howard mit Namen, hat im letzten Viertel jenes Jahrhunderts nicht nur sein eigenes Vaterland – Großbritannien – zu verschiedenen Malen bereist, sondern auch auswärtige Länder aufgesucht, unter ihnen Frankreich, die Schweiz, Deutschland, Holland, die österreichischen und französischen Niederlande. Aber Howard ließ es damit nicht bewenden; er ruhte nicht, bis er auch Italien, Spanien, die Türkei und Rußland hinter sich gebracht hatte. Was er sah und zu hören bekam, hat dieser Reisende getreulich aufgeschrieben. Das Bemerkenswerte an seinen Reisenotizen ist: sie teilen von der Beschaffenheit der Länder, die er bereist, nicht das mindeste mit, nichts über die Wirtschaft, den Staat, das Aussehen und Ansehen des jeweiligen Landes, auch nichts über die Natur der in ihm wohnenden Menschen. Dennoch ist unser typisch britischer Sonderling nicht mit verhängten Fenstern und mit Scheuklappen vor den Augen durch Europa gefahren. Gottlieb Ludolf Wilhelm Köster, der Howards Schrift »The State of the Prisons in England and Wales, with preliminary observations and an account of some foreign Prisons«, erschienen London 1777, schon 1780 ins Deutsche übersetzte, hob zu Recht hervor:

> »Tausende reiseten, aus tausend verschiedenen Absichten, solange es Mode gewesen ist zu reisen; ob aber je eine Einziger nur mit diesem Endzweck reisete, zweifle ich.«

Köster zweifelte füglich. Denn Howard reiste nicht wie sein Landsmann Sterne, um ein empfindsames Mütchen zu kühlen, sondern von Gefängnis zu Gefängnis; er besah nicht Sehenswürdigkeiten, sondern sozusagen -unwürdigkeiten. Das Resultat der Reisen Howards war kurzum die genaue Beschreibung aller englischen und der wichtigsten ausländischen Gefängnisse und Zuchthäuser sowie allgemeine Anmerkungen über deren Einrichtung und Verwaltung.

Wohin er kam, hat Howard – eine Art eingeschränkter Baedeker – Gefängnisse aufgesucht, den Kerkermeister befragt, notiert, was er erfuhr: über den Zustand der Anstalten, ihre Belegung, die Krankheiten von Inhaftierten und so weiter. Er muß eine wahre Manie besessen haben, alles zu vermessen, alles zu notieren. Getreulich vermaß er die Räumlichkeiten, forschte er nach den unterirdischen Kerkern – dem noch im achtzehnten Jahrhundert genutzten Zuchtinstrument vor allem der privaten Haftanstalten etwa der Kirche und des Adels –, prüfte die Lagerstätten und die Verpestung der Luft. Von den Menschen ist in seinen Reise-Berichten so gut wie nie die Rede; als Zahlen gegebenenfalls: Inhaftierte, Kranke, Krepierte. Schicksale sind nicht darunter. Das genau macht diesen Reisenden so spannend. Howard wurde wegen seiner unerhörten Berichte über den Zustand der englischen und kontinentaleuropäischen Gefängnisse als ›Menschenfreund‹ gepriesen. Infolge des von ihm belegten Sachverhalts erließ das englische Unterhaus mehrere Gesetze zur Verbesserung des Gefängniswesens. Insofern leistete Howard tatsächlich einen, *seinen* Beitrag zur Humanität in den Grenzen der aufgeklärten Vorstellungskraft, wie Beccaria fast gleichzeitig seinen Beitrag geleistet hat. Aber Howards Reise-Bericht ist neben seinem statistischen Informationswert und ungeachtet seiner seriösen Absichten auch verrückt zu lesen: als ein Schauerroman wider Willen, erfahren und verfaßt von einem, der seine Augen und Phantasie auf eine abseitige Reise geschickt hat. Zwei Beispiele aus dem Text sollen diese Version zunächst bestätigen. Das erste Beispiel ist Howards Beschreibung von seinem Besuch im Bicêtre, der legendären Lokalität nahe Paris:

»Das Gefängnis Bicêtre liegt auf einer kleinen Anhöhe, etwa zwei Meilen von Paris. Wäre es bloß Gefängnis, so würde ichs ein ungeheueres Gefängnis nennen. Allein es ist in der That eine Art eines allgemeinen Hospitals fürs männliche Geschlecht, wie das Hospital General fürs weibliche. Von mehr als vier tausend Menschen, die innerhalb der Mauren desselben sich befinden, sind nicht die Hälfte Gefangene. Der größte Theil sind: Arme, welche eine grobe braune Uniform tragen, und so elend aussehn, wie die Armen in einigen englischen Werkhäusern auf dem Lande; ferner Verrückte, und Venerische Kranke männlichen Geschlechts. Jede dieser verschiedenen Classen von Menschen hat ihren eigenen Hof, und von den andern, wie auch von den Gefangenen, abgesonderte Zimmer. Sie sitzen in kleinen Gemächern, deren einige nur acht Quadratfuß groß sind. Ich zählte die Fenster an der einen Seite des Gefängnisses, und berechnete daraus, daß die Anzahl dieser kleinen Gemächer etwa fünf hundert sein müsse. In jedem derselben ist nur ein Gefangener. Diese bezahlen für ihren Tisch jährlich zwei hundert Livres. Ausserdem sind noch zwei andere grosse Zimmer, La Force genannt, an der andern Seite des Hofes, La Cour Royale, welche voll von Gefangenen sind. Ueber diesen zwei Zimmern ist ein allgemeines Lazareth, und über demselben noch ein besonderes, für solche die mit dem Scorbut behaftet sind: eine sehr gemeine, und für die Gefangenen unglückliche Krankheit.

In der Mitte vom La Cour Royale sind acht fürchterliche unterirdische Kerker, sechzehn Stufen tief unter der Erde; jeder etwa dreizehn Fuß lang, und neun breit, mit zwei starken Thüren, drei in der Mauer befestigten Ketten, und einer von Steinen ausgemauerten Luftröhre in der Ecke eines jeden Behältnisses, versehen. Aus der Lage dieser scheuslichen Hölen, und den Schwürigkeiten welche ich fand, hineingelassen zu werden, schliesse ich, daß schwerlich irgend ein anderer Fremder sie je gesehen hat. Dies ist die Ursache, weswegen ich diese Partikularie so genau angerührt habe, und, wie ich hoffe, auch der Grund, aus welchem man selbige entschuldigen wird.

Die Gefangenen machen hier Strohbüchsen, Zahnstocher u. dgl. und verkaufen sie an Fremde. Ich betrachtete die Mannspersonen mit einiger Aufmerksamkeit, und beobachtete in den Mienen mancher eine gewisse Melancholie; viele andere sahen sehr kränklich aus. Dies Gefängniß scheint nicht so gut verwaltet zu werden, wie die in der Stadt. Es ist sehr schmutzig; die Zimmer haben keine Kamine oder Oefen, und bei der strengen Kälte im letzten Winter, kamen dadurch mehrere hundert ums Leben.«

Howards Bericht vermeidet alle rhetorischen Mittel, den Leser anders als durch das unerregte Referat zum Begleiter seiner Reise zu machen. Man muß die Kerker-Visionen Piranesis zu Hilfe nehmen, um sich zu vergegenwärtigen, was Howard gesehen hat, ohne eigentlich zu fühlen, was ihm vor Augen kam: »Wäre es bloß Gefängniß, so würde ichs ein ungeheures Gefängniß nennen.« Nun ist aber das Bicêtre der Inbegriff der totalen gesellschaftlichen Isolation, zugleich für Arme, Kranke, Irre, Kriminelle. Die darin zum Ausdruck kommende Gesinnung der bürgerlichen Gesellschaft seiner Zeit wurde Howard nicht bewußt; die Tatsache, daß im Bicêtre über viertausend Menschen wie Angehörige eines pervertierten Großklosters, den Augen der Öffentlichkeit sorgsam entzogen, leben mußten, hatte offenbar nichts Ungeheuerliches an sich – so wenig wie das Muster einer Haftanstalt, die in der Lage war, achthundert weibliche und männliche Gefangene aufzunehmen. Howard fand es in Gent; das Ideal und Bicêtre begegnen sich da in dem gleichen Grundsatz. Wichtig ist aber auch der andere Satz, in dem Howard einmal seine Person ins Spiel bringt. Angesichts der Tatsache, daß er im Bicêtre mit tausenden von Leidenden konfrontiert wurde, schreibt er lediglich:

»Ich betrachtete die Mannspersonen mit einiger Aufmerksamkeit, und beobachtete in den Mienen mancher eine gewisse gesetzte Melancholie; viele andere sahen sehr kränklich aus.«

Howard fragte nie nach dem Grund ihrer Melancholie, vermaß nicht die Mienen der Menschen, denen er begegnete. Er beachtete, beschrieb, veranschaulichte nur Gebäude und Gelasse, die Menschen bergen, Menschen aufnehmen sollen. Aus seinen Beschreibungen entsteht sozusagen die Hohlform eines Menschen: des besessen Reisenden durch die Zellen Europas *und* der Zellen-Bewohner, die sich sozusagen nie begegnen, weil sie sozusagen identisch sind. Der humane Anspruch wird von der Inhumanität der Bauten und der übermenschlichen Manie Howards übertroffen! Was Howard tat, geht so sehr über alle Vorstellungskraft eines einzelnen hinaus, daß seine »Accounts«, wiewohl sie die von Laermann dekretierte »Kategorie der Erfahrung« für sich haben, zuletzt ins absolut Phantastische ausarten. »Prison World of Europe« hat Hepworth Dixon seine Howard-Biographie unterschrieben. Das ist eine einladende Formel.

Den zweiten Beleg dafür, daß Howards Bericht von seinen Reisen in die Zellen Europas vielmehr das Phantastische berührt, indem er sich an Faktisches hält, sind seine zahlreichen Überlegungen, wie man die Gefangenen und ihre Bewahranstalten in einen Stand versetzen könnte, der es den Inhaftierten erlaubte, länger am Leben zu bleiben und auf diese Weise unter anderem auch der Gesellschaft nützlich zu werden, ohne daß das Gefängnis seinen schreckenden Charakter einbüßt. Die von Howard zu lösende und – wie er und andere Zeitgenossen meinten – gelöste Quadratur des Kreises war demnach: die Lebensbedingungen der Inhaftierten in dem gleichen Maße zu verbessern, wie die Haftbedingungen verschärft wurden. Verbessert wurden vor allem die hygienischen

Verhältnisse: Howards Ideal von einem Gefängnis war das von frischer, kalter Luft durchzogene Gelaß, aber auch die saubere »Bettung«, die reichende Verpflegung sowie die Möglichkeit zu arbeiten, Ansporn zur ›Industriosität‹, um sich etwas zu verdienen. An diesem Punkt genau beginnt Howards Bericht, der übrigens sehr oft durch Fußnoten des Übersetzers bestärkt, bereichert, um deutsche Quellen und Ratschläge ergänzt wird, die Vorstellung, man habe es mit einer schieren Zustands-Schilderung zu tun, vollends hinter sich zu lassen. Howard entwickelt eine Art Vision der idealen Inhaftierung. Ich möchte diese Visionen »Reisen der bürgerlichen Phantasie« nennen. Der Bericht des Reisenden Howard bietet dafür viele Anhaltspunkte; an dieser Stelle können nur einige aufgezählt, zitiert werden. Da ist etwa Howards Vorschlag für ein »Mittel, das Entweichen der Gefangenen schwer und fruchtlos zu machen«:

> »Der Endzweck der Gefängnisse erfodert, daß sie gegen alle Ausbrüche wol verwahrt und gesichert sein müssen. So sehr man aber sich auch eines Inquisiten in seinem Gefängnis zu versichern sucht, so kann die Vorsicht doch hierin nicht alles bewirken, indem, ohne noch der Untreue und Einfalt, auch wol des unzeitigen Mitleidens der Gefangenenwärter zu gedenken, mancher Missethäter sich der augenscheinlichen Lebensgefahr unterzieht, um sein verwirktes Leben zu retten, oder auch einer langwierigen Gefängnißstrafe zu entgehen. Eiserne Käfiche für alle verfertigen zu lassen, ist zu kostbar. Indessen würden unstreitig manche Ausbrüche der Bosheit dadurch gehindert werden, wenn solche äusserst Lasterhafte auch nicht die geringste Hofnung vor sich sähen, der Gerechtigkeit zu entfliehen, und daß selbst ihre Entweichung aus dem Gefängniß, und die ergriffene Flucht ihnen nicht zu statten kommen könnte, sich von den Strafen der Gesetze zu befreien.
>
> Man hat daher in verschiedenen öffentlichen Blättern eine Art eines Kleidungsstückes, oder eine Inquisiten Tracht, welche den

ausgetretenen Gefangenen kenntbar machen sollte, in Vorschlag gebracht, und geglaubt, daß man den Gefangenen das Entwischen dadurch schwerer oder gar unmöglich machen würde, wenn man sie durch eine ganz bizarre Art der Kleidung unterschiede, deren auf einmal, und mit wenigen Kosten für jedes Gefängniß einige, und so viele als man nöthig fände, gemacht werden könnten.

Sobald diese Tracht als ein Unterscheidungszeichen gefangener Missethäter bekannt gemacht würde, könnte dieser boshafte bei seiner Entweichung sogleich erkannt und aufgegriffen werden. Es sei fast nicht vorher zu sehen, was die Zuverläßligkeit dieses Mittels hindern dürfte, als etwa, daß der Gefangene sich seiner Kleidung entledigen, und nacket davon laufen könnte; aber in solchem Falle würde er gewiß als ein Wahnsinniger angehalten werden. Und zu andern Kleidern, die er etwa stehlen könnte, würde er doch auch sobald nicht gelangen.

§ 77. Worauf bei derselben hauptsächlich zu sehen?
Bei diesem Vorschlage, einen aus dem Gefängniß entwichenen Gefangenen, durch eine bizarre Kleidung einem Jeden, dem er nur begegnen mögte, kenntlich zu machen, wäre inzwischen noch folgendes zu beobachten. 1. Die Kleider müßten von einer hohen Farbe, z. B. gelb, roth, oder weiß sein, damit man den Flüchtling auf dem Felde auch schon von weitem erkennen könnte. 2. Die schwarze, braune, blaue und grüne Farbe sind deswegen zu verwerfen, weil die drei ersten so dunkel sind, daß solche von weitem nicht wol von dem Erdreiche, wohinter sich ein solcher Missethäter verstecken mögte, zu unterscheiden sind; die letztere oder grüne Farbe aber einem solchen Kerl wol gar beförderlich sein könnte, sich in hohem Grase, in dem unreifen Korn, oder in einem Walde desto eher verbergen zu können. 3. Weil die Kleidung eines solchen Menschen bizarr oder seltsam, und also vor allen übrigen Kleidungen kenntlich sein soll; so wäre es das beste, wenn man solche Leute in zweierlei Farben kleidete. So könnte man z. B. ein Kleid machen, welches auf der rechten Seite gelb, auf der linken aber roth wäre. Vorn müßten die Knopflöcher, hinten aber die Nath den Unterschied einer jeden Farbe ausmachen. Auch die Beinkleider müßten auf solche Art von zweierlei Farbe sein; auch müßten die Strümpfe an dem rechten Beine gelb, an

dem linken aber roth sein. Kurz, ein solcher Kerl müßte auf der ganzen rechten Seite, vom Kopf an bis auf die Füsse, gelb, auf der linken aber roth, folglich wunderbar oder närrisch genug aussehen. 4. Von eben der Farbe, als das Kleid auf jeder Seite ist, muß auch das Unterfutter sein, damit sich ein solcher Kerl durch das Umwenden seiner Kleider nicht unkenntlich machen könne. 5. Eben dasselbe müßte auch bei Frauenspersonen geschehen. 6. Daß eine solche Inquisitentracht diejenige Amtsstatt, welche den Inquisiten in Verwahrung hält, etwas Geld kosten würde, ist nicht zu leugnen. Wenn man aber bedenkt, daß eine ganze Gemeinde solche Kosten gar wol verwinden, und man endlich dergleichen Tracht von alten, bereits abgetragenen Kleidern, die man öfters bei Trödlern um ein geringes Geld habhaft wird, verfertigen könnte; es auch dem ganzen gemeinen Wesen nicht wenig daran gelegen ist, die Missethäter zu bestrafen; so würde dieses Hinderniß leicht aus dem Wege zu räumen sein. 7. Eine solche Inquisitentracht müßte in dem ganzen Lande durch eine obrigkeitliche Verordnung gleichförmig eingeführt, die Farben ein für allemal festgesetzt, und nicht mehr abgeändert, auch allen Unterthanen bekannt gemacht werden, so, daß sobald der einfältige Bauer einen solchen Kerl ansichtig würde, er den Vogel an seinen Federn erkennen, solchen entweder handfest machen oder angeben, und ihm keinen Aufenthalt verstatten möge. 8. Wenn man einen Delinquenten in dieser Kleidung aufhenkte, so könnte dadurch freilig diese Inquisitentracht am besten bekannt werden. Will man aber alle ferneren Unkosten ersparen, so zieht man dem Inquisiten vor der Execution diese besondere Tracht aus, giebt ihm seine eigene Kleider wieder, und vollstreckt darin das Urtheil an ihm.

§ 78. Ein anderer Vorschlag

Da dasjenige, was dergleichen Personen gleichsam als eine Art des Steckbriefes am Leibe tragen sollen, schlechterdings so beschaffen sein muß, daß sie dessen, ohne eines andern Menschen Hülfe keineswegs los werden können; so hat Jemand den Vorschlag gemacht, daß gedachter Endzweck sich dadurch am füglichsten erreichen lassen dürfte, wenn bei den Criminalgerichten ein Vorrath von eisernen Halskragen in Bereitschaft gehalten, und davon jedem Inquisiten, so fort nach dem ersten Verhör, einer um den blossen Hals angelegt würde. Ein solcher Kragen müßte etwa eines guten Strohhalms dick sein, und eine Breite von drei Zoll haben. In der einen Mitte der Peripherie müßte das von jeder Seite aus drei genau an einander schliessenden Cardinibus feminis sich formirende Charnier sein, dessen Nietstange an beiden Enden einen tüchtigen Kopf zum Schlusse hätte. Diesem Charnier gerade gegen über müßte ein angekröpftes, durch Einsteckung des einen Theils in den andern, vermittelst einer maßiven Springfeder sich fest in einander klammerndes Schloß sein, jedoch ohne aufwendiges Schlüsselloch. Solchergestalt würde denn die Abteilung eines Kopfes der vorerwähnten Nietstange das einzige Mittel zu einer in Krankheiten und scharfer Befragung der Inquisition etwa nöthigen Eröffnung eines solchen Halskragens bleiben. Damit aber doch dieser Halskragen durch Herstellung der Nietstange, nach aufhörender Ursache der Abnehmung, noch bei demselben Inquisiten brauchbar bliebe, müßte erwähntes Schloß an der inwendigen Seite ein Schlüsselloch haben, um dasselbe, nach abgefeilter Ankröpfung des Nietes, durch eine Redintegrirung desselben wieder brauchbar zu machen. Um aber zu verhüten, daß dieses von dem Inquisiten selbst zu einer sonst praktikablen Eröffnung des gedachten Halskragens nicht gemißbraucht werden könne, müßte derselbe nicht geräumiger sein, als die Beschaffenheit des damit zu umgebenden blossen Halses erforderte. Auf der einen Hälfte des Kragens müßte der Name des Inquisiten, und auf der andern der Ort seiner Gefangenschaft auswärts eingegraben werden. Letzteres müßte insonderheit den Vortheil schaffen, daß diejenigen, die einen solchen befragten Flüchtling ertapten, sofort wissen könnten, wohin sie ihn zu liefern hätten.

Bei diesem Vorschlage könnten indeß doch einige Bedenklichkeiten gemacht werden. Erstlich, möge der Halskragen auch beschaffen sein wie er wolte; so könnte der Inquisit ihn dennoch mit einem Halstuch oder einer Binde verbergen; und dann würde der Flüchtling durch einen solchen Halskragen, wenn er auch sichtbar wäre, doch nicht so kenntbar werden, als durch ein Inquisitenkleid; wenigstens könnte er im letztern Falle auch schon von Ferne besser erkannt werden.«

An diese Überlegungen und Vorschläge schließen bei Howard Paragraphen an, die die »Kenntlichmachung der Züchtlinge durch äußerliche Merkzeichen« durchdenken.

Fast ist man geneigt, zu glauben, Howard geistere noch in den Köpfen der britischen Justiz von 1989, wenn man liest, daß sie als Experiment Hausarrest statt Gefängnis ausprobiere, allerdings kontrolliert durch elektronische Arm- oder Halsbänder, »electronic monitoring« benannt. Und 1996 probiert nun der Sozialstaat Schweden die »Haft im eigenen Heim«. Laut Pressebericht werden die ›Verbüßer‹ zu Hause elektronisch von einer Zentrale aus überwacht:

> »Sie müssen ein Behandlungsprogramm strikt einhalten, das sich nach ihren Vergehen, sei es Trunkenheit am Steuer, Drogenmißbrauch oder Gewalttätigkeit, richtet. Berufstätige können von Nachbarn und Kollegen als Verbüßer unerkannt ihrer Beschäftigung oder ihrer Ausbildung nachgehen. Ihr ›Sender‹ befindet sich nämlich am Fußgelenk unter einem Hosenbein und ist unsichtbar. Mit seiner Hilfe kann die Zentralstelle den Verbüßer auf Schritt und Tritt überwachen. Er muß sich zu Hause auch des Alkoholkonsums enthalten und muß das gegebenenfalls durch Urin- oder Blutproben beweisen. Essenseinkäufe sind selbstverständlich gestattet. Wer gegen die strikten Bestimmungen verstößt, muß den Rest der Strafe in einem Gefängnis verbüßen.«

Hätte es diese Technik schon im achtzehnten Jahrhundert gegeben, Howard wäre ein Stein vom Herzen gefallen. Stattdessen hat er für den phantasievoll gekennzeichneten Züchtling, dem das Entweichen einfallsreich fruchtlos gemacht worden ist, ein Gefängnis ausgedacht, das in Gottes freier Natur, an einem Fluß oder auf dem Berg, jedenfalls außerhalb der Stadt gelegen ist. Der äußeren Abgeschiedenheit dieses Gebäudes entspricht in seinem Innern die Absonderung der Inhaftierten von einander. Von dieser Maßnahme sind nicht nur das weibliche und männliche Geschlecht betroffen, denen man sogar in der Gefängniskapelle verwehrt, sich zu sehen; die Maßnahme trennt jeden vom andern. Jeweils eine Person ist für sich in einem kleinen »Stübchen« – so der vom Übersetzer Köster gewählte Ausdruck – untergebracht. Howard entdeckte auf seinen Reisen nur *ein* Gefängnis, das seiner Phantasie gerecht wurde. Das war die neu erbaute Haftanstalt von Gent, die etwa 900 Zellen aufwies, welche, als er sie besichtigte, fast alle noch leer waren. Auch die Begründung für eine Absonderung des einzelnen geht weit über das hinaus, was an Vernunftgründen sonst dafür geltend gemacht wird, nämlich gleich- und andersgeschlechtlichen Verkehr zu unterbinden, Komplizenschaft auszuschließen. Howard aber stellt sich vor:

»Einsamkeit und Stille, sind dem Nachdenken günstig; und können vielleicht Reue bewirken. Einsamkeit und Stunden des tiefen ernsten Nachsinnens, sind denen nothwendig, welche bald diese Welt verlassen müssen. Im alten Newgate waren fünfzehn Zellen für solche, welche in diesen Umständen sich befanden, und die man, in der Absicht sie mit dem neuen Gebäude zu vereinigen, noch stehen gelassen hat. Eben so nöthig ist diese Einrichtung für diejenigen, welche wieder in die bürgerliche Gesellschaft zurückkehren.«

Newgate, nebenbei bemerkt, ist das älteste Gefängnis in London, dem deutschen Zeitgenossen wenigstens auf dem Papier so vertraut wie Bedlam, die Irrenanstalt, und Tyburn, die Hinrichtungsstätte. Aber zurück zu Howard und diesem Satz, der den Leser noch heutigentags anmuten mag: »Einsamkeit und Stille sind dem Nachdenken günstig und können vielleicht Reue bewirken.«

Howard macht auf diese Weise das Gefängnis zu einem anderen Kloster und den Inhaftierten mönchisch; das Wort »Zelle« ist dann gar nicht zweideutig, sondern das Gehäuse einer und derselben Idee. Da der Inhaftierte jedoch der höchstens unheilige Bruder des frommen Klausners ist, wird die ihm von Howard anempfohlene Individuation zu einer Strafe, einem Korrektionsmittel. Nicht von ungefähr rät Howard daher, die Inhaftierten von der Außenwelt nichts sehen zu lassen, indem die Fenster der Zellen so hoch angebracht würden, daß zwar die Luft herein, aber das Auge des Gefangenen nicht hinaus könnte. Man ist im ersten Augenblick geneigt, Howards Gedankengang irr zu nennen; tatsächlich ist er nur auf eine beunruhigende Weise vernünftig. Er sorgt dafür, daß sich der Inhaftierte bessern könne, wie sich die hygienischen Bedingungen seines Loses verbessert haben. So verpönt er aus gesundheitlichen Gründen das Zuchtinstrument des »unterirdischen Kerkers«, von dem die zeitgenössische Kloster-Romanliteratur ja voll war. Aber Howard ersetzt sie durch eine Einrichtung, die gleichwohl die gewünschte »Fürchterlichkeit« verschärfter Einzelhaft beibehält:

»§ 96. Ob und wieweit man auf Fürchterlichkeit bei einem Strafgefängnisse Rücksicht zu nehmen habe? Wodurch man auf eine unschädliche Weise ein Gefängniß schrecklich und fürchterlich machen könne?

Was die andere Absicht, die Fürchterlichkeit oder das Schreckhafte des Gefängnisses betrifft; so ist der Hauptumstand, durch welchen man diesen Endzweck zu erreichen denkt, die gänzliche Ausschliessung des Tageslichts. In einem Kerker wird diese Wirkung durch eine beständige und unveränderliche Ursache – durch die unterirdische Lage des Orts – hervorgebracht. Allein eben dieselbe Wirkung könnte weit bequemer erhalten werden, und zwar durch Mittel, welche, nach Erforderniß der Umstände, angewandt, und nicht angewandt werden könnten; und das alles ohne im geringsten die frische Luft auszuschließen. Die Mittel, die ich meine, sind sehr einfach. Die Luft geht ihren Weg nach allen möglichen Richtungen; das Licht nur in grader Richtung. Dem Lichte kann also der Zugang verschlossen werden, ohne zugleich die Luft auszuschließen, und zwar durch Anbringung schwarzer Sommerläden vor den Fenster, deren Bretter oder Gitterblätter in einem schicklichen Winkel ständen. Wäre die Thür des Gefängnisses dem Fenster grade gegenüber angebracht; so würde der Zug der Luft völlig so stark sein, als wenn das Fenster gleich gradezu, ohne solche Sommerläden in die freie Luft ginge. Daß auch durch die Thür kein Licht ins Gefängniß fiele, könnte durch einen Vorsprung der Mauer füglich verhindert werden. Auf diese Art könnte des Gefangenen gewöhnliches Zimmer, oder jede andere Gelegenheit so fürchterlich und finster gemacht werden, als man es nur verlangen könnte, ohne zugleich der Gesundheit Schaden zuzufügen.

Ich leugne indes nicht, daß das Fürchterliche und Schreckhafte eines Kerkers nicht gleichfalls einigermassen von dem Umstande abhangen, daß er unter der Erde liegt. In der Einbildungskraft des grossen Haufens der Menschen scheint der Umstand des Hinabsteigens gegen den Mittelpunkt der Erde zu, stark mit der Idee von den Szenen der Strafen in einem künftigen Leben verknüpft zu sein. Selbst von der in unterirdischen Gewölben herrschenden Stille, hängt die Fürchterlichkeit des Gefängnisses in gewissem Grade mit ab; diese wird, bei gleicher Entfernung von einem schallenden Körper, allemal in einem Gewölbe grösser sein als in einem gewöhnlichen Zimmer; da der ununterbrochene Zusammenhang und Fortgang der Mauren, zu gleicher Zeit da er der Luft und dem Licht den Zugang wehrt, auch den Schall zurückhält. Dem ungeachtet kann ich doch den ersten, in der Einbildungskraft der Menschen liegenden Grund der Fürchterlichkeit des Kerkers, unmöglich für wichtig genug halten, ein Verfahren zu rechtfertigen, welches man so theuer bezahlen muß, durch die Ausschliessung einer gesunden Luft nämlich; und welches eine Strafe, die ihrer ersten Absicht nach nur gelinde und kurz daurend sein solte, so leicht in die schwerste, in eine Lebensstrafe, verwandeln kann. Was die Stille betrift, so könnte man diese Absicht in einem beinahe eben so hohen Grade durch Anlegung einiger Zellen in einer gewissen Entfernung vom Gefängniß, selbst (welche jedoch auf alle Fälle Kerker genannt werden solten) erhalten. Und schiene der äusserste Grad der Stille nicht ganz unumgänglich nothwendig und erforderlich zu sein; so könnte selbst des Gefangenen gewöhnliches Wohnzimmer, zu jeder Zeit, nach der eben angegebenen Methode, zu dieser Absicht eingerichtet werden. Im andern Betracht scheinen indeß die gewöhnlichen Wohnzimmer zu dieser Absicht nicht so gänzlich dienlich zu sein, als ein hiezu absichtlich allein bestimmter Ort; indem doch immer etwas von der Wirkung von der Ungewöhnlichkeit und dem besondern des Orts, und von dem Umstande abhängt, daß es bekannt sei, ein solcher Platz sei eigentlich absichtlich allein zu einer Strafe bestimt.

Bei dem allen scheint es auch überhaupt nicht einmal rathsam zu sein, das Ganze der Strafe einzig und gänzlich auf Fürchterlichkeit zu gründen; da diese, durch Gewohnheit und Bekanntschaft mit den Gegenständen die sie erregen, ihre Kraft verliert, und erlöscht. Man hat es vielmehr für nöthig gefunden, um eine gleichförmige, und schicklichere Strafe zu finden, zu andern Arten des Ungemachs und Uebels wie z. B. schlechtere Speise u. dgl. sind, seine Zuflucht zu nehmen. Diese Betrachtung macht es daher desto unnöthiger, viele Mühe und Kosten anzuwenden, um die Empfindungen der Fürchterlichkeit bis auf ihren höchsten Gipfel zu treiben.«

Howard beweist tatsächlich, daß es nicht notwendig war, viele Mühe und Kosten anzuwenden, wenn man nur die Einbildungskraft zu Rate zog, um die Architektur so zu inszenieren, daß der leidende Akteur zugleich zum erschütterten Zuschauer wurde. Zu dieser Inszenierung gehörte schließlich auch die Verwendung von Mottos und Sinnbildern. Howard spricht auch ihnen einen gewissen Nutzen zu: »Sie könnten die Gerechtigkeit der Strafe und ihre Fürchterlichkeit einschärfen und vermehren, und den Plan und die Absicht dieser Strafe zu verbreiten dienen.« Allerdings zweifelte er daran, ob Sinnbilder – womit er Emblemata meinte –,

»die, wie allegorische Titelkupfer meist mit ihren oft sehr weitläufigen Erklärungen begleitet sein müssen, wenn man wissen soll, was ihr Erfinder damit sagen wollte, auf die Gemüther des grossen Haufens eben einen sehr grossen Eindruck machen würden.«

Wenn man sich den kurzen Weg des Inhaftierten aus der Freiheit in die Zelle vorstellt, bleibt fast keine Zeit, etwa die Inschrift über dem Eingangstor des anno 1731 errichteten ehrwürdigen Zucht- und Irrenhauses in Celle mitzukriegen, noch dazu Lateinkenntnisse der Einsitzenden und unbedarfter Spaziergänger voraussetzend: »Puniendis Pacinorosis / Custodiensis Furiosis / Et Mente Captis / Publico Sumtu / Dicata« – darunter ein gräßliches Gesicht. Kürzer, aber wenigstens dem Nachgeborenen unvergeßlich diese drei Worte über dem Tor zum Konzentrationslager in Auschwitz, ersonnen wohl von einem schöngeistigen Kommandanten: Arbeit macht frei …

Auch für Howard war gerade nicht das ›mystische‹, aus der Literatur, dem Fabelschatz, den emblematischen Schatzbehaltern entnommene Sinnbild, von dem erst Erklärungen gedruckt und an den Zuschauer verteilt werden müßten, am gelungensten; das treffende war vielmehr das einfachste Sinnbild, weil es am verständlichsten ist:

> »Das simpelste und beste was sich von dieser Art findet, ist vielleicht das über dem Thor des neuen Newgate stehende Sinnbild, welches aus wirklichen, natürlichen Ketten und Fesseln besteht. Noch auffallender, und dem Auge des vorübergehenden fürchterlicher würde der Anblick dieser Kerkerzierde gewesen sein, hätte man sie dem täglichen Einfluß und Wirkungen von Wind und Wetter überlassen, und nicht durch die ihnen gegebene weise Farbe verhindert, daß ihr schwarzes, rostiges Ansehn sie dem Auge des Zuschauers noch schrecklicher gemacht hätte. Die Bedeutung dieses Sinnbilds ist zu einfach und zu klar, als daß sie selbst der Einfältigste verkennen sollte.«

Genug der Beispiele! Gewiß reichen sie aus, um in dem heutigen Leser das Gefühl der Beunruhigung zu stiften: was Howard da entwickelte, hat mit der Reform des Gefängniswesens zu tun. Und doch produziert er in diesem Zusammenhang einen Überschuß an Ideen, die man eher in einem Schauerroman der Zeit erwarten würde. Sie verraten eine nicht ganz geheure seelische Fixierung auf Dingfestmachung, Haft als menschliche Bedingung. Es hat den Anschein, als ob auch Zeitgenossen schon den ›genialen‹ Howard und Philanthropen, den Weltreisenden, der im Gefängnis zu Hause war, eigenartig fanden. Wer war denn überhaupt dieser Mann?

John Howard (1726–1790) stammte aus einer wohlhabenden Familie des englischen Landadels. Er wurde streng puritanisch erzogen, heiratete spät, wurde zweimal Witwer. Aus der zweiten Ehe war ein einziges Kind hervorgegangen: ein Sohn. Und damit wird die private Existenz Howards spannend. Dieser Sohn, Jack mit Namen, wird nämlich wahnsinnig und stirbt 1799 in einem Asyl für »lunatics«. Diese Tatsache zusammen mit Howards Steckenpferd hat bereits die Zeitgenossen lebhaft beschäftigt und – irritiert. Bei Lichtenberg liest sich das Räsonnement, notiert im Sudelbuch J, so:

> »Es könnte gar wohl sein, daß eine gewisse Generation in linea recta ascendente & descendente ein Ganzes ausmachen könnte, das sich teils vervollkommnet teils verschlimmert. Daß z. B. der Sohn des berühmten Howard, des Kerker- und Spital-Bereisers völlig toll geworden ist, könnte mit dem Genie des Vaters Zusammenhang haben. Denn ohne bei wahrhaften Menschenkennern in den Verdacht zu kommen als wollte man diesen großen Mann verkleinern oder seine Tugend verdächtig machen kann man behaupten daß er manches nicht würde unternommen haben, wenn er nicht bereits selbst einen kleinen Hieb gehabt hätte, und wenigstens entfernte Anlagen zu dem, was nachher sein Sohn würklich geworden ist.«

Ebenso beunruhigend war für die Zeitgenossen die Art und Weise, wie Howard seinen Sohn erzogen hatte.

Der ihm wohlwollende Biograph Hepworth Dixon, der 1850 in seiner Beschreibung von Howards Leben und Wirken alles tat, um den »Menschenfreund« von der Verantwortung für die Fehlentwicklung des einzigen Sohnes frei zu sprechen, umschrieb dessen Pädagogik damit, Howard habe »a peculiar theory with respect to the best way of educating children« besessen und »being a conscientious man, applied this theory in practice.«

Nach dieser Theorie waren Kinder von starken Leidenschaften und Begierden beherrschte Geschöpfe, ohne Verstand und Erfahrung, Leidenschaften und Begierde unter Kontrolle zu halten. Aus diesem Grunde galten Howard Kinder als »subjects of absolute authority«, und das oberste Prinzip solcher Erziehung war schrankenloser Gehorsam. Seine Notwendigkeit konnte nach der Überzeugung jenes pädagogischen Dilettanten nicht vermittels der Vernunft eingesehen, sondern nur durch Zwang erreicht werden. Und den praktizierte Howard, wie Zeugen aussagten, mit vollem Erfolg. Ein Freund des Hauses, von Beruf Arzt, berichtet zum Beispiel, »that I have heard him say, he believed his son would have put His Finger into the fire if he had commanded him.«

Das Schlüsselerlebnis – zumindest für die Zeitgenossen – stellte aber offensichtlich die verbürgte Tatsache dar, daß Howard seinen Sohn im Alter von drei Jahren an einem einsamen Platz in einer Garteneremitage eingeschlossen, den Schlüssel abgezogen und das Kind erst nach mehreren Stunden in der Nacht herausgelassen hat. Geneigte Biographen suchten die Begebenheit als einen unglücklichen Zufall herauszustellen, gerade weil sie sich vorzüglich dazu eignete, das Phänomen Howard zu erläutern. Mit seinen Ansichten vom Wesen des Kindes und dem Begriff von Erziehung, die er als Zwangsinstrument verstand, nimmt er tatsächlich schon die Züge einer aus dem neunzehnten Jahrhundert wohlbekannten Vaterfigur an. Gemeint ist Daniel Gottlob Moritz Schreber (1808–1861), dessen pädagogische Dressur die Persönlichkeit seines Sohnes gründlich zerrüttete.

Aber Vergleichbares liegt nach Zeit und Geist viel näher. Lichtenberg entwickelte schon 1770 aus Reflexionen über ein Problem aus dem Gebiet der Optik Vorstellungen über Versuche an Tieren und mit Menschen, die weniger Licht auf die Versuchspersonen als auf den mit Gedanken experimentierenden Aufklärer werfen:

>»Hat man wohl schon Tiere im Dunkeln erzogen und hernach zusammen ans Licht gebracht? In künftigen Zeiten wird man vielleicht noch anfangen Versuche mit Menschen anzustellen, wovon uns noch zur Zeit Religion zurückhält. Es liegt aber im Menschen so etwas zu tun. Wenn einmal die Welt mehr bevölkert sein wird, so werden solche Versuche angestellt werden, und jene Zeiten werden weit über uns hinauskommen und am Ende wäre es denn grausamer ein Kind im Dunkeln zu erziehen, um daraus Schlüsse herzuleiten, als es zu kastrieren um hernach unnatürlich in einer Oper zu trillern?«

Betrachtet man die zeitgenössische Pädagogik und zieht Selbstzeugnisse zu Rate, so wird man finden, daß Erziehung tatsächlich häufig genug wie eine ›Experimental-Wissenschaft‹ gehandhabt wurde, die sich an Kindern versuchte; Ausnahmen sind seinerzeit Äußerungen, die nicht dem wohlmeinenden Zwang in der Kindererziehung das Wort reden, kindlichen *Eigensinn* wie ein gesellschaftliches Vergehen ahnden, Zöglinge wie Häftlinge halten und abrichten.

Eigensinn. Ein Wort aus dem einschlägigen Vokabular von Erziehern im achtzehnten und noch neunzehnten Jahrhundert, das nicht nur die Belege im »Deutschen Wörterbuch«, Nachfolge Brüder Grimm, sondern eine eigene, sozusagen genealogische Darlegung verdiente! Das Bürgertum, um dies noch einmal zu betonen, hatte auch schon im achtzehnten Jahrhundert kein Interesse daran, Individuen aufzuziehen, das Ich des Sturm und Drang in dem eigenen Heim nachwachsend zu verköstigen, sondern das der Gesellschaft genehme, ihr das künftig soziable Mitglied beizusteuern.

Howard hat auf seinen Reisen durch Deutschland beobachtet, daß Eltern »oft unter Autorität der Obrigkeit, ungeratene, lüderliche Kinder« vorübergehend in Zellen im Zuchthaus einsperren ließen. Jean Paul bringt das Ganze 1793 in der »Unsichtbaren Loge« auf eine Pointe, die Gedankengänge von Rousseau und herrnhuterische Anschauung der Welt in die makabre Tat umsetzt, das Kind Gustav die ersten acht Jahre seines Lebens in einem »Unterirdischen Pädagogium«, einer »Platos-Höhle« zu halten, »unter der Erde zu erziehen und zu verbergen, um dasselbe nicht gegen die Schönheiten der Natur und die Verzerrungen der Menschen zugleich abzuhärten.« Das idealistische Moment in diesem Experiment am lebenden Objekt täuscht nicht darüber hinweg, daß das zu diesem Versuch taugliche Laboratorium der Kerker – fast ein umgekehrter Calderón, man denke an »La vida es sueño« – und die perfekte individuelle Erziehungs- eine Haftanstalt ist.

Übrigens spielt das Motiv des Kerkers, der auch die eigenen vier Wände sein kann, in denen und in dem ein Individuum sich festgesetzt findet, in der Literatur der neunziger Jahre des achtzehnten Jahrhunderts eine bemerkenswerte Rolle. Dabei stellt Christian Heinrich Spieß mit dem Titel seines 1796 und 1797 erschienenen Beitrags zum Thema scheinbar den deutschen Bezug zu Howard her: »Meine Reisen durch die Höhlen des Unglücks und Gemächer des Jammers.« Diesen Eindruck verstärkt Spieß noch obendrein dadurch, daß er seine Nacherzählungen von Lebensläufen, die im Kerker endeten, als »Erste, Zweite (und folgende) Wanderung« überschrieb und in seinem Vorwort howardspurig äußert: »Ich drang in die Hölen des Unglüks, in die Gemächer des Jammers, ich durchirrte Gefängnisse und Kerker, und wanderte in Hütten umher.« Im Gegensatz zu dem englischen Reisenden interessieren Spieß aber nicht die Behältnisse, in denen Menschen ihre Strafe absaßen, sondern die Verhältnisse, die sie straffällig gemacht hatten. Das gänzlich andere Interesse macht es gleichgültig, ob Spieß tatsächlich Kerker und Gefängnisse ›durchirrt‹ hat. Er schildert einmal für allemal den Raum, in dem Menschen leiden:

> »Alles ist still und öde um mich her! Keine Sonne beleuchtet diesen unterirdischen Gang, kein Tageslicht erquikt iemals das Auge des Wandernden. Der Dampf der düstern Lampe, welche dort in der Ekke flammt, engt meine Brust, welche reinere Luft zu athmen wünscht, und sie nicht athmen kann. – Die Stille schwindet! Es klirren Ketten unter meinen Füßen, es steigen Seufzer aus der Tiefe zu mir empor, sie verhallen am dichten Gitter, und erreichen nicht das Ohr des freien Menschen, der ungerührt vorüber wallt. Opfer der Gerechtigkeit schmachten in diesen unterirdischen Hölen, sie sind ausgestossen aus der menschlichen Gesellschaft, der sie durch ihre Lasterthaten ein Greuel geworden sind.«

Nachdem der Autor seine geneigten Leserinnen und Leser mit den Mitteln einer sentimentalen Rhetorik in den von ihm eingebildeten Kerker versetzt hat, breitet er Lebensläufe aus, die alle erfunden, aber alle wie aus dem Leben gegriffen und unter das Motto gestellt sind: »Wir leiden ohne Verschulden!« Damit befindet sich Spieß auf einem anderen Weg als Howard. Der Vorsatz seines Schreibens war, Mitgefühl, ja selbst Verständnis für die Handlungen, das Schicksal von Menschen – wie du, gefühlvolles Publikum – zu erwecken, indem er Leben bewanderte, ohne seine vier Wände zu verlassen, eine in der Einsamkeit gelegene Holzhütte, die er sich hatte bauen lassen und in der er die Werke seiner letzten Lebenszeit konzipierte.

Es gibt einen anderen zeitgenössischen deutschen Schriftsteller, der Howard in der Tat persönlich kennenlernte: Georg Christoph Lichtenberg in Göttingen. Über die Begegnung ist sonst nichts überliefert; Howard, der offenbar Jahre zuvor seinen Sohn auf die Göttinger Universität hatte schicken wollen, wird Lichtenberg vermutlich als die wissenschaftliche Zelebrität aufgesucht haben, wie es seinerzeit gang und gäbe war. Lichtenberg aber ›transzendierte‹ den Besuch Howards auf sich selbst und seine private Situation hin. Zwischen dem 22. Juli und dem 9. September 1790 notiert er in Sudelbuch J:

»Ich hatte mich einige Jahre würklich *eingekerkert*, vielleicht war auch dieses die Ursach, daß mich der berühmte Howard auf meiner Stube besuchte, ich sehe sonst keinen andern Grund.«

Wie sehr ihn dieser Gedanke beschäftigte, geht aus der Tatsache hervor, daß er ihm Monate später eine andere Fassung und neue Wendung gibt:

»Der berühmte Howard besuchte mich bei seiner Durchreise. Warum? kann ich eigentlich nicht sagen, es müßte denn sein, daß er meine Stube, weil ich damals in 1 1/2 Jahren nicht vor die Türe gekommen war, etwa als einen Kerker habe in Augenschein nehmen wollen.«

Unwillkürlich kommt einem die Schilderung in den Sinn, die Howard von den männlichen Häftlingen im Bicêtre gab! Auch Lichtenberg fühlte sich ganz offenbar nicht sehr behaglich: es gab anscheinend keinerlei Zwiesprache zwischen dem Besucher und dem Stubenhocker, der, will man Lichtenberg Glauben schenken, Howard auch weit weniger interessierte als das Gehäuse, in dem er sich nach eigenem Bekunden anderthalb Jahre selber eingekerkert hatte. Aber Lichtenberg, Howard deutend, enthüllt dabei zugleich etwas von sich, das nicht weniger unheimlich anmutet als die Reise – Manie von Zelle zu Zelle. Denn wenn Howard schon vor Kerkern einen Menschen nicht mehr gesehen haben sollte, so geht Lichtenberg seinerseits aus sich nicht mehr heraus. Er hat aus der Verhaftung an einem Ort und auf einer Stelle, die er schon in jungen Jahren für sich vornimmt, eine Stuben-Philosophie entwickelt, die selbst eine Art Manie ist:

»Ich habe allezeit von einer Stube größere Begriffe gehabt, als der gewöhnliche Teil der Menschen. Ein großer Teil unserer Ideen hängt von ihrer Lage ab, und man kann sie für eine Art von zweitem Körper ansehen.«

Wenn man diesem Gedankengang, der nach dem ersten Lesen etwas Anheimelndes an sich hat, weiter folgt, so bedeutet er ja wohl in Wirklichkeit, daß er aus den zum eigenen Körper gewordenen vier Wänden so wenig ausbrechen kann wie aus dem leibhaftigen Körper – es sei denn mit Gewalt. Lichtenberg maß sein Gehäuse auch in dieser Hinsicht aus:

»Öfters allein zu sein, und über sich selbst zu denken, und seine Welt aus sich zu machen kann uns großes Vergnügen gewähren, aber wir arbeiten auf diese Art unvermerkt an einer Philosophie, nach welcher der Selbst-Mord billig und erlaubt ist, [...]«

Und es wirkt wie eine nötige Befreiung aus dem Kerker, der mit Howard in die Stube tritt, wenn Lichtenberg schließlich in seiner Ausführlichen Erklärung von Hogarths »Vier Tags-Zeiten (Der Abend)« 1794 von sich gibt, es fehle »uns überhaupt noch an einem deutschen Howard, der das für Wirtshäuser täte, was dieser für die Gefängnisse tat«, und in einer Fußnote hinzufügt: »Die Reise eines solchen Howards durch Deutschland wäre vielleicht kein übler Gegenstand für einen Roman. Er setzte freilich große Wirtshäuser-Kenntnis voraus.« Launiger Plan zu einem Ausbruchsversuch aus dem nüchternen Denk-Gehäuse des Jahrhunderts.

Nicht der Kerker dort, die bürgerliche Freiheit hier sind, nimmt man die verschiedenen Phänomene grundsätzlich, das Kennzeichen jener Jahre und mehrerer Äußerungen, sondern des bürgerlichen Individuums, das sich selber in die Haft nimmt, von Zelle zu Zelle reist, ohne doch von der Stelle zu kommen, oder aber stille steht bei flüchtig ausbrechender Phantasie. Was Lichtenberg früher oder später entwarf, brachte der Franzose Xavier de Maistre 1795 in ein Stück Belletristik ein.

»Voyage autour de ma chambre« nannte er seine Selbsterfahrung, der er 1798 eine »Expédition nocturne« anschloß. Aber man täusche sich nicht: Einfall und Titel sind verheißungsvoller als die Ausführung. Xavier de Maistre spielt sozusagen den eingeschränkten Yorick, sentimentalisch räsonnierend. Die vier Wände sind durchlässig, wenn nicht gar bloße Staffage und Kulisse. Lediglich das Moment der Eigenkreativität ist bemerkenswert, das Moment der Bewegung, die auf der Stelle tritt. Höchstens in der »Expédition nocturne« sind ein paar Anspielungen, die das Werkchen in unserem Zusammenhang beachtlich machen: einmal wenigstens setzt der Autor Stube, Nacht und Gedankengang gleich, erhält sein Zimmer »l'air d'un tombeau« – Grabesmiene –, werden seine Gedanken »si noires, tous les objets me paraissent si lugubres«, daß er am Ende dieser »folie« und solcher »crises mélancoliques« nur Herr zu werden vermag, indem er sie verlacht. Den Extremen ist er grundsätzlich abhold. Die Einsamkeit seiner vier Wände gilt ihm als – gelungener – Beweis für die Möglichkeit, »l'ennui« abseits der Gesellschaft zu besiegen. Im übrigen liebt er »la solitude dans les grandes villes«, zieht er es vor, nur in den Vormittagsstunden seiner Zelle zu frönen, des Abends jedoch menschliche Gesichter zu sehen: »Les inconvénients de la vie sociale et ceux de la solitude se detruisent ainsi mutuellement, et ces deux modes d'existence s'embellissent l'un par l'autre.« Xavier de Maistre spielte, wie man liest, mit Zuständen, in denen Howard und andere seiner Zeit längst bewandert waren; fast möchte man daher »modes d'existence« nicht mit »Lebensweisen«, sondern mit »Moden, zu leben« übersetzen. Dem patenten Ich des schöngeistigen französischen Offiziers gegenüber erscheint das »Schulmeisterlein Wutz« von verrückter Folgerichtigkeit.

Jean Paul hatte es 1793 gar nicht einmal mehr aus seinem eigenen Kopf, geschweige aus seinem Erdenwinkel herauskommen lassen. Ohne sich geistig und körperlich vom Fleck zu rühren, geht Wutz aber gleichwohl aus sich heraus:

»Das geschah bei Tage; abends aber mußte der gute Mann nach dem Abendesssen noch gar um den Südpol rudern und konnte auf seiner Cookischen Reise kaum drei gescheite Worte zum Sohne nach Deutschland hinaufreden. Denn da unser Enzyklopädist nie das innere Afrika oder nur einen spanischen Maulesel betreten oder die Einwohner von beiden gesprochen hatte: so hatt' er desto mehr Zeit und Fähigkeit, von beiden und allen Ländern reichhaltige Reisebeschreibungen zu liefern – ich meine solche, worauf der Statistiker, der Menschheitsgeschichtsschreiber und ich selber fußen können – erstlich deswegen, weil auch andre Reise-journalisten häufig ihre Beschreibungen ohne die Reise machen – zweitens, weil Reisebeschreibungen überhaupt unmöglich auf eine andere Art zu machen sind, angesehen noch kein Reisebeschreiber wirklich vor oder in dem Lande stand, das er silhouettierte: denn so viel hat auch der Dümmste noch aus Leibnizens vorherbestimmter Harmonie im Kopfe, daß die Seele, zum Beispiel die Seelen eines Forsters, Brydone, Björnstähl – insgesamt seßhaft auf dem Isolierschemel der versteinerten Zirbeldrüse – ja nichts anders von Südindien oder Europa beschreiben können, als was jede sich davon selber erdenkt und was sie, beim gänzlichen Mangel äußerer Eindrücke, aus ihren fünf Kankerspinnwarzen vorspinnt und abzwirnt. Wutz zerrete sein Reisejournal aus niemand anders als aus sich.«

Nicht auszudenken, wenn es Jean Paul eingefallen wäre, seinen seßhaften Wutz auch Howardische Reisebeschreibungen liefern zu lassen!

Gedacht hat der zu Wunsiedel Einsitzende schon etwas der Art. Nicht nur, daß Jean Paul den zielstrebig, den *einem* Ziel verhafteten Reisenden in seinen Schriften häufig erwähnt; er lenkt Howards Richtung wenigstens entwurfsweise in andere

Haftanstalten, und zwar in »Des Schulrath Schäpe Amts-
bericht von seiner Schulvisitazions Reise im Fürstenthum
Haarhaar«, wo er – satirisch – schreibt, den Schulrat beflissen
schreiben läßt: »Ihre Exzellenz haben mich gewürdigt und be-
fehligt, gleichsam wie Howard durch die Kerker, so durch die
Schulstuben zu reisen, um nachzusehen, ob Schulbänke und
Schulbakel und Fenster und alles noch in bestem Zustande sei
oder in einem andern.«

Reisen der bürgerlichen Phantasie. Kösters Howard, Lichtenberg, Jean Paul, de Maistre, auch Spieß. Man rührt sich
nicht mehr von der Stelle, befindet sich in einer Art ›Stuben-
Arrest‹ und schreibt, wie fixiert von Haft-Zuständen des Körpers, des Geistes, der Seele. Man geht immer an der Wand
lang, des eigenen Gemachs, Gehirns. Zuletzt ist die fingierte
Reise, die man sich selber schreibt, so gut wie die nicht über-
prüfbare reale Reise eines ganz, ganz andern, fremden Individuums, das mir viel erzählen kann. Die Identität zwischen
Stillstand und Bewegung, die Illusion von Fortbewegung hat
Lichtenberg in einen Satz gegossen, der am Ende dieser Reise
durch die Zellen mehrerer Gehirne nicht übel angebracht erscheint:

> »Viele Menschen stehn schon gänzlich stille, denn Fahren und
> Reiten und Getragen-Werden hat mit ihnen nichts zu tun. Die
> Toden selbst reisen des Jahrs einmal um die Sonne.«

Presseberichten zufolge haben amerikanische Beerdigungs-
unternehmer, mit der Zeit gehend und ihr schon voraus,
längst die, wenigstens um die Erde, kreisende Urne mit den
sterblichen Überbleibseln des teuren Verblichenen im Ange-
bot, als ein Pünktchen, Fünkchen an unserem Nachthimmel,
näher mein Gott zu dir, gewiß, aber immer noch Lichtjahre
von ihm entfernt und weiter weit.

»DIESES MONSTER IST EIN MENSCH.«

Jean Jacques unter den Deutschen

Am 2. Juli 1778 vormittags um elf Uhr stirbt Rousseau. Auf seinen ausdrücklichen Wunsch hin wird sein Leichnam von Ärzten seziert und über die durch sie festgestellte – natürliche – Ursache seines Todes ein Protokoll aufgesetzt. Rousseau hat gut daran getan. Denn schon bald geht das Gerücht um, er habe Selbstmord begangen. Mme de Staël, noch 1788 von der Richtigkeit dieses Gerüchts überzeugt, folgert seinen Selbstmord aus dem »ihm eigenen Hange zur Traurigkeit« und »Mißtrauen und schreckhaften Empfindungen«. Das hieß private Existenz und Schreibperson identifizieren. Zeitgenossen fühlten offenbar ein unwiderstehliches Bedürfnis, Berühmtheiten so sterben zu lassen, wie sie gelebt hatten: der materialistische Philosoph Lamettrie zum Beispiel, der so unverfroren war, die Seele zu leugnen und den Menschen als eine Maschine zu demonstrieren, ist demnach folgerichtig an einer Leberpastete erstickt, die der gottlose Genießer zu sich nahm. Auch Rousseau ist in gewisser Hinsicht für das Gerücht verantwortlich, denn er hat die Erörterung für und wider den Selbstmord seinerzeit selbst angeregt, indem er Saint-Preux in der »Nouvelle Héloïse« ihn rechtfertigen läßt. Die Entrüstung bei der Geistlichkeit in den europäischen Ländern war nicht weniger groß als die Faszination, die Rousseaus kühnes Plädoyer für die Selbstbestimmung des Menschen auch über den eigenen Tod auf die bürgerlichen Zeitgenossen ausübte: Lichtenberg, dessen eigene Gedanken schon auf der Schule um den Selbstmord kreisten, exzerpiert Rousseau gerade in diesen einschlägigen Partien, und der Werther setzt dann in die Tat um, was Rousseau und sein Held im Roman nur zu denken gewagt hatten.

Houdon, Rousseaus Totenmaske

Am 3. Juli 1778 nahm Jean-Antoine Houdon die berühmte Totenmaske ab, am 4. Juli wurde Rousseau auf der Isle des Peupliers im Park von Ermenonville beigesetzt. Auf seinen Grabstein ließ René de Girardin einmeißeln:

> »Ici repose l'homme de la nature et de la vérité« –
> Hier ruht der Mensch der Natur und der Wahrheit.

Er spielte damit auf Rousseaus eigene Lebensdevise an, die auf der anderen Seite des Grabmals zu lesen ist: Vitam impendere vero – das Leben auf das Wahre verwenden, der Wahrheit opfern, widmen, wie man will. Aber der verfolgt wurde, so lange er lebte, und am Ende selber an Verfolgungswahn litt, hat auf seiner Insel nicht die ewige Ruhe gefunden. 1794 wurden die sterblichen Überreste Rousseaus auf Anordnung des Convent ins Pantheon nach Paris überführt. Die Dirigenten der Revolution holten mit ihm einen ihrer angeblichen Väter, jedenfalls einen ihrer Heiligen heim. Sie institutionalisierten, versteinerten aber damit nur einen Rousseau, den jene Zeitgenossen, die nach Ermenonville gepilgert kamen, hier nicht weniger politisch, weniger heiligmäßig, aber eigentlich bei sich zu Hause auffaßten. Wer Ermenonville besuchte, erlebte einen Rousseau, der in der Natur aufgegangen war wie verlebendigt. Ermenonville gehörte einem der zahlreichen adeligen Bewunderer Rousseaus: dem Marquis de Girardin. Wie er seine Kinder nach den pädagogischen Maximen des »Émile« erzog, hatte er seine weite Besitzung nach dem Vorbild des in der »Nouvelle Héloise« beschriebenen Gartens von Clarens und des »Elyseums« angelegt. Zu Recht konnte also Joachim Heinrich Campe 1789 nach einem Besuch in Ermenonville schreiben, »daß diese ganze Gegend mit allen darin befindlichen Anlagen ein Sinnbild von Rousseau's Geist und Character zu seyn scheint.« Zu den Requisiten dieses arrangierten Stücks Natur gehörte der künstlich angelegte Teich, der »Altar der

Träumerei«, der keltischen Druidendenkmälern nachgebaute Dolmen, die Bank der »mères de famille«, ein Montaigne gewidmeter Tempel der Philosophie, der absichtlich unvollendet gelassen worden war, »eine Rotunde, die von sechs Säulen getragen wird. Jede dieser Säulen ist einem großen Manne gewidmet, dessen Name und vorzüglichstes Verdienst, durch ein einziges Wort ausgedrückt, auf einem daran befindlichen Medaillon zu lesen ist. Sie heißen:

Newton	– Lucem
Des Cartes	– Nil in rebus inane
Voltaire	– Ridiculum
W. Penn	– Humanitatem
Montesquieu	– Justitiam
J. J. Rousseau	– Naturam

»Beim Eingange in den Tempel sieht man eine zerbrochne Säule, an ihr Fußgestell gelehnt. Auf letzterem stehen die Worte: *Falsum stare non potest*, das Unwahre kann nicht bestehen; auf ersterer: *Quis hoc perficiet?* Wer wird ihn vollenden?«

Campe, der mit seinem Schüler Wilhelm von Humboldt am 3. August 1789, am Vortag der historischen Sitzung der Nationalversammlung, nach Paris gekommen war, um dem »Leichenbegängnis des französischen Despotismus beizuwohnen«, teilte aus Ermenonville mit:

»Einige Tage vor unserer Ankunft waren vier Mitglieder der Nationalversammlung hier gewesen; diese hatten bei der Frage: wer den Tempel vollenden würde? die Antwort geschrieben: l'Assemblée nationale!«

Jahre nach dem Tode Rousseaus mag diese Inschrift wie ein unverschämtes Bonmot anmuten, wenn überhaupt: Historiker und Politologen, Pilger in den Papieren des Verblichenen, verweisen nun gern darauf, daß der »Contrat social« vielmehr das Papier eines verwirrend konservativen, verlockend totalitären Geistes gewesen sei. Augenscheinlich machen aber die fruchtbaren Mißverständnisse Epoche und Geschichte. Hinreißend darum die Selbstsicherheit der vier Mitglieder der französischen Nationalversammlung, überzeugt von dem, was sie schrieben, weil sie ganz gewiß waren, Penn und Montesquieu und Rousseau entsprechend zu handeln, wenn sie deren revolutionierende Theorien endlich in die gesellschaftliche Praxis übersetzten. Aus gleichem Bewußtsein ähnlich überschwänglich nannte Campe den »Contrat social« das »nunmehrige Volksbuch der freien Gallier«, ohne das die Bastille vielleicht noch heute stünde, »weil ohne ihn die Menschen vielleicht noch heute nicht recht wissen würden, was Volk und König sind und in welchem Verhältnis beide miteinander stehen.« Ein berühmter Toter kann natürlich nicht für die Art der Nekrologe, die von ihm Besitz ergreifenden Huldiger; aber sie werfen doch ein Licht auf ihn. Nicht nur ihres aufsteigenden Standes wohlbewußte Bürgerliche wie der Deutsche Campe wallfahrteten an das Grab Rousseaus, nach Ermenonville. Wallfahrer waren neben anderen Ludwig XVI., Marie Antoinette, Kaiser Joseph II., Franklin, Robespierre, Napoleon I., Blücher nach der Schlacht bei Waterloo. Jeder von ihnen konnte bis zu einem gewissen Grade das Gefühl haben, *seinen* Jean Jacques zu besuchen. Worauf ist aber diese Faszinationskraft zurückzuführen?

Man geht kaum fehl in der Annahme, daß man in ihm nicht den großen, den auch in seinem Tod unsterblichen Dichter und Schriftsteller aufsuchte. Vielleicht den ›politischen‹, den vorrevolutionären Rousseau; Campe wenigstens schreibt so: »da liegt der Mann, dem du, dem die Menschheit so viel, dem Frankreich, das ihn höhnte, seine Freiheit verdankt!« Liest man aber Campes Reisebericht genauer, prüft man die Wahl seiner Worte, so stellt man fest, daß seine »Wallfahrt«, wie auch er sie nennt, nur obenhin dem politischen Vorkämpfer galt. Da ist die Rede von dem »heiligen Boden«, auf den Rousseau trat wie nun der Pädagoge aus Deutschland. Da wird Rousseau als »mein Heiliger« apostrophiert und folgerichtig ein Erinnerungsstück an ihn »Reliquie meines Heiligen« genannt. Die darauf bezügliche Passage ist überdies zweideutig:

> »Halberstadt und Braunschweig können also künftig sich rühmen, Reliquien der beiden größten Männer dieses Jahrhunderts zu besitzen; jenes den Hut von Friedrich dem Einzigen bei Vater Gleim, dieses die Dose von Rousseau dem Unvergleichlichen bei mir. An hohen Fest- und Freudentagen sollen meine Freunde die Ehre haben, eine Prise daraus zu nehmen.«

Was läßt sich aus Äußerungen, aus Verhaltensweisen von der Art Campes, der für viele Zeitgenossen steht, folgern?

Rousseau hatte für seine Mitmenschen die Aura eines Heilsbringers. In dieser Qualität spiritualisierte er umso makelloser, als die Vertreter der zeitgenössischen Geistlichkeit in – wie Campe formulierte – »orthodoxer Wut« wider den Heiligen der Natur eiferten. Rousseaus Begabung, eine Religion zu stiften, mußte einer Epoche, die sich von dem Christentum entfernte, es immer stärker als entleertes Gehäuse empfindend, viel bedeuten. Liest man die Rousseau zustimmenden Zeugnisse von Zeitgenossen daraufhin durch, so wird man zuletzt auf jene Formel stoßen, die beispielweise der junge Schiller 1778, Jacobis emphatischen Nachruf in ein ellenlanges Gedicht übersetzend, mit diesen Worten wiedergab: »Rousseau – der aus Christen Menschen wirbt«. Es ist der säkularisierte Heiland, den man mit Rousseau entdeckt. Jene Zeit, so autoritätsfeindlich sie gesonnen war, wenn es sich um hergebrachte geistige, geistliche und weltliche Obrigkeiten handelte, war der neuernannten Autoritäten gleichwohl sehr bedürftig. Wie man in Ermenonville zu Rousseau wallfahrtete, so in Leipzig an Gellerts Grab, in London auf den Friedhof zu Sterne alias Yorick.

In jedem Fall handelte es sich zwar um Schriftsteller, die mit Werken ihrer Feder berühmt geworden waren. Aber sie verkörpern tatsächlich jene Ausnahme, wo literarische Äußerung und ethische Person des Autors derart ineinander übergehen, daß scheinbar die Faszination von der Person und völlig außerliterarisch ausgeht. Gellert, Sterne, Rousseau waren sentimentalische Autoren, die das zeitgenössische Lesepublikum als Präzeptoren auffaßte, die den Menschen zugewandt schrieben und ihnen auf ihre unterschiedene Weise in der Praxis des Lebens halfen. Daß solche Einschätzung, diese Bedeutung der Revision bedürftig sein mag und ist, interessiert in diesem Zusammenhang wenig, wo es überhaupt um die Nähe zu Rousseau, nicht um die über zweihundertjährige Entfernung geht. Der heilig genannte Rousseau ist aber auch schon für das achtzehnte Jahrhundert nicht der ganze Rousseau. Seine Stellung in der Gesellschaft seiner Zeit, seine überwältigende Wirkung, die selbst jene anerkennen mußten, die ihn als Ärgernis empfanden, erklären sich nur zum Teil dadurch, daß Rousseau nacheifernde Identifikation ermöglicht; sie erklären sich zum andern Teil durch die Radikalität des Denkens und Handelns oder wenigstens des Schreibens, mit der das Individuum Jean Jacques die Position des Nonkonformisten gegen die polizierte Gesellschaft vertrat, verkörperte, konsequent bis zuletzt, wenn er – in den »Rêveries du promeneur solitaire«, begonnen 1776 – mit dem ersten Satz intoniert, daß er die Anschauung der Welt verloren und nur noch sein ICH als Vorstellung besitze: »Hier bin ich also allein auf der Erde, habe nicht Bruder, nicht Nächsten, nicht Freund, nicht Gesellschaft mehr als mich selbst. Der geselligste und liebesfähigste unter den Menschen ist daraus durch einmütigen Spruch verbannt worden.« In der Tat ist Rousseau zu Lebzeiten und nach seinem Tode ebenso vergöttert worden, wie man ihn zu Lebzeiten und nach seinem Tode verteufelt hat. Das ist der Narr,

Diogenes in der Tonne des aufgeklärten Jahrhunderts, der »Apostel der Paradoxie«, als den ihn Helfrich Peter Sturz zufolge seine Widersacher bezeichneten. Man macht es sich zu leicht, wenn man den Aufstieg der bürgerlichen Klasse im achtzehnten Jahrhundert aus der gleichzeitigen Erscheinung des schöpferischen Ichs begründen wollte. Das Zeitalter der Aufklärung wird in politischer Hinsicht durch den absolutistischen Staat und sein rationelles Reglement geprägt, und der Dritte Stand emanzipiert sich, indem er seinen Angehörigen ein kollektives Selbstbewußtsein vermittelt, das den abweichenden einzelnen vielmehr verpönt als ästimiert. Darum ist jene Zeit gerade nicht durch eine »entente cordiale« zwischen Individuum und Gesellschaft, sondern durch deren beständige Kollision gekennzeichnet. Campe hat diese Situation, der sich der Eigenbrötler ausgesetzt sah, im Bilde Rousseaus erfaßt: »Mein Herz kochte über; der bitterste Unwille, von dem es voll war, ergoß sich in folgenden Reimen – facit indignatio versum:

> Dein einziger, dein großer Fehler war,
> Du kamst, mein Rousseau, hundert Jahr,
> Den Menschen deiner Zeit zuvor.
> Sie blinzten durch den schwarzen Flor
> Des Vorurtheils den großen Mann,
> Wie Zwergelein den Hünen, an.
> Was Wunder, daß sie dich verkannten,
> Dich Sonderling, dich Unhold nannten,
> Und in effigie verbrannten?
> Daß dies Emilen nur geschah,
> Nicht dir, da liegt das Wunder, da!

Sonderling und Unhold sind die Vokabeln, die aus diesem Gedicht haften. Campe, der vor den Brüdern Grimm ein Wörterbuch der Deutschen Sprache herausgab, wußte, wovon er sprach. Während des gesamten Jahrhunderts gibt es fast nicht einen Beleg dafür, daß der Begriff »Sonderling« anders als abwertend, ablehnend verwendet wurde. Die von den Zeitgenossen genau registrierte Besonderheit Rousseaus wird in der Regel als absichtliche »Interessantigkeit« befunden, scharf verurteilt oder höchstens lächelnd toleriert, selten wirklich erkannt und verteidigt. Kästner, der Göttinger Mathematiker und boshafte Epigrammatiker, steht für jene Aufklärer, die Rousseau genug zu tun glauben, wenn sie ihn für eine Art Diogenes redivivus gelten und laufen lassen. »Jean Jacques«, schrieb Kästner noch 1790 an Nicolai, »den ich nie eben bewundert habe, erkenne ich doch für einen Mann von Genie, der seinen eigenen, meiner Einsicht nach freilich irrigen Gang ging, seinen Stolz in Unabhängigkeit suchte und vielleicht gereizt ward, auch sich einbildete gereizt zu sein, daß er andre beleidigte, übrigens selbst durch seinen Eigensinn bei seiner Offenherzigkeit Achtung verdient. Ein Gespräch zwischen Friedrich II. u. ihm wäre die Szene vom Alexander und Diogenes gewesen.« Andere Zeitgenossen sahen genauer hin und begnügten sich nicht mit der probaten Etikettierung. Helfrich Peter Sturz zum Beispiel reflektierte, ohne nur im mindesten zu leugnen, daß Rousseau ein Paradoxon darstelle, die Stellung dieses Schriftstellers, indem er ihn mit Voltaire verglich, dem anderen Vermaledeiten des Jahrhunderts. Er verwunderte sich darüber, daß Rousseau »überall, wie ein Straßenräuber, über die Grenzen verjagt« wurde, während man den »Erzspötter« Voltaire, dem weder Gott noch König oder Staat heilig gewesen waren, in Frieden gelassen habe. Sturz erklärte sich diese Tatsache so, »daß wir niemals vergeben, wenn man uns mit einer ernsthaften Miene versichert, daß wir thörig handeln und denken, wenn man mit Beweisen auf uns einstürmt, und nicht wenigstens den Ausdruck mildert; aber mitten unter drolligen Schwänken nehmen wir bittere Schimpfreden hin; wir zürnen nicht in der guten Laune, oder lachen unsern

Unmut weg. Voltaire, dieser einzige, glänzende Mann, hatte also doch die Yoriksmaske nöthig, welche die weltklugen Weisen aller Zeiten in Schuz nimmt. Ein Lustigmacher ist unverlezlich, und steht unter dem Schuze des Völkerrechts.« Rousseau, der Masken verabscheute, war eben darum verletzlich und verletzend. Er war ein Ärgernis, nun gut; aber er befremdete erst recht diejenigen, die ihn heiligmäßig priesen. Auch sie wollten offenbar nicht glauben, daß es Rousseau so gründlich gemeint hatte. 1782, vier Jahre nach seinem Tode, erschienen dessen »Confessions«. Aber schon 1779 waren Auszüge daraus bekannt geworden, etwa die programmatische Vorrede, die Helfrich Peter Sturz in dieser Version mitteilte: »Ich unternehme etwas ohne Beispiel, und das gewiß nicht nachgeahmet wird: ich will einen Menschen nach der nackten, natürlichen Wahrheit zeichnen, und dieser Mensch bin ich. Ich allein kenne mein Herz, und ich habe die Menschen kennengelernt; ich bin nicht wie einer unter ihnen; ich bin vielleicht weder besser noch schlimmer, aber ich bin eine ganz eigene Gattung. Ob die Natur wohl oder übel getan hat, die Form zu zerschlagen, worin sie mich goß, darüber kann man urteilen, wenn man mich gelesen hat. Ich werde Gott, wenn er Rechenschaft fordert, mit diesem Buch entgegenkommen; ich werde sagen: so dachte ich, so handelte ich, ich habe nichts verschwiegen, nichts beschönigt, ich habe mich strafbar und niedrig dargestellt, wenn ich es war, ich habe mein Innerstes aufgedeckt, so wie es, Allwissender, vor deinen Augen offen lag! Laß die Menschen mein Bekenntnis hören, laß sie erröten über meine Schande, laß sie über mein Elend seufzen! Jeder entschleiere sein Herz vor deinem Thron; und wenn er darf, so sag er es kühn, daß er besser gewesen sei als ich!« Die Anhänger des ›unvergleichlichen‹ Rousseau hatten in der Tat bald Grund, über seine Schande zu erröten. 1780 war nämlich aus den »Bekenntnissen« jene einen Beweggrund der Rousseauschen

Beichte bildende Jugendanekdote von dem Diebstahl des Rosenbandes ruchbar geworden und erregte die Gemüter der Zeitgenossen, ließ sie um Rousseaus willen an der Wahrheit, um des Menschen willen an Rousseau zweifeln. Lichtenberg ist einer der wenigen, die auch hierin noch für Rousseau Partei ergreifen. Ihm ist der Streitpunkt willkommen, sich in der eigenen Person zu verständigen. Unversehens wird daraus ein die Geschichte der Autobiographie im achtzehnten Jahrhundert anspielender Abriß: von der Pietisten schwelgerischer Selbstbezichtigung bei Gott über die moralpsychologische Selbstkontrolle des frühen Rationalismus zu Rousseau und dem nicht geheuren Monster Mensch:

»Es gibt eine Art enthusiastisch bußfertiger Sünder, die schon in der Erzählung ihrer Missetaten mit Einschiebseln zu büßen anfangen, und eine Beruhigung darin finden, sich anzuklagen. Rousseau könnte in diesem Falle gewesen sein; alle Verteidigungen sind zu früh – das muß aus dem Ganzen beurteilt werden. Es ist hiermit als wenn man einer Erfahrung nicht glauben wollte, weil sie einer lang angenommenen Theorie widerspräche. Ein Leben, so wie Rousseau, allem Ansehen nach, das seinige beschrieben hat, muß man nicht nach der moralischen Etiquette beurteilen wollen, oder aus Leben, die nicht wie das Rousseauische beschrieben sind. So lange wir nicht unser Leben so beschreiben, wie es vor Gott erscheint, kann man nicht richten. Ich bin davon so sehr überzeugt aus dem, was ich von berühmten Männern gesehen habe, daß ich glaube, eine solche Lebensbeschreibung eines großen Mannes, wie ich sie mir denke, würde dem Etiquettenmanne aussehen, als käme sie aus dem Monde. Wir kennen uns nur selbst, oder vielmehr, wir könnten uns kennen, wenn wir wollten, allein die andern kennen wir nur aus der Analogie, wie die Mondbürger. Man sehe nur zwei Leute an, die einander freundlich begegnen, einander mit Frau und Kind besuchen, wenn sie sich überwerfen, was da für Vorwürfe aussprudeln, Anekdoten etc. – alles das schlief vorher in ihnen, wie das Pulver in der Bombe, und wenn sie sich gegen einander bückten, so bückte es sich mit. So lange wir nicht unser Leben so beschreiben, alle Schwachheiten aufzeichnen, von denen des Ehrgeizes bis zum gemeinsten Laster, so werden wir nie einander lieben lernen. Hiervon hoffe ich eine gänzliche Gleichheit. Je härter es wider den Strich geht, desto getreuer muß man gegen sich selbst sein. [...] Es ist eine unbegreifliche Modealfanzerei, daß wir den einzigen Gegenstand in der Natur, den wir *recht* kennen, ich meine unser moralisches *Selbst*, nur nach einem einfältigen philosophischen Polizeiformular beschreiben, *auf daß der Menge kein Schaden geschieht.*«

Das ist in der Tat ein atemberaubendes Manifest. Dennoch hat weder die Geschichte der Psychologie noch die der Ästhetik von Lichtenberg groß Aufhebens gemacht. Es ist vielmehr ein Zeitgenosse, Karl Philipp Moritz, der den ersten deutschen ›psychologischen Roman‹ schrieb und das erste deutsche Organ der Psychologie – unter dem Motto des Erkenne dich selbst – begründete, während Rousseaus »Bekenntnisse« im achtzehnten Jahrhundert mangels einer anderen radikal ehrlichen Autobiographie unübertroffen bleiben. Lichtenberg hat, unabhängig von Rousseau und vor ihm dazu angesetzt, aber dann doch nur seinen Nachfahren, Nachstöberern das Konvolut der Sudelbücher, Tagebücher, Briefe hinterlassen, umfänglich genug, um daraus eine vertrackte Biographie zu rekonstruieren. Was aber Rousseau angeht: Anstatt ihn am Ende historisch einzuordnen und damit endgültig zu beerdigen, soll er vielmehr am Schluß in seiner inkommensurablen Person das Wort erhalten, mit ihren Zwängen und Sehnsüchten. Georges May hat dazu in seiner Paris 1961 erschienenen Bildmonographie über Rousseau den Hinweis gegeben. Für ihn stellt sich Rousseau in einem Bild und einem Wort dar, das wie ein Schlüssel zum Leben und Schreiben diesen Autors ist. Im ersten der drei Dialoge »Rousseau juge de Jean-Jacques«, der 1772 geschrieben wurde, spielt Rousseau auf den frühe-

Allan Ramsey, Rousseau als Armenier. 1766

sten spanischen Schelmenroman »Vida de Lazarillo de Tor-
mes« (1554) an, in dessen Verlauf der Picaro, mit Schilf und
Algen umkränzt, wie ein Meeresungeheuer von Stadt zu Stadt
wanderte und von den Zuschauern auch dafür gehalten
wurde. Rousseau jedoch knüpft daran die Frage, was geschähe,
wenn einer unter ihnen, den oberflächlichen Schein durch-
schauend, ausriefe: »Man betrügt euch, dieses vorgebliche
Monster ist ein Mensch« – L'on vous trompe, ce prétendu
monstre est un homme! Es gibt wohl kein Bild, das Rousseaus
Auffassung seiner selbst und von der Gesellschaft eindrucks-
voller wiedergäbe. Was er in dem »Dialog« durch ein Bild
sagte, formuliert er im Vorwort zu den »Confessions« durch
eine Vokabel: »défiguration«. Sie wird zum Schlüsselwort von
Rousseaus Anthropologie, Rousseaus Gesellschaftslehre, seiner Selbstdeutung und lebenslänglichen Besessenheit. Defiguration bedeutet Entstellung, Fratze, Verzerrung, Verstüm-
melung. Im zweiten »Dialog« erklärt Rousseau, er habe die
»Confessions« schreiben müssen, »als er sich unter den Menschen defiguriert sah, so sehr, daß er fast für ein Monster
galt.« Die Defiguration des Bildes von Rousseau gilt ihm nicht
nur im literarischen, sondern auch im wörtlichen Sinn: er be-
zichtigt jene, die sein Porträt malen wie 1766 der schottische
Maler Allan Ramsay, sein wahres Gesicht zu verzeichnen, ihm
absichtlich eine wilde Miene, das Gesicht eines Zyklopen zu
geben, ein »portrait grimacier«. Wie erklärt sich diese fixe
Idee?

Für Rousseau ist »défiguration« gleich »dénaturation«; jedes Attentat auf den natürlichen Zustand der Dinge ist ein Ka-
pitalverbrechen. Wie die Erde durch die Hand des Menschen
entstellt worden ist, ist der Mensch selbst seinem Bild ent-
fremdet. Bereits im Vorwort zum »Discours sur l'inégalité«,
erschienen 1755, bringt Rousseau diesen für ihn feststehen-
den Sachverhalt zur Sprache:

»Die menschliche Seele gleicht der Statue des Glaucus, welche die Zeit, das Meer und die Stürme derart entstellt haben, daß sie weniger einem Gott als einem wilden Tier glich. Sie hat das Gesicht sozusagen bis zur Unkenntlichkeit verändert, da sie im Schoß der Gesellschaft durch tausend unaufhörlich immer wieder einwirkende Ursachen, durch den Erwerb einer Menge von Kenntnissen und Irrtümern, durch die der körperlichen Verfassung widerfahrenen Veränderungen und durch die fortwährenden Erschütterungen der Leidenschaften verdorben wurde.«

Rousseau, der besessene Selbstporträtist, skizzierte einen Menschen, wie er sein sollte, wenn ihn die gesellschaftliche Bedingung nicht seiner selbst entfremdete. Nicht von ungefähr greift Marx auf dieses Stimulans zurück, diese Fragestellung aus dem anderen Jahrhundert, die noch nach über zweihundert Jahren Aporie geblieben ist.

QUELLEN DER TEXTE

Das Verlangen nach dem Ebenmaß, in der Kunst wie im Leben. Anstelle eines Vorworts.
Erstveröffentlichung unter dem Titel »Symmetrie in der Literatur – die Sehnsucht nach dem Ebenmaß« im Katalog zur Ausstellung »Symmetrie in Kunst, Natur und Wissenschaft«, Mathildenhöhe Darmstadt. Darmstadt 1986, Bd. 1, S. 373–390.

Christian Heinrich Spieß, oder: Wahnsinn in guter Gesellschaft.
Erweiterte Fassung des Nachworts zu der von mir herausgegebenen Auswahl der »Biographien der Wahnsinnigen« von Christian Heinrich Spieß. Neuwied und Berlin 1966, S. 317–332 (SL 211, 1976).

Über Schnürbrüste, Forster und Lichtenberg. Ein Paradigma für Aufklärung.
Erstveröffentlicht in: Aufklärung über Lichtenberg. Kleine Vandenhoeck-Reihe 1393, Göttingen 1974, S. 1–19.

Von dem Vermögen deutscher Schriftsteller, Unruhe zu stiften. Eine Bagatelle zur Französischen Revolution.
Erstveröffentlicht im Lichtenberg-Jahrbuch 1989, erschienen Saarbrücken 1990, S. 49–69.

Weltbürger oder vaterlandsloser Geselle? Georg Forsters eingedenk.
Erstveröffentlicht im Lichtenberg-Jahrbuch 1996, erschienen Saarbrücken 1996, S. 233–242; eine französische Fassung erschien unter dem Titel »Georg Forster: Citoyen du monde ou individu apratide« in der »Revue germanique internationale«, Paris 1/1995, S. 71–81.

Wo ist Anschel? Rekonstruktion eines jüdischen Lebenslaufes am Ende der Aufklärung.
Erstveröffentlicht im Lichtenberg-Jahrbuch 1990, erschienen Saarbrücken 1991, S. 159–179.

Welsche Wollust und teutsche Tugend. Ein Unterhaltungsstoff für mehrere Jahrzehnte.
Unveröffentlicht. Eine Kurzfassung erschien in der Festschrift für Albert Schneider 1991, Edition Saint-Paul Luxembourg 1992, S. 121–130.

Reisen in Zellen und durch den Kopf. Auch ein Beitrag zur Aufklärung.
Erstveröffentlicht in: Reise und soziale Realität am Ende der 18. Jahrhunderts. Hrsg. von Wolfgang Griep / Hans-Wolf Jäger. Winter Universitätsverlag Heidelberg 1983, S. 274–291.

»Dieses Monster ist ein Mensch.« Jean Jacques unter den Deutschen.
Erstveröffentlicht in: Stuttgarter Zeitung (Sonntagsbeilage), 1. Juli 1978, unter dem Titel: Der Heilige und der Narr. Zum zweihundertsten Geburtstag von Jean Jacques Rousseau.

BILDNACHWEISE

Titelbild:
Armfesseln für tobende Irre. In: Vincenzo Chiarugi, Abhandlung über den Wahnsinn überhaupt und insbesondere nebst einer Centurie von Beobachtungen. Leipzig 1795.

Seite 28
Villa Palagonia, Spegnifiaccole – Symmetrie in Kunst, Natur und Wissenschaft. Ausstellungskatalog. Mathildenhöhe Darmstadt 1986. Band 1, S. 383.

Seite 32
F. X. Messerschmidt, Zweiter Schnabelkopf. Abguß 1777 – Symmetrie in Kunst, Natur und Wissenschaft. Ausstellungskatalog. Mathildenhöhe Darmstadt 1986. Band 1, S. 384.

Seite 50
Schädelrepanation eines Geisteskranken. In: Vincenzo Chiarugi, Abhandlung über den Wahnsinn überhaupt und insbesondere nebst einer Centurie von Beobachtungen. Leipzig 1795.

Seite 63
Kupferstich aus der Erstausgabe der »Biographien der Wahnsinnigen«. Del. Schubert, sculps. Dornheim 1796.

Seite 86
Samuel Thomas Sömmerring, Über die Wirkungen der Schnürbrüste – Berlin 1793. Historisches Museum Frankfurt am Main. Fotoarchiv.

Seite 89
Georg Christoph Lichtenberg, Handzeichnung aus einem Brief an Georg Forster, Juli (?) 1788 – In: Georg Christoph Lichtenberg: Briefwechsel. Herausgegeben von Ulrich Joost, Albrecht Schöne. Band 3. 1785 bis 1792. München: C. H. Beck 1990, S. 545.

Seite 212
Johann Peter Hasenclever, Die Sentimentale – Walter Cohen: Hundert Jahre Rheinischer Malerei. Bonn: Verlag Friedrich Cohen 1924.

Seite 241
Houdon, Rousseaus Totenmaske – Georges May: Rousseau. Paris: Editions du Seuil 1961.

Seite 252
Allan Ramsey, Rousseau als Armenier (1766) – Kurt Seeberger: Jean Jacques Rousseau oder Die Rückkehr ins Paradies. Biographie. München: Nymphenburger Verlagsanstalt 1978.

PERSONENREGISTER

»Alles muß man in dieser Welt erwarten, um, wenn es geschieht, nicht darüber zu zürnen, sondern zu lächeln.«

Adolph Freiherr von Knigge

Über Eigennutz und Undank.

Ein Gegenstück zu dem Buche: Über den Umgang mit Menschen.

*1996. 151 Seiten. geb.
34,– DM / 248,– öS / 31,50 sfr
(»Promenade 6«)
ISBN 3-931402-09-6*

**verlegt von
Klöpfer & Meyer**

Adolph Freiherr von Knigge, dieser »Kenner der Menschen und Bestien«, so Heinrich Heine, ist vor gerade zweihundert Jahren dreiundvierzigjährig gestorben. Ein halbes Jahr vor seinem Tode gab Knigge noch seine letzte große Schrift, sein Vermächtnis »Über Eigennutz und Undank« in den Druck. In diesem Essay zeichnet er das Bild einer alles andere als anständigen Gesellschaft, deckt er die Pathologien bürgerlicher Rücksichtslosigkeit auf und entwickelt nüchterne – aber nicht ernüchterte – Strategien des Umgangs mit Menschen. Gemeinschaft und individuelles Glücksverlangen jenseits einer Kantischen Pflichtethik miteinander auszugleichen, das ist das große Thema seines letzten Werkes.

Adolph Freiherr von Knigge wurde am 16. Oktober 1752 in Bredenbeck bei Hannover geboren, er starb am 6. Mai 1796 in Bremen. Autor popular-philosophischer Schriften, Erzähler, Dramatiker, Übersetzer. Berühmtheit erlangte er vor allem durch sein Buch »Über den Umgang mit Menschen« (1798).

Die Deutsche Bibliothek – CIP-Einheitsaufnahme

Promies, Wolfgang: Reisen in Zellen und durch den Kopf :
Ansichten von der Aufklärung. –
Tübingen : Klöpfer & Meyer, 1997
(Promenade 7)   ISBN 3-931402-07-X   NE: GT

© 1997. Klöpfer, Meyer & Co GmbH. Alle Rechte vorbehalten.
Lektorat: Hubert Klöpfer, Tübingen. Satz und Herstellung:
Klaus Meyer, Tübingen. Umschlag: Ute Ringwald, Frankfurt.
Druck: Gulde, Tübingen.